KB155798

2021

글로벌 스타트업 생태계

2021 ⓗ
글로벌 스타트업 생태계

서아시아 · 유 럽 · 오세아니아

세계적 스타트업의 탄생을 바라며

"청년들이 공무원을 꿈꾸는 사회에 희망은 없다." 세계 3대 투자자 가운데 한 명인 짐 로저스(Jim Rogers) 로저스홀딩스 회장이 한국 사회의 공무원 열풍을 바라보며 건넨 우려 섞인 조언이다. 한 나라의 젊은이들이 세계 무대에서 새로운 기회를 탐색하며 도전하지 않고 현실에 안주하려 든다면 그 사회의 앞날이 밝을 수 없다는 것은 당연한 사실일 것이다.

지금 세계 각국의 많은 젊은이가 스타트업에 뛰어들어 혁신적인 아이디어로 가슴 벅찬 도전을 하고 있다. 세계 경제를 선도하는 기업들만 봐도 그렇다. 단순히 전기자동차 회사가 아닌 2만여 개 인공위성과 연결되는 자율주행시스템을 선도하는 IT 기업으로 코로나 이후 시대를 선도하고 있는 테슬라의 일론 머스크(Elon Reeve Musk), 15초 영상의 마법으로 전 세계 젊은이들을 열광시킨 중국의 30대 젊은 사업가 틱톡의 장이밍(張一鳴)도 그 시작은 아이디어와 열정, 집념만 있었던 작은 스타트업이었다.

올해는 코로나19 팬데믹 사태로 인해 전 세계가 커다란 사회경제적 변화를 겪고 있는데, 그 중심에는 스타트업에서 성장한 기업들이 있다. 비접촉이면서도 편리한 온라인 쇼핑이 백화점, 할인점 등 유통 거인들을 제치고 유통 중심으로 자리 잡았고, 유튜브와 넷플릭스는 TV와 영화관이 오랜 기간 견고하게 쌓아온

아성을 위협하고 있다. 만년 왕국일 것만 같았던 제철, 정유사들이 고전하는 반면, 네이버, 카카오 등 IT 기술 기업들은 우리 사회의 신경망을 점점 더 장악하고 있다. 또한 학원과 학교가 평상시의 역할을 하지 못해서 생기는 공백은 줌(Zoom)과 같은 원격 화상회의 시스템과 온라인 콘텐츠가 훌륭하게 메우고 있다.

이런 변화의 흐름은 AI, IoT 등 신산업의 발달로 더욱 가속화 될 것이 분명하다. 나스닥에 상장해 투자금을 끌어모으고 몸집을 불리는 스타트업들이 속속 등장하고 있다. 우리가 주목해야 할 것은 스타트업의 주식 대박 소식이 아니라 창업가의 도전정신에 기꺼이 주주가 될 만큼 열려있는 미국 사회의 스타트업에 대한 긍정적 인식과 사회적 토양이다.

서두에서 언급한 짐 로저스의 말을 되새김 해본다. 갈수록 각박해지고 기회의 문이 좁아지는 사회 현실 속에서, 생존 경쟁에 내몰려 안정적인 선택을 하려는 젊은이들을 마냥 탓해서는 안 된다. 오히려 새로움에 두려움 없이 도전할 수 있는 젊음에게 대한민국 사회 전체가 어떻게 하면 폭넓고 다양한 기회를 제공하고 창업 정신, 기업가 정신을 북돋을 수 있는 토양을 만들어줄지 이제 더 깊은 고민이 필요한 때다.

KOTRA는 수출, 투자 유치 등 글로벌 비즈니스를 지원해 국민경제 발전에 이바지하는 것을 목표로 중소·중견기업의 해외 시장 진출과 글로벌 일자리 창출을 선도하기 위해 노력하고 있다. 이에 대한 일환으로 KOTRA는 해외 진출을 도모하는 국내 스타트업을 지원하기 위해 해마다 정기적으로 세계 각국의 스타트업 현황을 조사하고 결과를 분석해 제공해왔다. 하지만 기존에는 가독성이 떨어지는 보고서 형태로 정보를 제공하다 보니 세계 곳곳의 현장에서 수집한 소중한 정보의 활용도가 다소 기대에 미치지 못한 것도 사실이다. 그래서 올해는 좀 더 많은 이들이 한눈에 정보를 읽고 활용할 수 있도록 단행본으로 펴냈다.

이 책에는 16개 국가의 스타트업 현황과 정부의 지원 정책, 투자 규모와 트렌드, 주요 콘퍼런스와 프로그램, 현지 주요 벤처캐피털, 액셀러레이터, 기업형 벤처캐피털 등의 소개, 현지 진출에 성공한 국내 스타트업 사례 등을 포함해 다양한 내용이 담겨 있다. 특히 세계 각국에 포진하고 있는 KOTRA 무역관의 전문가들이 직접 조사하고 수집한 생생하고 소중한 정보들이 실려 있다. 세계의 스타트업과 관련된 기업 현황과 경제 환경, 투자 동향 등을 구체적이고 상세하게 소개한 책자를 아직 찾아보기 힘든 현실에서 이 책이 스타트업 창업을 꿈꾸고 준비하는 이들에게 많은 도움이 되기를 기원한다.

이제 코로나 이후의 변화된 경제 환경 속에서 세계적인 스타트업이 대한민국에서 탄생하기를 기대해본다. 전 세계를 통틀어 코로나 위기를 가장 잘 방어하고 있다는 평가를 받는 대한민국이기에 이 기대가 그저 헛된 꿈만은 아닐 것이다. 대한민국 무역·투자 진흥에 앞장서온 KOTRA는 급변하는 환경에도 끊임없는 혁신을 통해 대한민국이 '포스트 코로나 시대 선도형 경제'를 개척할 수 있도록 최선을 다할 것이다.

KOTRA 사장 **권 평 오**

이 책의 구성

01. 국가별 스타트업 상황

02. 주요 도시별 스타트업 생태계의 특징

03. 스타트업에 대한 투자규모와 트렌드

04. 정부의 스타트업 지원 정책

05. 주요 콘퍼런스와 프로그램

● **현지 투자자 인터뷰**

● **현지 진출에 성공한 국내 스타트업**

CONTENTS

West Asia

서아시아

INDIA

INDIA

인 도

지금 인도 스타트업 상황

기술혁신 분야에서 세계 2위

다국적 회계 컨설팅기업 KPMG가 밝힌 '2020년 글로벌 기술산업 혁신조사'에 따르면 인도는 인공지능(AI), 기계학습(ML), 블록체인, 인터넷 등 주요 기술혁신 분야에서 중국 다음으로 2위를 기록했다. 또한 인도 카르나타카주의 주도인 벵갈루루가 스타트업의 기술혁신 거점 도시 순위에서 작년 대비 9단계 상승해 9위에 올랐고, 인도 최대의 도시인 뭄바이는 16위를 차지했다.

유니콘 스타트업 다수 배출

글로벌 시장조사기관 CB 인사이트(CB insight)에 따르면 2020년 4월 기준, 전 세계에서 기업가치 10억 달러 이상의 유니콘 기업 수는 465개에 달한다. 미국 223개, 중국 119개, 영국 24개에 이어 인도는 21개로 4위를 기록하고 있다. 특히 2017년 이후 전자상거래(9개), 딥테크(7개) 분야에서 선전하고 있다. 딥테크(Deep Tech)는 사업 다각화에 필요한 원천 기술을 뜻한다. 갈수록 인도 내 신규 유니콘 기업 수는 증가 추세에 있다.

다양한 정부 지원 제도

인도 정부는 스타트업을 육성하고 유관 기술혁신을 촉진하기 위해 많은 프로그램을 진행하고 있다. 그중에서도 특히 IT 파크 조성, 기술 육성 및 기업가 개발(TIDE 2.0), 연구개발을 강화하기 위한 로봇자동화 수월성센터(Centre of Excellence:CoE) 구축, 디지털 인디아(Digital India) 등이 주목할 만하다. 디지털 인디아는 인도의 신기술, 디지털 확산 그리고 전자화폐의 활성화 등과 같은 방법으로 인도의 발전을 이루려는 목적을 갖고 정부가 주도하는 계획이다. 이를 위해 25만 개 촌락에 고속인터넷을 연결했다.

스타트업 생태계를 구축·확대하기 위해 2019년 11월 기준, 335개의 기업 인큐베이터, 액셀러레이터가 존재하며, 이를 통해 매년 5,000개가 넘는 스타트업 설립을 지원할 수 있게 됐다. 2019년 기준, 스타트업으로 새로 창출되는 직종은 약 6만여 개이며 이와 관련된 관련해 43만 개의 일자리가 창출됐다.

유형에서 무형으로, 딥테크 스타트업 부상

전자상거래, 교육이나 부동산, 법률 관련 서비스, 블록체인 시스템 등 지식 기반의 서비스와 편리를 제공하는 방향으로 스타트업의 트렌드가 변화하고 있다.

인도 내 신규 유니콘 기업 수 추이

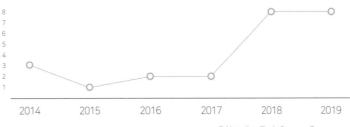

출처: Indian Tech Startup Ecosystem

주요 도시별 스타트업 생태계의 특징

뉴델리 수도권 | 신규 스타트업 증가 추세

인도 소프트웨어개발자협회(NASSCOM)에 따르면, 2019년 인도에 1,300개 이상의 신규 스타트업이 설립됐다. 이 중 7개 기업이 유니콘 기업으로 등극했다. 인도 북부에 위치한 하리아나주(州)에서 69개의 신규 스타트업이 설립됐다. 이는 구자라트주에서 173개, 카르나타카주에서 168개인 점과 비교하면 다소 적은 수치다. 인도는 약 9,000개의 스타트업을 보유하고 있는 것으로 추정되는데, 이 중 1,017개가 하리아나주에서 설립됐다.

투자은행(Jefferies)이 선정한, 하리아나주에서 동쪽으로 인접한 뉴델리 수도권 광역지역(National Capital Region, NCR)을 핵심 투자지역으로 선정해, 다양한 지원을 아끼지 않고 있다. 이 지역의 주요 10개 스타트업은 모두 서비스 제공을 기반으로 한다.

하리아나 주·정부는 인도 정부의 '스타트업 인디아(Startup India)' 정책을 따라 제조업과 더불어 '메이크 인 인디아(Make in India)' 실현을 추진하고 있다. 메이크 인 인디아 정책은 인도의 모디 총리가 2014년에 추진한 정책으로, 자동차에서 인공위성까지 인도를 제조업 강국으로 만들기 위한 목적으로 시작됐다. 디지털화를 통해 제조업이 활성화될 수 있도록 2018년 6월 1억 루피의 자금을 할당하고, 복잡했던 행정절차를 간소화 혹은 제거해 해외 기업들이 좀 더 수월하게 인도에 진출하거나 투자할 수 있도록 이끌고 있다. 또한 창업을 도모하기 위해 3년간 스타트업 기업을 감사 대상에서 제외하고, 양도소득세

면세, 수익세 면제 등 다방면의 지원책을 추진하고 있다. 창업 후에는 신생기업의 특허권을 보호하기 위해 특허등록세 80% 감면 등 투자와 인센티브를 지원하고 있다.

● 인큐베이터

정부 인큐베이터 기관은 설립 자본의 최대 50%(최대 한도 천만 루피, 한화 약 1.6억 원)를 지원받을 수 있으며, 개인 인큐베이터 기관은 설립 자본의 최대 50%(최대 한도 500만 루피, 한화 약 8천만 원)까지 지원받을 수 있다.

정부 소유 건물에 입점할 경우 3년간 임대료 및 운영·유지보수 비용을 50%(연간 50만 루피, 한화 약 800만 원)까지 공제받을 수 있다. 다만 회사가 유죄 판결을 받았거나, 허위증명을 통해 재정 지원 등 불법 혜택을 받았을 때는 주·정부의 스타트업 지원을 종료하고 여태껏 지원했던 항목에 대해서도 법적 배상을 요구한다. 기업이 더는 신생기업으로 인정되지 않을 때는 정부나 투자기관은 투자를 종료한다.

● 하리아나주 인센티브

하리아나주에 회사를 설립한 스타트업은 사무실 임대료에 대해 최대 25%를 환급받을 수 있고, 1년 동안 최대 1,450달러를 받을 수 있다. 다만 하리아나주가 정한 인큐베이터, IT 파크, 산업클러스터에 위치한 스타트업에만 해당한다. 또한 인도에 회사를 설립한 스타트업을 대상으로 인도 로컬 특허 등록비용에 대해 최대 2,900달러를 환급하고, 국제 특허 등록비용에 대해 최대 7,250달러를 환급해준다.

그리고 소프트웨어/모바일 앱 개발대행사가 스타트업에 프로그래밍/앱 개발 지원을 확대할 수 있도록 권한을 부여하고, 한 스타트업당 프로그램 개발에 필요한 비용을 최대 1,450달러까지 지원한다. 게다가 초기 스타트업 대상으로 시장 조사, 출장비용 등 최대 4,350달러까지 지원한다.

● 우타르 프라데시주 인센티브

스타트업에서 추진하는 사업이 노달 에이전시(Nodal agency)나 위원회로부터 승인을 받는다면, 주정부로부터 1년 동안 매월 1만 5천 루피(약 24만 원)를 받을 수 있다.

우타르 프라데시주에 등록된 스타트업이 성공적인 투자 경력이 있는 VC로부터 자본 중 25% 이상을 투자받았다면, 스타트업이 제품을 마케팅할 때 들어가는 비용의 최대 1만 4,500달러까지 지원받을 수 있다.

인큐베이터를 관리하는 중앙연구소는 스타트업에 최대 3만 6,250달러를 지원해 IT 인프라를 제공한다. 단 해당 스타트업은 우타르 프라데시주 내의 대학 및 고등 교육기관과 인큐베이션센터의 승인을 받아야 하며, 멘토의 역할을 할 수 있어야 한다.

● **대표적인 스타트업**

• 페이티엠(PayTM)

2010년 노이다에 설립된 모바일 결제 서비스 회사로, 현재 인도 최대 결제 서비스 사업자다. 설립 당시, 휴대전화 요금 충전, TV 수신료 납부와 관련한 서비스만 제공하다가 2013년 페이티엠 월렛을 통해 지불 가능 서비스를 대중교통, 온라인상으로까지 확대했다. 핀테크의 원래 업무는 돈이 필요한 사람과 돈을 빌려주는 사람을 온라인 플랫폼에서 연결해주는 개념에서 출발했으나, 모바일 결제 및 송금 등 금융 거래를 간편하게 할 수 있게 해주는 서비스로까지 확대됐다. 페이티엠은 설립 이후 2013년 페이티엠 월렛(은행계좌와 연결된 모바일 지갑)을 출시해 인도 내 모바일 결제 선두주자로 자리 잡았다.

2018~2019 회계연도 매출액이 357억 9천만 루피(약 5,726억 원)였으며, 이용자 수는 3억 5천만 명에 달한다(2019. 6. 5. 기준).

- 조마토(Zomato)

  2008년 구르가온주에 설립된 회사로 인도에서 가장 많이 쓰이는 배달 어플이다. 최근에는 식료품 배달 서비스도 시작했다. 전단지를 디지털화해 온라인 배달 시장을 활성화했다. 시장조사업체(Statista)에 따르면 온라인 음식배달 시장에서 인도는 약 77억 달러의 매출을 기록하고 있는데, 1위인 중국(402억 달러)에 이어 3위에 해당한다. 아시아 음식배달 시장은 2019년 기준 584억 달러의 매출 규모로, 연간 10.5%의 높은 성장률을 보일 것으로 예상된다. 2020년 1월 우버는 경쟁 업체인 조마토에 우버이츠(Uber Eats)를 매각했다. 조마토는 우버이츠를 인수한 후 시장점유율이 기존 40%에서 52%까지 급증했다.

  2018~2019 회계연도 매출액이 156억 9천만 루피(약 2,502억 원)였으며, 매일 주문 건수는 130만 건에 달한다(2019. 10. 22. 기준).

- 인디아마트(IndiaMart)

  1996년 노이다에 설립된 전자상거래 회사, 인디아마트는 인도 기업들을 위한 온라인 B2B 시장을 공략하고 있다. 인도는 경제 전반적으로 인프라를 갖추고 있지 않아 바이어를 발굴하는 것이 쉽지 않다. 홈페이지가 없는 기업도 많은 편이다. 인디아마트는 바이어 발굴을 위해 온라인으로 유료 서비스하는 기업이다. 제조 및 판매 업체들이 직접 플랫폼에 제품을 홍보해 직접 고객들에게 연락을 받아 제품 판매와 구매를 진행한다. 2008년 글로벌 경제 위기 이후 제품 수출 중심의 회사에서 자국 내 B2B 시장으로 비즈니스모델을 바꾸었다. 시장조사업체(KPMG)에 따르면, 인도의 B2B 온라인 시장은 5,250억 달러 규모로, 인디아마트는 2009년 이후 전체 B2B 시장에서 60% 비중을 차지하고 있다.

  2018~2019 회계연도 매출액이 50억 7천만 루피(약 818억 원)였으

며, 2020년 기준으로 구매자는 9,800만 명, 판매자는 5,900만 명, 제품 수는 6,600만 개다.

벵갈루루 | 인도의 실리콘밸리, 지속적인 성장세

미국의 스타트업 분석 기업인 스타트업 게놈(Startup Genome)이 내놓은 '글로벌 스타트업 생태계 리포트 2019'에 따르면, 글로벌 스타트업 생태계 지수에서 실리콘밸리 1위, 뉴욕 2위, 런던 3위, 베이징 4위, 보스턴 5위를 차지한 가운데 인도의 벵갈루루는 18위를 기록했다. 전년도 20위보다 두 계단 상승한 순위다. 벵갈루루의 생태계 가치(Ecosystem Value)는 4점, 엑시트 용이성(Exits)은 4점, 스타트업 결과물(Startup Output)은 7점, 스타트업 성공(Startup Success)은 7점을 기록했다(10점 만점 기준).

벵갈루루는 풍부한 IT 엔지니어 인적 자원과 MS, 퀄컴, CISCO와 같은 글로벌 대기업, 150년간 지속 성장하는 타타그룹(Tata 그룹), 자동차 생산을 주력으로 하는 마힌드라(Mahindra)와 같은 인도 대기업들의 스타트업 지원 활동(액셀러레이터) 및 투자를 연결해 혁신 생태계가 계속해서 강화되고 있다.

데이터랩스(Datalabs)의 '연례 테크 스타트업 펀딩 리포트 2019'에 따르면, 벵갈루루는 2019년 기준 267건의 펀딩이 진행됐다. 그 규모는 53억 달러 수준이며, 인도 여러 도시 중에서 펀딩으로 1위를 차지했다. 델리는 226건의 펀딩이 진행됐고, 45억 달러 수준이다.

인도 내 스타트업 기업 수에서도 벵갈루루는 2위를 기록했다. 벵갈루루 소재 스타트업 기업 수는 약 5,000개 수준이다. 벵갈루루, 델리 NCR, 뭄바이 3개 대도시에 인도 전체 스타트업의 68%가 밀집되어 있는데, 그중에서도 벵갈루루는 스타트업의 허브로 불린다. 스타트업의 27%가 이곳에 집중되어 있기 때문이다. 2019년 9월 11일자 《인디아 타임스(Times of India)》의 보도에 따르면, 델리 NCR에 스타트업 7,039개 사, 뭄바이가 3,829개 사, 그리고 그 중간 수치로 벵갈루루에는 5,234개 사가 활동 중이다. 특히 벵갈루루는 인재풀, 적극적인 투자자, 강력한 기술 인프라를 바탕으로 빅바스켓(Big Basket), 플립카트(Flipkart), 올라(Ola), 스위기(Swiggy)와 같은 스타트업을 탄생시켰다.

● 카르나타카 주정부의 스타트업 지원책

2015년부터 2020년까지 2만 개의 기술 기반 스타트업과 6천 개의 제품 기반 스타트업의 성장을 촉진하고자 지원하고 있다. 스타트업에 200억 루피(약 2.62억 달러) 상당을 지원할 계획이며 건강관리, 식량 안전, 깨끗한 환경과 교육과 같은 부분에서 사회적 영향을 끼치는 기술 솔루션을 적어도 25개 이상 개발하겠다는 목표가 있다. 이 지원책을 통해 60만 개의 직접 고용과 120만 개의 간접 고용이 일어날 것으로 기대한다. 주요 지원 제도로는 특허 지원과 마케팅 지원, 세제 혜택을 들 수 있다.

• 특허 지원

카르나타카주 운영 인큐베이팅 프로그램에 참여한 스타트업 업체는 특허 추진·신청비용을 최대 20만 루피(약 2,600달러) 환급받는다. 외국 특허 출원의 경우에는 단일 특허 건수에 대해 비용을 최대 1백만 루피(약 13,100달러)까지 환급받는다. 환급은 특허 신청 후 75%, 특허 출원 후 25%, 총 2단계로 나눠서 진행된다. 신청자는 카르나타카 스타트업 셀에 등록되어 있고, 유효한 등록 번호를 받은 스타트업이어야 한다. 본 정책의 유효 기간 내에 스타트업이 신청한 특허만 이 환급을 청구할 수 있다. 신청자는 관련 기관에 특허를 출원하거나 허가를 받아야 하며, 필수 발생 비용 및 수수료를 먼저 지불해야 한다.

- 마케팅 지원

박람회 참가 등 국제 마케팅에 들어가는 실제 비용의 30%에 대해 유효한 영수증을 제출하면 환급해준다. 이 인센티브는 스타트업 업체당 연간 최대 50만 루피(약 6,560달러)까지 가능하다. 신청자는 카르나타카 스타트업 셀에 등록되어 있고, 유효한 등록 번호를 보유한 스타트업이어야 한다. 마케팅 지원은 매 회계연도에 반기 단위로 청구할 수 있다(해당 비용이 6개월 이내 발생할 때만 가능).

- 세제 혜택

카르나타카 정부 지원 아래 인큐베이팅 중인 스타트업·CIF(Common Instrumentation Facility)가 납부한 서비스세(Service Tax)는 창업 3년간의 매출액이 500만 루피(약 65,600달러)가 넘지 않는 경우 환급해준다. 신청자는 카르나타카 스타트업 셀에 등록되어 있고, 유효한 등록 번호를 받은 스타트업이어야 한다. 정부 도움을 받는 스타트업 중 연간 최대 매출이 5백만 루피(약 65,600달러) 이하일 때 최초 영업일로부터 3년간 또는 인큐베이터가 DST(Department of Science and Technology) 인증을 받을 때까지 매년 환급받을 수 있으며 인큐베이터와 인큐베이팅 참가 스타트업에 대해서는 서비스세를 면제해준다. 본 정책의 유효 기간 내에서만 환급을 요청할 수 있다.

● **대표적인 스타트업**

- 빅바스켓

인도의 온라인 슈퍼마켓으로 2011년에 설립됐다. 25개 주요 도시에서 온라인 채널을 통해 월 400만 건 이상의 식품·생활용품을 판매하고 있다. 10억 2,000만 달러의 펀딩을 받았으며, 기업가치가 2019년 기준 10억 달러에 달해 유니콘 기업으로 성장했다. 주요 투자자로는 알리바바그룹(Alibaba Group), 헬리온벤처파트너(Helion Venture Partners), 페이티엠 몰(Paytm Mall) 등이 있다.

- 바이주스(Byju's)

  교육용 앱 스타트업 회사로, 2008년에 설립됐다. 8억 1,900만 달러의 펀딩을 받았으며, 기업가치는 82억 달러 규모다. 주요 투자자로는 제너럴 애틀랜틱(General Atlantic), 텐센트 홀딩스(Tencent Holdings), 벨린베스트(Verlinvest), 세쿼이어캐피털 인디아(Sequoia Capital India), 소피나(Sofina), 찬-저커버그 재단(Chan Zuckerberg Initiative) 등이 있다.

- 플립카트

  인도의 아마존이라 불리는 플립카트는 2007년에 설립됐다. 73억 달러의 펀딩을 받았다. 아마존과 마찬가지로 온라인 서점으로 시작해 점차 다양한 상품을 파는 전자상거래 업체로 성장했다. 내수 인구 12억 5천만 명을 기반으로 창업 12년 만에 기업가치 210억 달러로 성장했다. 주요 투자자로는 소프트뱅크, 내스퍼스(Naspers), 타이거글로벌매니지먼트(Tiger Global Management), 마이크로소프트, 텐센트, 이베이(eBay) 등이 있다.

- 올라

  인도 최대 차량 호출 서비스를 운영하는 올라는 2010년에 설립됐다. 38억 달러를 펀딩 받았다. 인도는 교통정체가 심각한 편인데 스쿠터나 릭샤와 같은 특유의 교통수단을 가미해 매우 로컬하게 만들어진 호출 서비스 앱이다. 우버보다 현지 업체인 올라를 이용하는 사람들이 많아 자국 내 시장점유율이 80%에 육박한다. 주요 투자자로는 소프트뱅크, 텐센트 홀딩스, 테크네 캐피털(Tekne Capital) 등이 있다.

- 올라 일렉트릭(Ola Electric)

  전기차 서비스와 충전 인프라를 제공하는 올라 일렉트릭은 2017년에 설립됐다. 3억 달러의 펀딩을 받았으며 10억 달러의 기업가치를 갖고 있다. 주요 투자자로는 라탄 타타(Ratan Tata), 매트릭스파트너스 인디아(Matrix Partners India), 소프트뱅크, 타이거 글로벌 매니지먼트 등이 있다.

• 퀴커(Quikr)

인도판 중고나라로, 커뮤니티에 기반한 순수 인도 거래 웹사이트다. 개인들이 다양한 종류의 물건이나 서비스를 올려 직접 소비자에게 판매한다. 900개 이상의 카테고리로 운영되고 있다. 2008년에 설립된 회사로 4억 3천만 달러의 펀딩을 받았다. 현재 기업가치는 16억 달러다. 주요 투자자로는 키네빅 AB(Kinnevik AB), 브랜드 캐피털(Brand Capital), 타이거글로벌매니지먼트, NGP 캐피털(NGP Capital), 워버그 핀커스(Warburg Pincus) 등이 있다.

• 스위기

인도 내 음식배달 주문량은 해마다 증가세다. 2020년에 200만 건에 달하는 배달 건이 전망되는 가운데 인도의 대표 배달앱으로 조마토와 양대 산맥을 이루는 스위기가 있다. 2014년에 설립된 스위기는 12억 7천만 달러의 펀딩을 받았으며, 설립 이후 꾸준히 성장해 현재 기업가치가 35억 달러에 달해 인도의 유니콘 기업이 됐다. 급성장하는 음식배달 서비스에 맞춰 엄청난 투자를 받고 있다. 주요 투자자로는 DST 글로벌(DST Global), 내스퍼스, 베서머벤처파트너(Bessemer Venture Partners), 노웨스트벤처파트너(Norwest Venture Partners), 액셀(Accel) 등이 있다.

(출처: 인도 소프트웨어산업협회(NASSCOM), CB Insights, INC42, Venture Intelligence)

03

스타트업에 대한 투자 규모와 트렌드

갈수록 커지는 투자 규모

시장조사업체(Tracxn)에 따르면, 2019년 기술 관련 스타트업에 대한 투자금은 145억 달러로, 전년(106억 달러) 대비 37% 증가했다. 같은 기간에 신규 스타트업 기업은 1,185개가 설립됐으며, 투자자 817명 으로부터 투자를 받았다. 129개의 핀테크 및 금융 관련 신규 스타트 업은 31억 8천만 달러를 투자받았으며, 교통 및 법률 관련 신규 스타 트업은 19억 9천만 달러를 투자받았다.

인도 상공부는 2019년 11월 기준, 인도 내 5만 개 이상의 스타트업이 있으며, 2024년까지 10만 개에 이를 것으로 전망한다.

전자상거래 스타트업에 관심 집중

유로모니터(Euromonitor) 보고서가 내놓은 2020년 전자상거래 보고서에 따르면 인도 전자상거래 시장은 전년 대비 26% 증가한 2조 2,590억 루피(약 36조 8,748억 원) 규모로 엄청나다. 2024년까지 연평균 23% 증가해 6조 2,401억 루피(약 101조 8,602억 원) 규모의 성장을 기대하며, 딜로이트는 인도가 전자상거래 시장에서 세계 3위로 성장하리라 전망한다.

인도 정부가 2019년 2월 전자상거래 FDI(Foreign Direct Investment, 외국인 직접 투자) 관련 개정법을 발표한 이후, 전자상거래 관련 스타트업을 창업하는 데 대한 규제도 완화됐다. 전자상거래 FDI 개정안에 담긴 내용을 살펴보면, 전자상거래 시 최대 100% 투자를 허용하지만,

(온라인)마켓과 재고 등 두 종류로 나뉘는 전자상거래 투자 분야에서 재고 관련 투자는 금지한다. 이때 마켓은 구매자와 판매자를 연결하는 온라인 플랫폼을 뜻한다. 재고는 전자상거래 기업이 특정 기업의 제품을 직접 소유해 이를 고객에게 판매하는 방식이다. 또한 전자상거래 해외 투자기업은 타 기업의 주식을 25% 이상 보유할 수 없으며 정부는 전자상거래 기업들이 제품 가격을 담합하거나 대폭 할인하는 것을 금지하는 내용도 포함했다.

서비스에서 딥테크로 변화 중

딥테크는 문제를 해결하기 위한 인공지능, 분석, 증강·가상현실, 블록체인과 같은 고도화된 기술을 통해 기업에 솔루션을 제공하는 것을 말한다. 인도 스타트업 창업 추세 역시 기존의 서비스나 소비재 중심에서 최근 딥테크 스타트업으로 변하는 중이다. 2015년 이후로 신규 스타트업의 약 18% 이상인 1,200개가 넘는 딥테크 스타트업이 신규 설립됐다. 이들 대부분은 B2B 시장을 타깃으로 해 기술 서비스를 제공한다.

벤처캐피털(VC)의 투자 규모와 특징

지난 10년간 인도의 벤처캐피털 산업은 3가지 단계를 거쳐왔다. 2011~2015년 사이 업계는 빠르게 진화하는 스타트업 생태계를 목격했고, 투자자들은 1세대 스타트업의 확장에 대해 긍정적인 평가를 했다. 그 후 2015~2017년 사이 성숙도와 조정 단계를 거쳐, 적은 수지만 고품질의 투자가 이루어졌다. 2018년부터 주요 스타트업들이 엑시트(Exit, 투자금 회수)하면서 투자자들의 신뢰도를 다시 얻기 시작했다. 2019년은 인도 벤처캐피털 업계에 획기적인 해로, 100억 달러의 자본이 투입됐다. 전년 대비 55% 높은 규모이며, 평균 거래 규모도 약 20% 증가했다.

2019년 벤처캐피털 투자의 약 80%가 소비자 기술(Consumer Tech), 소프트웨어/SaaS(서비스형 소프트웨어), 핀테크, B2B 커머스 및 테크 등 4개 부문에 집중되어 있으며, 가장 많은 투자는 소비자 기술에 집중되어 있다.

인도 벤처캐피털 업체의 경우 글로벌 기업이나 인도 스타트업에 대한 투자를 선호한다. 한국 벤처캐피털 업체가 인도 현지 스타트업에 투자한 사례는 일부 있으나, 인도 벤처캐피털 업체가 한국 스타트업에 투자한 사례는 매우 저조하다.

인도 VC 투자 규모와 거래 수

연 도	2014	2015	2016	2017	2018	2019(예상)
투자 규모 (단위: 억 달러)	46	63	48	47	64	100
거래 수	685	987	854	589	571	750

출처: The Indian Private Equity & Venture Capital Association 보고서

현지 주요 벤처캐피털, 액셀러레이터, 기업형 벤처캐피털

**액셀 파트너
(Accel Partners)**

인도 벵갈루루에 있는 액셀 파트너는 1983년에 설립된 벤처캐피털 업체로, 페이스북이나 플립카트와 같은 첨단 기술 스타트업을 대상으로 투자해왔다. 2016년 인도에서 4억 5천만 달러 규모의 창업 지원 펀드를 조성한 것으로도 알려져 있다. 플립카트는 인도 전자상거래에서 시장점유율 2위 기업이며 민트라(Myntra)는 인도 의류 전자상거래 분야에서 순위에 있는 기업이다.

투자 분야
인터넷 기술, 전자상거래, 인공지능, 사이버보안, 소프트웨어, 머신러닝, 비디오 기술

투자처
플립카트(1억 달러), 민트라(2,500만 달러), 블루스톤닷컴
(Bluestone.com, 6,670만 달러)

🌐 www.accel.com

**세쿼이어
캐피털 인디아
(Sequoia Capital
India)**

인도 벵갈루루에 있는 벤처캐피털 회사로 2000년
에 설립됐다. 인도 및 동남아 지역에서 200건 이상
의 스타트업 투자를 집행해왔다. 주요 투자 대상인
어번래더(Urban Ladder)는 도회적인 라이프스타
일을 추구하는 편집숍으로 인도의 급격한 도시화와
함께 주목받고 있다.

투자 분야
소비자, 에너지, 금융, 의료, 아웃소싱, 기술
투자처
셔틀(Shuttl, 1,100만 달러), 와일드크래프트(Wildcraft, 3.85억
달러), 어번래더(1,200만 달러)

🌐 www.sequoiacap.com/india

**벤처 캐털리스트
(Venture Catalysts)**

인도 벵갈루루와 홍콩에 위치한 벤처캐피털 회사로
2014년에 설립됐다. 미국 스포츠 게임회사 EA 스
포츠에 투자한 이력이 있으며, 스포츠 게임 개발에
투자하고 있다. 글로벌 EA 스포츠는 본사가 뭄바이
에 소재하고 서울에 지사가 있다. e스포츠 팀도 운
영하고 있다. 한국에서는 에픽게임즈가 개발 및 서
비스하고 있는 신개념 액션-빌딩 게임인 GE 포트
나이트 팀을 운영하고 있다.

투자 분야
게임, 스포츠, 엔터테인먼트, 이러닝, IoT
투자처
EA 스포츠(100만 달러), 루터(Rooter, 100만 달러), 글로벌
e스포츠(Global esports, 50만 달러)

🌐 venturecatalysts.in

**넥서스
벤처 파트너
(Nexus Venture
Partners)**

인도 뭄바이에 위치한 벤처캐피털 회사로 2006년에 설립됐다. 시드, 스타트업 초기 투자를 전문으로 하며, 주로 미국과 인도 시장의 스타트업을 대상으로 한다. 주요 투자 대상인 델하이버리(Delhivery)는 인도 뉴델리를 중심으로 배달 대행 서비스를 론칭했다.

투자 분야
인터넷 소매금융, 모바일, SaaS, 물류, 의료, 엔터테인먼트, 금융, 관광, 식료, 패션 및 라이프스타일

투자처
크래프츠빌라(Craftsvilla, 5,450만 달러), 델하이버리(2.56억 달러), 어 타이니 아울 테크놀로지(A-Tiny Owl Technology, 2,770만 달러), 우나아카데미(Unacademy, 3,850만 달러, 공동 투자)

🌐 nexusvp.com

**칼라리 캐피털
(Kalaari Capital)**

인도 벵갈루루에 있는 벤처캐피털 회사로 2006년에 설립됐다. 헬스 스타트업 기업인 큐어피트(Cure.fit)에 투자했는데, 인도 전역에 500개 이상의 피트니스센터를 운영하는 등 대표적인 건강 관련 스타트업으로 자리 잡았다. 두바이에도 진출해 서비스를 론칭했다.

투자 분야
헬스케어, 금융 서비스, AI, VR 기술, 전자상거래

투자처
큐어피트(300만 달러), 캐시카로(Cashkaro, 380만 달러), 인더스트리바잉(IndustryBuying, 900만 달러), 블루스톤(590만 달러)

🌐 www.chiratae.com

시라테 벤처
(Chiratae Ventures,
구 IDG Ventures)

판다라 트러스트(Pandara Trust), 시라테 트러스트(Chiratae Trust), 기술 벤처 펀드(Technology Venture Fund) 등 3가지 국내 펀드를 보유하고 있다. 3개 펀드는 4억 7천만 달러 규모. 기업당 100만~1,000만 달러 규모로 투자한다.

투자 분야
소프트웨어, SaaS, 소비자(Consumer), 핀테크, 헬스테크

투자처
UNBXD, Yatra, Myntra, FirstCry, Zivame, Cure.fit, Aasaan Jobs 등

🌐 www.chiratae.com

스페시알 인베스트
어드바이저
(Speciale Invest
Advisors LLP)

투자 규모는 비공개이지만 시드 전 단계, 시드 단계의 스타트업에 주로 투자한다.

투자 분야
SaaS, 엔터프라이즈 테크, 하드웨어, 딥테크

투자처
Agnikul, Scapic Innovations, Vyuti Systems, Astrogate, IAuro Systems, Kandorsoft 등

🌐 www.specialeinvest.com

더 게인
(The Gain)

인도 벵갈루루에 소재한 더 게인은 2007년에 설립된 액셀러레이터다. 초기 유망 스타트업을 발굴해 엔젤투자, 사업 공간, 멘토링 등 종합 보육 서비스를 제공하는 프로그램을 운영한다. 프로그램 세부 내용을 살펴보면, 시장 접근 전략 제공, 투자 유치 지원, 멘토링, 파트너사 발굴 지원 등이 있다. 연중 상시적으로 프로그램을 운영하며 17개 스타트업과 24개 파트너사가 참가하는 규모다. 이를 이용한 스타트업 중에서 픽셀디스플레이(Pixel display), 하이퍼하이어(hyperhire) 등 5개 사가 인도에 법인

설립을 완료했다. 픽셀디스플레이는 텔랑가나주에 있는 대형병원에 제품 공급 계약을 체결했다.

투자 분야
인공지능, 증강/가상현실, 블록체인, 사이버보안, IoT, 스마트 시티

투자처
픽셀디스플레이, 하이퍼하이어, 블루테크 코리아(Blue tech Korea)

🌐 thegain.in

Revvx

'RevvX 하드웨어 액셀러레이터'라는 6개월간의 프로그램을 운영한다. 하드웨어 스타트업을 지원하는 인도 최초이자 최대의 액셀러레이터로서 IoT, 증강/가상현실, 로보틱스, 드론, 블록체인, 웨어러블, 커넥티드 자동차 같은 분야에서 혁신적인 제품 스타트업 구축을 지원한다. 프로그램은 시제품을 제작하고 대량 생산하고 소매로 판매하는, 총 3개의 트랙으로 구성되어 있다.

투자 분야
Cyclops, Fit&Glow, Hush, Gamebeats 등

🌐 www.revvx.com

액실러 벤처
(Axilor Ventures)

'The 100 day Axilor Accelerator'라는 프로그램을 연 2회, 3월과 10월에 100일간 진행한다. 고객이 좋아할 만한 제품을 만들고 빠르게 투자받을 수 있도록 스타트업을 지원하는 역할을 한다.

투자 분야
소비자 인터넷, 핀테크, 딥테크, 헬스테크 등

투자처
Bueno Labs, Fabulyst, InsightIO, MatchBox 등

🌐 axilor.com, accelerator@axilor.com

티랩스
(TLabs)

'TLabs Accelerator'라는 프로그램을 진행하면서 스타트업에 멘토링과 네트워킹을 지원한다. 1~2주 간은 개발, 3~8주간은 심층 검증, 9~13주간은 전략 방향을 수립, 14~16주간은 비즈니스와 재무 계획을 수립한다.

투자 분야
기술, 인터넷, 모바일 등
투자처
InShorts, Happay, Dataweave, Gradeup
tlabs.in, tlabs@tlabs.in

퓨처그룹
(Future Group)

스타트업 협업 프로그램을 보유한 현지 대기업으로, 합병이나 지분 인수 등의 방식으로 협업한다. 초창기 빅 바자(Big Bazaar), 쇼퍼스 스톱(Shoppers stop)에 투자 및 인수를 통해 대형 유통업체로 성장했다. 해외 의류업체(Converse, Clarks 등)의 지분을 인수해 비즈니스 협업을 하고 있다. 투자 규모는 1,500만 달러 수준이다.

퓨처그룹에서 운영하는 프로그램은 연중 2회 진행된다. 푸드테크, 핀테크, 소비재 등 분야의 스타트업을 초대해 제품 시연회를 제공하거나 투자자를 연결하는 자리를 마련한다. 프로그램은 30개 스타트업과 10개 대기업이 참가하는 규모다. 퓨처그룹에서 투자한 스타트업 FBB 업체가 참여 스타트업 4개 사에 투자를 진행한 바 있다. 인도 대형 유통업체 빅 바자와 결제 솔루션 스타트업 에코빌즈(ecobillz)가 공급 계약을 체결하기도 했다.

투자 및 협업 분야
핀테크 및 지불 솔루션, 물류 혁신, 디지털 콘텐츠, 광고, 이커머스

투자처

Big Bazaar(인도 대형유통업체), Shoppers stop(의류), 세븐일레븐, WHSmith(화장품), FBB(의류)

🌐 www.futuregroup.in

마힌드라 파트너
(Mahindra
Partners)

인도 재계에서 10위 안에 드는 마힌드라그룹의 마힌드라 파트너 사는 스쿠트(Scoot), 아밤모(Avaamo), 클라우드리프(Cloudleaf) 등에 투자한 바 있다. 성과로 스쿠트가 엑시트하는 데 성공했다.

투자 및 협업 분야

클린테크, 기업용 SaaS 등

🌐 www.mahindrapartners.com, mpartners@mahindra.com

와이프로 벤처
(WIPRO
Ventures)

와이프로 본사는 벵갈루루에 있지만 와이프로 벤처의 본사는 미국 캘리포니아에 있다. 이마라지(Emalage), 데미스토(Demisto), 이마니스 데이터(Imanis Data) 등에 투자한 바 있고 데미스토가 엑시트하는 데 성공했다.

투자 및 협업 분야

엔터프라이즈 소프트웨어 솔루션

🌐 www.wipro.com/innovation/ventures, Wipro.Ventures@Wipro.com

퀄컴 벤처
(Qualcomm
Ventures)

닌자카트(Ninjacart), 포르티(Portea), 무브인싱크(MoveInSync), Ridlr, 아이디어포지(IdeaForge), 아팔야(Apalya) 등에 투자했다. Ridlr(Ola가 인수), 아팔야(Ronnie Screwvala가 인수) 등이 엑시트에 성공하는 성과가 있었다.

투자 및 협업 분야

인공지능, IoT, 로보틱스, 모빌리티 등

🌐 www.qualcommventures.com

04

정부의 스타트업 지원 정책

스타트업 인디아

인도는 미국과 영국에 이어 세계 세 번째로 큰 스타트업 시장을 갖고 있다. 이렇게 되기까지 정부 주도의 스타트업 지원 정책이 한몫했다. 2016년에 나렌드라 모디(Narendra Modi) 총리는 스타트업을 지원하기 위한 전담 기구인 스타트업 인디아를 조직했다. 인센티브 지급이나 창업을 위한 사업 용이성을 확대하는 데 중점을 두었다.

인센티브로는 소상공인 및 중소기업(Micro, Small & Medium Enterprise, MSME), 스타트업을 대상으로 대출을 활성화한 것을 꼽을 수 있다. 기존 1천만 루피(약 1억 6,723만 원)에서 5천만 루피(약 8억 3,617만 원)까지 금액을 확대한 것이다. 회계감사 범위도 기존 연 매출 1천만 루피(1억 6,723만 원)에서 5천만 루피(8억 3,617만 원)로 상향 조정했다. 소득공제 혜택 또한 기존에는 창업한 지 5년 이내의 기업이었다면 10년 이내 기업으로 확대하고, 매출액 조건도 연 2.5억 루피(약 40.45억 원) 이하에서 10억 루피(약 161억 원) 이하로 상향했다.

인도는 세계은행의 2020 사업 용이성 평가에서 세계 190개 국가 중 63위를 기록했다. 이 평가는 기업 탄생(창업), 관련 허가 취득, 자금 조달, 노동시장 유연성, 소액주주 권리 보호 및 세금 납부와 폐업 등 10가지 요인별로 사업을 추진하는 데 얼마나 수월한지를 점수화한 것이다.

인도 기업부는 스타트업 설립을 기존 18일 및 10단계에서 5일 및 5단계로 단축해 사업을 추진하기 쉽게 했다. 스타트업 인디아를 통해 정책 지원, 규제로 인한 어려움 해소, 투자자 연결 등과 같은 여러 측면에서 스타트업 맞춤형 지원을 제공하고 있다.

메이크 인 인디아

모디 총리는 경제개발 프로젝트의 하나로 해외 기업들의 제조공장을 인도에 유치해 제조업을 활성화하자는 취지로 메이크 인 인디아를 추진했다. 2022년까지 제조업 비중을 현 16%에서 25%까지 확대하고 제조업 부문 일자리를 1억 개 창출하겠다는 것이다. 포괄적 성장을 위한 도심 빈곤자 및 농촌 이주자들을 위해 기술 교육을 확대하고 제조업 부문 기술 발전과 부가가치 증대를 도모하고자 한다. 메이크 인 인디아를 통해 신성장 동력을 확보하고 지속 가능한 성장을 할 수 있을 것이라 기대한다.

주요 내용으로는 ①25개 중점 산업 집중 육성, ②외국인 투자 인센티브 제공, ③기업 환경 개선을 위한 세제 개편, 노동법 개정, 토지수용법 개정 등이 있다.

● '메이크 인 인디아'가 키우는 제조업 분야
• 노동집약적 산업: 섬유, 의류, 가죽, 신발, 보석, 식품 가공
• 자본재 산업: 기계, 전자/전자기기, 수송, 광업 기기
• 전략 산업: 항공, 항만, IT 하드웨어, 통신기기, 방산 기기, 태양에너지, 신재생에너지, 철도, 도로 관광, 의료, 미디어와 엔터테인먼트
• 경쟁력 보유 산업: 자동차와 부품, 바이오기술, 제약, IT&BPM, 우주, 건강

* 2018년 첨단 산업 진흥을 위해 'Make in India 2.0' 정책을 발표하고, 자본재, 자동차, 제약, 신재생에너지, 생명공학, 화학, 가죽, 섬유, 식품 가공, 물류, 철도 등 14대 분야에 집중하고 있다.

● 외국인 투자에 대한 인센티브

외국인 투자 지분 한도를 상향하고, 자동승인 투자 금액을 확대했다. 방송 통신, 공항 분야는 외국인 투자 지분의 100%, 제약 산업의 경우 74%까지 자동승인 루트를 통한 투자를 허용했다. 항공과 방위산업에서 외국인 투자 지분 한도가 49%였는데 100%까지 확대했다.

단일 소매업의 경우 인도 내 생산 부품을 30% 이상 사용해야 한다는 현지 조달(local sourcing) 규제를 최대 5년까지 유예할 수 있도록 예외 규정을 신설했다. 투자 후 모니터링과 분쟁 해결을 통합적으로 관리하기 위해 외국인투자시행기구(FIIA)를 설립했다.

● 통합간접세와 관세

주마다 다르게 부과되던 간접세를 단일화해 통합간접세(Good and Service Tax, GST)를 도입했다. 우리나라의 부가가치세와 개념적으로 유사하다. 게다가 화학·금속·IT에서 사용되는 원자재와 중간재 등 22개 품목에 대한 기본 관세를 인하했다.

● 교육 지원

인도 전역에 35개의 생명공학 관련 스타트업 인큐베이터를 설치하고, 신규 창업가, 연구원 등을 지원하기 위한 스타트업 허브를 구축했다. 또한 스타트업 종사자들이 직면한 문제를 해결하기 위해 정부 주도의 워크숍을 개최한다.

디지털 인디아

나렌드라 모디 총리가 중점적으로 추진하는 정책 중 하나로 2015년에 시작됐다. 산업 분야뿐만이 아닌 정부 부처, 생활 등 사회 전반에 디지털화를 추진해 스타트업 생태계에 큰 영향을 미치고 있다. 예를 들어 전자문서와 전자서명제를 도입해 손쉽고 빠른 일 처리가 가능해졌다. 디지털 간소화를 통한 디지털 사회 구축을 목표로 하며, 주요 내용으로 ①주(州)의회 기능의 디지털화, ②E-Courts 도입으로 법원 전산화 추진, ③주요 대학에 기술단지(Research Park) 설치 등이 있다. 시설 지원으로는 ①낙후지역에 인터넷 보급, ②공기업 BBNL(Bharat Broadband Ltd.) 주도로 2022년까지 25만 개 마을에 광대역 인터넷을 보급할 계획이다.

스마트시티 IT 파크 설립

2007년 아랍에미리트(UAE)와 스마트시티 IT 파크를 설립하는 합작 프로젝트를 추진하기로 계약을 체결했다. 국제적인 경쟁력을 갖춘 IT 기술을 바탕으로 소프트웨어 파크, 수출촉진단지 등을 조성하는 것이 목적이었다. 이 프로젝트를 통해 '두바이 인터넷시티', '두바이 미디어시티' 등이 조성됐다. 이러한 성공 사례를 바탕으로 정보통신기술 등 지식기반산업 발전을 위한 경제 기반의 환경 조성에 초점을 두었으며, 케랄라 주정부는 99년간 임대 2,600만 달러의 임대료 조건으로 부지 조성을 허가했다. 건설된 IT 파크는 주정부가 소유한다. 모디 정부는 총선 공약으로 인도에 100개의 스마트시티 건설을 내세웠다. 해외 자본을 유치해 인도 경제를 부흥시키고, 각각 스마트시티 간의 네트워크를 구축할 계획이다.

05

주요 콘퍼런스와 프로그램

스타트업 관련 주요 콘퍼런스

● **스타트업 서밋(Startup Summit)**

사업가들이 주최하고 프랜차이즈 인디아(Franchise India)가 협찬하는 아시아 스타트업 행사다. 2003년에 첫 시작으로, 2019년 델리에서 열일곱 번째 행사가 개최됐다. 서밋을 통해 기업가, 벤처 자본가, 비즈니스모델 제작자, 컨설턴트, 정책 입안자 등 연사를 초청해 중소, 신규 기업을 위해 비즈니스 경험이나 전략을 공유하고 제시한다. 신규 기업이 기업 간 네트워크를 구축하고, 비즈니스 파트너를 발굴할 수 있도록 지원한다.

2019년 10월 뉴델리 프리가티 마가딘에서 17차 행사가 열렸다. 48명의 발표자와 250여 명이 참석한 것으로 추정된다. 기업가 문화 조성을 위한 정부의 역할과 여성 창업자와 투자자를 위한 발표를 비롯해 생활 혁신 및 신세대 비즈니스모델, 식품 서비스 산업의 변화, VC가 비즈니스에 투자하는 방법, 프랜차이즈 및 스타트업 등에 대한 발표가 이어졌다.

행사장 포스터

행사장 내부

● 스타트업 엑스포 4(Startup Expo 4)

국제기업가협회와 국책항공사(Lufthansa)가 개최한 스타트업 박람회
다. 신규 스타트업 기업들을 소개하고, 기업가, 투자자, 비즈니스모델
제작자, 컨설턴트 등이 신생 기업의 멘토나 투자자로서 활동한다.
2019년 9월에 있었던 행사에서는 500개의 신규 스타트업 기업, 75명
의 투자자, 200명의 멘토가 참석했고, 175개 도시에서 2만여 명이
참가했다.

스타트업 엑스포

● 테크스파크(TechSparks)

매해 10월에 개최되는 행사로 스타트업, 정책 입안자, 투자자, 액셀
러레이터, 인큐베이터 등 100개 사가 전시에 참여한다. 정부 정책
및 성공 사례를 발표하고 시상식 등을 한다(events.yourstory.com/
techsparks).

테크스파크

● 벵갈루루 테크 서밋(Bengaluru Tech Summit)

벵갈루루 테크 서밋은 벵갈루루에서 열리는 콘퍼런스로 260명의 연사와 3천여 명이 참가한다. 주로 기술 전문가, 미래학자, 정책 입안자, 업계 대표가 참가한다(www.bengalurutechsummit.com).

벵갈루루 테크 서밋

● 헤드스타트 벵갈루루 스타트업 서밋(Headstart Bangalore Startup Summit)

아직 2회밖에 되지 않은 신생 콘퍼런스로 스타트업과 벤처캐피털 등 200여 명이 참가한다(headstart.in/initiative/entrepreneurship-conclave).

스타트업 관련 정부 부처나 유관 기관의 프로그램

● 인베스트 인디아(Invest India)

인베스트 인디아는 인도 정부의 공식 투자 유치 전담기관으로 인도 상공부 산하 산업정책촉진국(Department of Industrial Policy and Promotion, DIPP) 소속 정부기관이다. 인도 정부가 추진하는 창업 활성화 핵심 정책의 하나로, 스타트업 창업을 지원함으로써 인도 경제의 창의성을 확대하고 중장기적으로 지속 가능한 경제 성장과 고용 창출을 목표로 한다. 스타트업 정책의 주무부서인 인도 상공부 소속 산업 정책진흥국은 스타트업 인디아를 위해 19개 구체적 사항을 담은 계획을 발표했다.

● 스타트업 인디아 허브(Start-up India Hub)

스타트업 인디아 허브는 스타트업 창업을 장려하기 위해 지원하는 제도다. 스타트업 기업에 창업 절차, 정부 지원 사항, 기타 세무, 법무적 문의 사항에 대한 정보를 제공하는 멘토링 사업을 한다. 2016년 4월 1일부터 시작됐으며, 2020년까지 79,783개의 스타트업과 네트워크를 구축하고 있다.

● 나인(NAIN)

카르나타카의 주도 벵갈루루는 인도의 IT 허브로 불린다. 세계적인 IT 기술 발전에 가장 큰 공을 세운 도시다. 카르나타카 주정부는 스타트업 생태계를 구축해 스타트업의 수를 늘리고 지원하고자 한다. 이를 위해 카르나타카 주정부 산하에 카르나타카 혁신기술협회, IT, 생명공학, 과학기술부를 통해 기업가 정신 육성 및 혁신을 장려하는 센터인 나인을 두고 R&D 연구소와 산업 간 강력한 파트너십 육성, 초기 단계의 스타트업에 IDEA2POC(Proof of Concept) 자금 지원 등을 하고 있다. 초기 단계에 자금이 필요한 개발자들이 만든 상품의 상업화를 추진하고 개념 증명(Proof of Concept)의 유효성을 검증하는 데 도움을 주려는 지원이다. 그리고 인큐베이션 인프라 구축과 인센티브 및 자문을 지원하기도 한다.

● 인도 소프트웨어산업협회(NASSCOM)

1988년 설립된 이 기관은 인도의 고용, 수출, 인프라 등에 기여하는 비영리 산업협회다. 설립 이래 IT-BPM 산업을 지속적으로 지원하고 있다. 회원사는 약 2,800개 사다. 글로벌, 국내 IT 비즈니스 추진을 향상하기 위해 정책 지지를 유도한다. 또한 IT 인력을 재교육해 새로운 시대의 기술에 대비하도록 지원한다. 2013년에 '10000 Startup'이라는 인큐베이팅 프로그램을 시작, 2023년까지 인도에서 10,000개의 스타트업을 지원한다는 목표를 가지고 있다.

스타트업 육성 주요 대학 및 연구기관

● IIITD(트리플IT델리)대학

2017년 설립된 IIITD대학은 기술 기반의 스타트업을 지원 및 홍보하며 창업보육센터로서 인큐베이터 역할을 한다. 정기적으로 워크숍, 세미나 등을 개최하며 현지 기업가와 투자자, 스타트업 전문가를 초청해 회의를 주선한다.

● 애미티 이노베이션 인큐베이터(Amity Innovation Incubator)

인도 과학기술부의 지원을 받는 대학기관으로, 신규 스타트업에 재정 지원을 위해 애미티 캐피털 벤처스(Amity Capital Ventures)와 협약이 되어 있다. 이외에 여러 PE(Private Equity, 투자 전문 운용사가 소수의 고액투자자로부터 자금을 조달해 금융기관과 기업의 주식이나 투자증권에 투자하고, 기업 체질 개선 등을 통해 지분을 매각해 고수익을 추구하는 장기투자 전문기구)나 VC와 함께 공동 투자를 진행한다. 이외에 애미티 혁신 펀드(Innovation fund)를 통해 스타트업 인큐베이터와 신규 스타트업 파트너에 대한 투자를 장려한다.

INDIA

현지 투자자 인터뷰
VC Interview

벤처 캐피털리스트 비카스 토마르(Vikas Tomar)

스타트업을 육성하는 기업인 벤처 캐피털리스트는 뉴델리, 벵갈루루, 콜카타에 지사가 있다. 홍콩, 싱가포르, 중국 등 해외에도 지사가 있으며 서울에도 지사 설립을 추진 중이다. 주요 타깃 국가로는 한국을 포함한 동북아시아와 유럽에 있는 나라다. 2019년 9월 인도 스타트업 사절단에 참가해 한국 스타트업과 B2B 미팅을 했고, 2019년 11월 글로벌 오픈 이노베이션 코리아에 참가한 방한 기업으로서 한국 스타트업과 네트워킹이 활발한 편이다.

Q 앞으로 어떤 스타트업이 유망할까요?

인도 기준으로 크게 e-러닝 비즈니스, 웨어러블 IoT 산업, 영화산업이 유망한 분야입니다. 교육 인프라가 열악해, 보다 많은 사람이 교육의 혜택을 누릴 수 있는 e-러닝과 통신 산업, 나아가 콘텐츠를 보급하는 사업이 성장할 가능성이 큽니다. 한·인도 간의 관광 산업으로 많은 스타트업이 활약할 가능성도 있습니다. 양국은 오래된 역사와 유적지를 보유하고 있어 성장할 가능성이 커 보입니다.

Q 투자할 때 중요하게 보는 부분은 무엇인가요?

혁신 기술을 보유하고 있는지, 현실에 적용할 수 있는지 등을 눈여겨봅니다. 스타트업이 가지고 있는 커뮤니케이션 역량이나 팀의 사기 등도 중요하게 보는 편입니다. 해외 진출 시에 해당 국가에 대한 이해, 글로벌 마인드 등도 살펴봅니다.

Q 한국 스타트업이 현지에 진출할 때 흔히 저지르는 실수나 간과하는 부분이 있나요?

한국 스타트업 기업들이 인도에 진출할 때 기술력이나 품질은 우수하지만, 인도 시장에 적용할 수 있는 가격 경쟁력이 낮은 편입니다. 인도 시장 가격과 비교해 가격이 높은 편이지요. 인도 사람에 대한 이해나 주별로 업무 처리가 다른 문화 등도 이해해야 합니다. 자유분방하게 의견을 제시하기 때문에 일 처리 속도가 다소 느린 점도 미리 유념해야 합니다.

Q 현지 진출을 희망하는 한국 스타트업에 조언을 한다면요?

인도에 진출할 때 한국 스타트업 대다수는 시장점유율이 낮더라도 높은 마진율을 주요 전략으로 추진하지만, 인도에서는 시장점유율을 높이는 전략이 더 중요합니다. 현재 인도 시장을 공략하기 위해서는 대도시뿐만 아니라 중소도시, 시골까지 사업 영역을 확대하는 전략이 필요합니다.

현지 진출에 성공한 국내 스타트업

로뎀 딜리버리
Rodem Delivery Pvt Ltd

품목(업종)
그린바스켓(Green Basket), 온·오프라인 유통업

설립연도
2019년 9월

대표자
유주헌

소재지
인도 하리아나주 그루가온 섹터 56, 수산트타워

홈페이지
greenbasketindo.com

종업원 수
15명

사업 규모 (연 매출액)
인도 본사 **28,000** 달러(2019년 기준)

Q. 로뎀 딜리버리는 어떤 기업인가요?

그린바스켓은 품질 좋은 과일, 채소 등을 현지 소매가격보다 저렴하게 살 수 있는 온·오프라인 유통 서비스를 제공하는 회사입니다. 고객들에게 3가지 편익을 제공합니다. 첫째, 인도가 1년 중 40도 이상 되는 여름이 6개월 이상 계속되므로 식자재의 신선도 유지가 열악한데, 이 점을 개선합니다. 둘째, 현지 교통편이 나빠 식재료 구입에 불편을 느끼는 외국인 거주자를 대상으로 배달 서비스를 론칭했습니다. 셋째, 도매에서 소매로 이어지는 과정에서 외국인 소비자를 대상으로 가격 투명성이 낮아 바가지 구매, 터무니없이 비싼 가격으로 제공될 때가 많은데 이러한 판매 형태를 개선했습니다.

Q. 법인 설립 과정을 들려주세요. 고객과 투자는 어떻게 유치했나요?

인도에 8년간 거주하다 보니 대다수 외국인들이 식재료를 사려면 주거지와 멀리 떨어진 슈퍼마켓을 이용해야 한다는 것을 알게 됐습니다. 더구나 품질이 좋은 식재료를 사려면 여러 마트를 돌아다니면서 발품을 팔아야 하는 불편함이 있었습니다. 그런 불편함에 착안해 그린바스켓이라는 서비스를 출범하게 됐습니다.

법인 설립은 2019년 6월부터 진행했습니다. 그린바스켓이 타깃으로 하는 고객은 인도 3개 주의 주요 도시가 포함된 뉴델리 수도 광역권에 거주하는 외국인 거주자(한국인 약 5천 명, 일본인 약 5천 명, 중국인 약 3천 명)입니다. 한국 교민 네트워크를 통해 홍보하고 한국식품관 행사에 참여해 고객 유치를 진행했습니다. 일본은 각종 동호회를 활용한 홍보, 중

국은 제조기업들에 급식 식자재를 납품하는 형태로 고객 유
치를 진행했습니다. 특히 힌디어가 능통한 대표와 중국어 및
일본어가 능통한 직원들이 팀을 이뤄 서비스 출범 4개월 만
에 월 1만 달러 이상의 매출을 기록하고 있습니다.

Q. 현지에서 도매 거래처는 어떻게 발굴했나요?

도매시장에서 상품을 직접 유통 받기 위해 농촌 지역을 직접
다니면서 거래처를 확보했습니다. 접근하기 힘든 지역까지
방문해 질 좋은 상품을 싼 가격에 공급받을 수 있는 현지 농
가와 과수원을 발굴했죠. 특히 북부와 남부를 가리지 않고 비
행기를 타고 방문하면서 거래 계약을 체결해 인도 전역에서
소매시장을 거치지 않고 상품을 공급받게 됐습니다.

인도 현지 공급 파트너 현황			
과일	전 지역 6곳	견과류	첸나이 2곳
채소	북동부 3곳	기타	잠무카슈미르 1곳
일본 납품처	야마토, 이찌방 마트	중국 납품처	OPPO, HUAWEI 공장

Q. 현지 시장 진입 과정이 궁금해요

그린바스켓을 출시할 당시, 인도에 기존 배달업체는 조마토,
스위기, 우버이츠 등 3개 사가 시장을 장악하고 있었습니다.
이에 기존 업체들에 대한 데이터를 분석하고, 외국인들의 서
비스 만족도를 조사해 불편한 점을 살펴보았습니다. 또한 음
식배달뿐만 아니라 식자재와 과일, 견과류까지 배달하는 서

비스로 차별화를 꾀했습니다. 외국인들은 인도 배달기사들이 불친절하고, 매번 잔돈이 없으며, 배달시간이 지체되는 것을 불편해했습니다. 또한 3개 회사가 거래처와 28%의 수수료를 받는 계약을 체결해, 대부분 음식 가격이 비싼 점에 착안해 상품별로 10~20%까지 수수료를 차등 적용하는 계약을 체결했습니다.

Q. 비자 등 현지 체류 자격은 어떻게 얻었나요?

인도 체류 비자 기준은 자주 바뀌는 경향이 있어 자체적으로 해결하기보다는 비자 전문 에이전시를 통해 해결하고 있습니다.

Q. 노무나 세무 등 관리 업무는 어떻게 해결하나요?

인도 현지 HR 및 회계 담당자들을 고용해 업무를 진행하거나, 잘 알고 있는 업체에 외주를 맡기고 있습니다. 스타트업은 흔히 Big4 컨설팅회사들을 이용하기에는 비용 부담이 너무 크기 때문에 현지에서 한국 기업들과 비즈니스를 장기간 하고 있는 현지 컨설팅회사를 물색하고 있습니다.

Q. 현지에 진출하면서 KOTRA 사업 참가 또는 지원을 받은 경험이 있나요?

로뎀 딜리버리는 사업 초기부터 인도 현지인 채용까지 KOTRA 뉴델리무역관과 네트워킹을 유지했습니다. 무역관은 법인 설립 당시, 회사법 관련 어려운 점과 직원을 채용하는 데 지원을 해주었습니다. 2019년 6월부터 법인 설립을 진행할 당시, KOTRA 뉴델리무역관과 중소기업진흥공단의 뉴델리센터에서 지원을 받아 인도 기업부의 회사 등록, 현지 법인 계좌 개설 과정을 끝낼 수 있었습니다. 특히 KOTRA 뉴델리무역관의 법률 자문 서비스를 통해 현지 회사법상 유통업은 로컬 제품을 30% 이상 구매해야 한다는 규정을 충족시킬 수 있었고, 정식으로 법인 설립의 허가를 받을 수 있습니다.

또한, 그린바스켓은 차별화된 배달 서비스를 제공하고자, 경쟁사 대비 1.5배의 급여를 제공하는 조건으로 현지 배달기사를 채용했습니다. 하지만 한국 및 일본 등 외국 문화에 익숙한 배달기사를 뽑는 데 어려움을 겪었고, KOTRA 뉴델리무역관에서 제공하는 인도인 채용(CK) 서비스를 통해 현지 진출 한국 회사에서 근무한 경력이 있는 사람을 뽑을 수 있었습니다. 그 직원을 통해 지인을 추천받아 한국 및 일본 회사 근무 경력이 있는 사람들을 배달기사로 채용했습니다.

Q. 현지에 진출할 때 가장 중점을 둔 부분이 있나요? 혹시 팁이나 조언을 한다면요?

그린바스켓은 이미 선점한 기존 배달회사들이 있어서 차별화에 중점을 두었습니다. 수수료를 세분화해 거래처의 부담을 줄이고, 주문 고객에게는 30킬로미터당 100루피(약 1,650원) 비용을 받았습니다. 다른 회사보다 저렴한 가격에 구매할 수 있는 셈이죠. 자사 홈페이지에 무료로 거래처의 상품을 홍보함으로써 주문량이 많이 증가하고 있습니다.

그린바스켓은 도매에서 직매입을 통해 상품을 배송하고 있습니다. 이를 통해 가격 경쟁력을 확보해 품질 좋은 상품을 적정한 가격에 배송하는 것이 특징입니다. 또한 배달기사들을 최소 한두 달 교육해 정시 도착, 친절도 향상 같은 프리미엄 배송을 추구하고 있습니다.

인도에서 스타트업을 하려면 일단 열악한 인프라를 극복하는 것이 관건입니다. 인도에서 우수한 현지 인력 채용은 쉽지 않습니다. 게다가 IT 시스템을 구축하는 것도 만만치 않습니다. 그린바스켓은 배달 주문 및 비용 처리, 배송 루트 및 재고 현황 확인 시스템을 구축하는 데 비교적 한국보다 오랜 기간이 걸렸습니다. 당연히 IT 시스템을 구축한 회사도 한정적이며 거래처가 납품기한을 어길 때가 많다는 점도 참고해야 합니다.

현지 진출에 성공한 국내 스타트업

㈜페이퍼스
Payperse

품목(업종)
핀테크(QR 코드를 이용한 모바일 결제 서비스에 최적화된 빅데이터 서비스 플랫폼 제공)

설립연도
2017년 11월 9일

대표자
이성원

소재지
경기도 하남시 미사강변북로 65

홈페이지
www.payperse.com

종업원 수
1명

Q. 페이퍼스는 어떤 기업인가요?

회사를 설립하기 전에 빅데이터 분야와 모바일 결제 솔루션 분야에서 제품과 사업 기획, 사업화 경험이 있었습니다. 특히 모바일 결제 분야에서는 인도네시아를 포함해 동남아시아 지역의 은행들이 주요 고객이었습니다. 동남아시아 은행들과 신제품 개발을 기획하기 위해 고객 수요 조사를 상담하던 중 QR 코드를 이용한 모바일 결제 서비스를 보편적으로 사용하는 동남아시아 은행들이 무료에 가까운 결제 수수료와 알리페이 등과 같은 비은행 사업자들과의 경쟁으로 어려움을 겪는 것을 보았습니다. 이를 해결할 솔루션 개발이 절실했죠. 빅데이터 분야와 모바일 결제 분야의 경험을 활용해 '은행 모바일 결제 서비스에 최적화된 빅데이터 비즈니스 플랫폼' 기술을 개발했고, 특허를 등록한 후 2017년에 페이퍼스를 설립했습니다.

Q. 법인 설립 과정을 들려주세요. 고객과 투자는 어떻게 유치했나요?

페이퍼스는 POC 기술검증을 할 수 있는 데모 버전 솔루션을 개발한 후 동남아시아 은행을 대상으로 사업을 제안했지만 모두 타 은행에서 사업화한 레퍼런스가 있으면 도입하겠다는 답변뿐이었어요. 한국에서는 유커들이 많이 방문하는 명동 같은 일부 상권에서만 QR 코드 결제를 하기 때문에 한국의 은행들은 도입에 관심이 없었습니다. 이래저래 사업 추진 방안을 찾지 못하던 와중에 KOTRA 인도 벵갈루루 무역관에서 지사화 사업을 통한 인도 진출 제안을 받고 인도에서 사업을 진행할 수 있었습니다. 현재 인도 벵갈루루 지역에 조인트벤처(Joint Venture, JV)를 설립해 사업을 추진하고 있으며,

싱가포르와 요르단 지역에도 현지 기업과 사업화를 협의하고
있습니다.

Q. 현지에서 파트너는 어떻게 발굴했나요?

현재 JV 설립을 완료하고 사업화를 진행하고 있는 인도에서
는 KOTRA 인도 벵갈루루 무역관의 지사화 서비스를 통해 현
지 사업 파트너를 발굴할 수 있었습니다. 현재 사업화 진출을
검토 중인 싱가포르와 요르단은 글로벌 모바일 비전(GMV)
행사를 통해 소개받은 현지 기업과 JV 설립 등 사업화를 추
진하고 있습니다.

Q. 현지 시장 진입 과정이 궁금해요

어떤 분야에서든 차별화가 핵심일 텐데요. 사업 핵심 아이디
어에 대해 사업 시작 단계에서 국내 및 해외 특허 출원을 함
으로써 아이템의 독창성을 고객에게 객관적으로 입증할 수
있었습니다. 데모 버전 솔루션에서 차별화 요소를 쉽고 명확
하게 확인할 수 있도록 솔루션을 개발했습니다.
페이퍼스 사업 아이템은 일반 소비재와 달리 목표 시장과 고
객이 은행이에요. 그래서 B2B2C 사업 모델인 셈이죠. 사업
아이템의 핵심 기술과 관련된 글로벌 표준화 동향, 이를 기
반으로 한 각국의 국가 표준화 동향, 결제와 관련된 규제 동
향 등을 수집하고 분석했습니다. 일반적인 시장 조사 방법으
로는 목표 시장의 정보와 니즈를 얻기가 어려웠습니다. 또한,
주요 목표 시장인 동남아시아 대부분 국가는 개발도상국으로
결제 관련 국가 표준화와 규제 동향 등의 정보를 빠르게 확보
하기 어려웠습니다.

페이퍼스는 목표 시장에 대해 빠르게 정보를 수집하고 분석하기 위해 목표 시장, 국가의 영문 인터넷 뉴스 구독, 저개발국 금융 서비스와 정책 관련 전문 뉴스 구독 같은 20여 개 이상의 금융, 경제, 기술 관련 뉴스를 구독해 동향을 분석하고 있습니다.

사업 파트너가 되고자 현지인에게 사업 아이템의 성공 가능성을 이해 시키는 것과 함께, 회사-회사, 기업인-기업인 사이의 신뢰 관계를 쌓는 데는 생각보다 몇 배의 노력과 시간이 필요했습니다.

Q. 비자 등 현지 체류 자격은 어떻게 얻었나요?

인도 현지 기업에 'Invitation Letter'를 요청해 비즈니스 비자를 발급받았습니다.

Q. 노무나 세무 등 관리 업무는 어떻게 해결하나요?

현지 KOTRA 무역관에서 문제 상황에 대해 자문을 받은 후 현지 사업 파트너를 통해 문제 해결 방안을 실행하는 식으로 해결했습니다.

Q. 현지에 진출하면서 KOTRA 사업 참가 또는 지원을 받은 경험이 있나요?

KOTRA에서 하는 사업이나 서비스에 두루 참여했는데요. 특히 KOTRA 인도 벵갈루루 무역관 지사화 사업에 참여한 것이 크게 도움이 됐습니다. 인도에 진출하기 이전 현지에 개인적으로나 사업적으로 네트워크가 없는 상황에서 지사화 사업을 통해 사업 파트너를 확보할 수 있었고 성공적으로 사업화를 추진할 수 있었습니다.

Q. 현지에 진출할 때 가장 중점을 둔 부분이 있나요? 혹시 팁이나 조언을 한다면요?

현지 시장의 니즈가 무엇인지 파악하는 것과 거기에 부합하는 경쟁력 있는 사업 아이템, 사업화 역량을 갖춘 현지 사업 파트너 확보에 중점을 두었습니다. 페이퍼스는 인도 이외에 여러 국가에 진출하는 것을 목표로 삼고 있습니다. 진출한 국가에서 효율적으로 사업화하기 위해 몇 가지 현지화 전략을 취하고 있는데요. 현지 사업 파트너가 사업 추진을 주도할 수 있도록 JV 회사 조직 구성 및 권한을 부여했습니다. 그리고 현지 시장을 위한 솔루션 개발과 고객 지원을 가능한 한 현지 자원을 활용해 지원했습니다.

국내 스타트업이 현지에 진출할 때 '일반화의 오류'에 빠지지 않도록 유념해야 합니다. 해외 사업 경험이 많은 전문가나 오랜 현지 생활을 한 교민조차도 현지의 사업, 경제, 문화 등 환경에 대해 지극히 '개인적인 경험만'을 근거로 잘못되거나 편향된 시각으로 설명하거나 안내할 때가 많습니다. 목표 시장에 대해 다양한 정보 채널을 통해 관심 있는 사업 분야뿐만 아니라 '문화'를 먼저 이해하려는 노력을 병행하는 것이 중요합니다. 마지막으로 한 외국 기업인의 말을 들려주고 싶습니

다. "해외에서 고객이나 사업 파트너를 찾는 한국 기업인들은
대부분 자신은 외국 고객이나 파트너에게 신뢰를 주지 않으
면서 외국 파트너는 자기들에게 무한 신뢰를 보여주기를 바
란다."

UNITED ARAB
EMIRATES

UNITED ARAB
EMIRATES

아랍에미리트

UNITED ARAB EMIRATES

01

지금 아랍에미리트 스타트업 상황

중동아프리카(MENA) 지역 스타트업 허브

아랍에미리트는 연방 차원의 법인세와 개인소득세가 없으며 부가세율도 5%로 비교적 낮은 편이다. 석유·가스 부문(두바이 50%, 아부다비 55%)과 외국계 은행(20%)에만 법인세를 부과하는 만큼 창업 친화적인 환경이다. 자유무역지대(Freezone)에 법인을 설립할 때 외국인 지분제한이 없고, 사업자 등록과 거주 비자 발급을 원스톱으로 진행할 수 있다. 중동아프리카 지역에서 최고 수준의 인프라를 보유하고 있다.

아랍에미리트는 2019년 세계경제포럼 글로벌 경쟁력지수 평가에서 141개국 중 25위(MENA 지역 2위), 인프라 부문 12위를 기록했다. 한국은 141개국 중 13위이며 MENA 지역 1위는 이스라엘(전체 20위)이다. 아랍에미리트는 아시아와 아프리카, 유럽을 잇는 글로벌 물류 중심으로 두바이 국제공항과 MENA 최대 시설인 제벨알리항이 있다. 2019년 5G를 도입했고, 휴대폰 가입률이 100명당 208.5개 회선에 이르는 등 ICT 수용도가 세계 2위를 기록한다.

산업 다각화를 위해 스타트업 유치

아랍에미리트는 산업 다각화 추진과 스타트업을 통한 첨단 기술을 유치하기 위해 노력하고 있다. 'UAE Vision 2021' 전략으로 포스트오일 시대를 대비하고 제조업과 금융, 물류, 관광 및 혁신 산업 투자를 확대하고 있다. 그리하여 관련 스타트업이 진출할 기회가 다양하게 열려 있다. 특히 두바이는 역내 금융 및 상업 허브로서 지위를 유지하기 위해 핀테크, 인공지능, 전자상거래 분야 스타트업을 육성하는 데 적극적이다. 사내 벤처캐피털이나 민간 액셀러레이터보다는 정부 기관 주도 이니셔티브, 창업보육시설, 지원 펀드가 스타트업 생태계를 이끌고 있다.

유망 분야별 대표적인 스타트업

● 수콸말(Souqalmal)

2012년에 설립된 수콸말은 두바이에 소재한 핀테크 분야의 시드 단계 스타트업이다. 수콸말은 'Money market'이라는 뜻의 아랍어로 아랍에미리트 최대 금융·보험 상품을 비교하는 플랫폼이다. 아랍에미리트를 시작으로 사우디아라비아, 쿠웨이트 등에 진출했다. 2017년 시리즈 B 라운드에서 사우디아라비아 벤처캐피털인 Riyad TAQNIA Fund로부터 1천만 달러를 유치했다.

● 퓨어 하비스트(Pure Harvest)

2016년에 설립된 퓨어 하비스트는 아부다비에 소재한 스마트팜(Smart Farms) 스타트업이다. 사막에서도 농작물 재배가 가능한 온실을 개발하고 있다. 현재 프로토타입으로 토마토를 수경으로 재배하고 있다. 2016년 무함마드 빈 라시드 혁신 펀드(MBRIF)와 현지 벤처캐피털인 쇼룩 파트너스(Shorooq Partners)로부터 580만 달러를 유치했다. 당시 MENA 지역 시드 단계에서 단일 유치액 중 최고치였다.

● 트래커(TruKKer)

2015년에 설립된 트래커는 아부다비에 소재한 물류·운송 스타트업이다. 온디맨드(On-demand)형 실시간 소형 화물 서비스를 제공한다. 2019년 시리즈 A 라운드에서 현지 벤처캐피털인 쇼룩 파트너스를 포함해 다수의 벤처캐피털로부터 2,300만 달러를 투자받았다.

02 주요 도시별 스타트업 생태계의 특징

MENA 지역 스타트업 중심 도시

두바이는 아랍에미리트 총 벤처 펀딩액의 91%를 차지하며 독보적인 생태계를 구축했다. 2019년 두바이의 총 펀딩액은 3억 8천만 달러, 총 펀딩 건수는 112건이다. 뒤이어 아부다비의 총 펀딩액은 3,100만 달러로 아랍에미리트 총 펀딩액의 7%, 샤르자의 총 펀딩액은 600만 달러로 1%를 차지했다. 1억 달러 이상의 메가딜을 달성한 수크, 카림, EMPG 모두 두바이에 소재한 스타트업이다.

풍부한 자금력

두바이는 모하메드 빈 라시드 혁신 펀드(MBRIF)를 통해 유망 스타트업에 자금을 지원하고 액셀러레이팅 프로그램을 운영한다. 아부다비 주정부는 2019년 신규 투자 진흥 전담 기관(ADIO)을 설립해 제조업과 R&D의 스타트업 활성화를 위해 약 1억 4,600만 달러 상당의 가단 벤처 펀드(Ghadan Ventures Fund)를 운용하기 시작했다. 대표적인 현지 벤처캐피털로는 왐다 캐피털(Wamda Capital), MEVP(Middle

East Venture Partners), BECO 캐피털, 쇼룩 파트너스 등이 두바이와 아부다비에 본사를 두고 활발하게 투자 활동을 펼치고 있다.

역대 최고 투자금 회수 기록

2019년 아랍에미리트 내 엑시트에 성공한 스타트업은 총 12개 사로 (엑시트 금액은 36억 달러) 이 중 11개 사가 두바이에 기반을 둔 스타트업이다. 아랍에미리트의 엑시트 시장은 아직 미진하나 로컬 기업과 현지 진출 글로벌 기업의 스케일업 단계의 스타트업 수는 증가하고 있다.

창업 지원 구심점인 자유무역지대 소속 창업보육기관

자유무역지대(Freezone) 안에 있는 창업보육기관은 인큐베이팅과 액셀러레이팅, 투자 유치 등 다양한 지원을 하고 있다.

● Dtec

두바이 대표 창업 캠퍼스로 2015년 창립 이래 약 800여 개 스타트업을 지원했고 투자 유치 20건을 올렸다. 대표 스타트업에는 잼 (JAAEM, 시드, 전자상거래, 한국 스타트업 최초로 액셀러레이터 프로그램에 선정), 독스월릿(Docswallet, 시드, 블록체인) 등이 있다.

● 셰라(Sheraa)

샤르자(Sharjah)는 아랍에미리트연방을 구성하는 7개 토후국 중 세 번째로 큰 토후국이다. 셰라는 샤르자를 대표하는 인큐베이터 및 액셀러레이터로 프리시드부터 시리즈 A까지 다양한 단계에 펀딩한다. 대표 스타트업에는 조이 기프츠(Joi Gifts, 시드, 전자상거래), 솔바 (Solva, 그랜트, 물류 솔루션) 등이 있다.

● Hub71

아부다비 정부가 설립한 액셀러레이팅 기관으로 테크 스타트업에 중점을 둔다. 대표 스타트업에는 베이자트(Bayzat, 시리즈 B, HR 솔루션), 어덴다(Addenda, 시드, 보험), 아라봇(Arabot, 시드, 챗봇) 등이 있다.

<hr>

03
스타트업에 대한 투자 규모와 트렌드

중동아프리카 지역 스타트업 생태계 선도

아랍에미리트는 펀딩 금액 기준 MENA 지역 1위, 펀딩 건수 기준 2위를 기록하고 있다. 아랍에미리트는 MENA 지역 총 펀딩액 7억 4백만 달러 중 60%를 차지, 2018~2019년 연속 1위를 차지했고 이집트, 사우디, 요르단, 레바논이 뒤를 이었다. 아랍에미리트는 펀딩 건수 기준 MENA 지역 2위로, 2018년보다 1단계 하락했다. 최근 5년간 1억 달러 이상의 메가딜 대상 기업인 수크(Souq, 아마존 인수), 카림(Careem, 우버 인수), EMPG(KCK그룹 리드) 모두 아랍에미리트에 소재한 스타트업이다.

* 수크(2억 7,500만 달러/이커머스/2016), 카림(31억 달러/운송/2018), EPMG(1억 달러/부동산/2019)

산업 다각화 중점 육성 분야가 유망

● 핀테크

결제·송금, 자산관리, 블록체인 등의 분야로 2019년 펀딩 건수 기준 1위(27건) 및 펀딩액 5위(3,900만 달러)를 달성했다. 아랍에미리트의 블록체인 2021 전략에 따라 2021년까지 정부 거래의 50%를 블록체인 플랫폼으로 대체하는 작업을 추진하고 있으며 이와 관련해 활발한 투자를 기대하고 있다.

● **물류·운송**

틈새시장에 주목해 단기 차량 대여, 모바일 기반 소형 화물 서비스 등을 제공하는 플랫폼이다. 2019년 펀딩 건수 기준 2위(16건) 및 펀딩액 3위(6,400만 달러)를 달성했다. 전자상거래가 지속적으로 성장함에 따라 물류·운송 분야도 안정적으로 동반성장할 것으로 기대된다.

● **첨단 농업**

기후위기 극복, 식량안보를 확보하기 위한 농업기술 분야다. 연간 농작물 소비량의 80% 이상을 수입에 의존하는 만큼 정부 차원에서 식량안보 달성을 위해 첨단 농업기술 도입에 앞장서고 있다. 일례로 두바이 국부펀드 ICD는 미국 소재 스타트업 인디고 농업(Indigo Agriculture)에 누계 2억 달러를 투자했다. 아부다비투자청(ADIO)은 2019년 2,700억 원 규모의 애그로테크 지원 프로그램을 개설하는 등 관련 분야 스타트업을 육성하려는 의지가 강하다

초기 단계의 핀테크, 전자상거래, 물류·운송 분야 중심으로 투자

프리시리즈와 시리즈 A 단계 스타트업 위주로 투자가 이뤄진다. 총 126건의 투자 중 초기 단계 및 시리즈 A 단계의 비중이 65%가 넘는다. 특히 투자 건수 상위 10개 투자사는 최소 3개 사 이상의 초기 단계 스타트업에 투자했다. 500 스타트업 16건, 스타트업 부트캠프 12건, 오먼 기술 펀드(Oman Technology Fund) 7건, 쇼룩 파트너스 4건, 벤처수크(VentureSouq) 4건 등이다. 주로 모바일 플랫폼을 기반으로 한 핀테크, 전자상거래, 물류·운송, 교육 분야에 대한 투자가 많다.

한국 스타트업에 대한 투자 동향

● 블루시그널(Blue Signal)

미래 교통 상황 예측 솔루션 전문기업인 블루시그널은 2020년 1월 두바이 도로교통국(RTA) 인공지능 신호 최적화 시범사업을 수주했다. 아랍에미리트에서 교통 혼잡 지역으로 손꼽히는 비즈니스 구역에서 시범사업을 진행할 예정이다. 시범사업 이후 블루시그널의 미래 교통 상황 예측 기술은 스마트 메시징 시스템과 두바이택시, HUD(Head Up Display) 시스템 등 다양한 응용 시스템에 활용될 계획이다. 현지 기업인 gDi(Gulf Data International), AIME(Artificial Intelligence Middle East)와 프로젝트를 준비하고 있다. 아부다비 국영석유회사인 ADNOC과 아부다비 공공 교통사업 제안요청서를 검토 중이다. 중동 기업과의 조인트벤처(Joint Venture) 설립 역시 계획 중에 있다.

● 엔씽(n.thing)

사물인터넷 기반 모듈형 스마트팜 기업인 엔씽은 2019년 3월 국내 대기업과 협약을 체결한 후 아랍에미리트 현지 기업과 함께 시장 진출에 착수했다. 대기업과 아랍에미리트 현지 파트너사(미공개)가 조인트벤처로 협업하고 엔씽 측에서 국내 대기업에 제품과 기술을 제공한다. 수출 후 1년간은 아부다비에서 직접 컨테이너를 운영하며 기술검증(PoC) 진행, 재배 작물을 호텔에 식자재로 납품. 시범 운영한 후 현지 파트너사가 스마트팜을 인수할 예정이다. 현재 엽채류(입줄기채소)를 생산하고 있으며 두바이 한인 식자재마트에도 시범 납품 중이다.

아부다비 컨테이너 재배 현장   두바이 한인 식자재마트(1004마트)에 납품

현지 주요 벤처캐피털과 액셀러레이터

● 왐다 캐피털

두바이에 소재하는 기업으로 2014년에 설립됐다. 빅데이터, 전자상거래, 핀테크, 고객 서비스 플랫폼 등에 주로 투자하며, 1회 투자 규모는 평균 250만 달러다. 최소 금액은 50만 달러이며, 최대 500만 달러까지 투자한다. MENSA 지역 총 34개 기업에 펀딩했고 그중 아랍에미리트 기업은 19곳이다. 왐다 캐피털의 전신인 메나 벤처 인베스트먼트(MENA Venture Investments) 또한 70여 개 기업에 투자한 이력이 있다. 주요 아랍에미리트 포트폴리오로 금융 비교 서비스 기업 얄라컴페어(Yallacompare), 패션 전자상거래 기업 럭셔리 클로젯(The Luxury Closet), 차량 서비스 기업 카림 등이 있다. 현재까지 차량 서비스 카림만 엑시트에 성공했다.

🌐 www.wamda.com

● MEVP(Middle East Vensture Partners)

두바이에 소재한 MEVP는 2010년에 설립됐다. 주로 B2B와 클라우드 기반 SaaS, 백엔드 서비스(BaaS), 교육, 전자상거래, 핀테크, 고객 서비스 플랫폼 등에 투자한다. MENA 지역 및 ICT 분야 대상, MEVF I, IMPACT, MEVF II, MEVF III 등 펀드 4개를 운영한다. 1회 투자 규모는 최소 20만 달러, 최대 500만 달러다. MENA 지역의 40여 개 기업에 펀딩해왔으며, 그중 아랍에미리트 기업이 18개 사다. 주요 아랍에미리트 포트폴리오로 트럭 운송 서비스 기업 트래커, 금융 서비스 기업 사와(Sarwa), 푸드테크 기업 EAT 등이 있다. 현재까지 모바일 플랫폼 라운드메뉴(RoundeMenu), 클라우드 플랫폼 푸얼 파워드(Fuel Powered), 웹서비스 샤히야(Shahiya) 등 3개 사가 엑시트에 성공했다.

🌐 www.mevp.com

● BECO 캐피털

두바이에서 2012년에 설립됐다. 투자 분야는 전자상거래, 핀테크, 고객 서비스 플랫폼, 물류·운송 등 다양하며 1회 투자 규모는 평균 1천만 달러다. MENA 지역을 중심으로 총 24개 이상 기업에 펀딩해왔으며 그중 아랍에미리트 기업은 15개 사다. 주요 아랍에미리트 포트폴리오로 보험·HR 솔루션 베이자트, 물류·운송 플랫폼 패쳐(Fetchr), 부동산 포털 프라퍼티 파인더(Property Finder) 등이 있다. 현재까지 모바일 플랫폼 라운드메뉴, 전자상거래 자도파도(Jadopado), 생산성 앱 랩업(Wrappup), 차량 서비스 카림 등 4개 사가 엑시트에 성공했다.

🌐 becocapital.com

● 쇼룩 파트너스

아부다비에서 2016년에 설립됐다. 투자 분야는 핀테크, 모바일 플랫폼, 소프트웨어, 기술 기반 비즈니스 서비스 등이며 재무적 투자를 주로 한다. 2019년 가장 빠르게 성장하는 벤처캐피털로 선정되는 등 성장 속도가 가파른 아부다비 최대 벤처캐피털이다. MENA 지역의 총 29개 기업에 펀딩했다. 시드와 시리즈 A 단계 테크 스타트업에 주로 투자한다. 주요 아랍에미리트 포트폴리오로 스마트팜 기업인 퓨어 하비스트, 금융·보험 비교 서비스 기업 수콸말, 트럭 운송 서비스 기업 트래커 등이 있다.

🌐 shorooq.ae

● 스타트업 부트캠프

두바이에 소재한 기업으로 2010년에 설립됐다. 본사는 덴마크에 있다. 주요 투자 분야는 핀테크, 스마트시티 등이며 주요 자유무역지대인 두바이국제금융센터와 두바이실리콘오아시스와 협력해 액셀러레이팅 프로그램을 운영하며 스타트업 육성을 돕고 있다. 2019년 초기 단계 스타트업 12개 사에 펀딩하는 등 활발하게 투자하고 있다.

🌐 www.startupbootcamp.org

● DIFC 핀테크 하이브

두바이에 소재하는 기업으로 2017년에 설립됐다. 주요 투자 분야는
핀테크, 인슈어테크, 레그테크(RegTech, 규제와 기술의 합성어로,
IT 기술을 활용해 금융 규제 준수 관련 업무를 자동화 혹은 효율화하
는 기법) 등이다. 주요 은행이나 보험사와 협력, 관련 분야 문제를 해
결하고 스타트업을 육성하는 현지 최대 핀테크 액셀러레이터 중 하나
다. 현재 핀테크 로봇 어드바이저 부문을 선도하는 스타트업인 사와는
해당 액셀러레이팅 프로그램에 참여해 금융 자유무역지대인 DIFC가
발급하는 혁신 테스팅 라이선스를 취득한 후 고공 성장 중이다.

🌐 fintechhive.difc.ae

● 크립토랩(Krypto Labs)

2017년 설립되어 아부다비에 소재한다. 주요 분야는 우주, 드론, 농
업 같은 첨단 기술이다. 연중 다양한 액셀러레이팅 및 인큐베이팅 프
로그램과 프로젝트 그리고 여러 챌린지를 운영한다. 누계 350만 달러
의 시드 투자를 했다.

🌐 kryptolabs.com

주요 AC 프로그램

● 인텔락 인큐베이션 프로그램(Intelak Incubation Program)

Dtec 주관으로 에미레이트그룹(Emirtaes Group), 드나타(Dnata), 두바이 관광진흥청 등과 파트너십을 이뤄 만든 프로그램으로 연 1회 개최한다. 2020년에는 10월에서 12월까지 3개월간 운영할 예정이다. 대상 분야는 항공, 여행, 관광 등이며 4개 사가 참가한다. 최종 후보는 4일간 미션 수행 및 피칭을 통해 선발하며 최종 선발과 함께 최대 5만 디르함(한화 약 1,700만 원)의 상금을 받는다. 워크숍, 멘토십, 코워킹 스페이스 등을 지원받는다. 데모데이를 열어 유관 산업 관계자와 투자자, 벤처캐피털 등과 연결될 기회를 주선한다. 코호트 1기 스타트업 Dubz의 최대 지분을 에미레이트그룹의 자회사 드나타가 갖는 등 이곳 출신 스타트업의 사후 투자에도 활발하다. 2016년 설립 이래 시드 펀딩에 약 38만 달러를 투자했다.

● 두바이 스마트시티 액셀러레이터(Dubai Smart City Accelerator)

스타트업 부트캠프 주관으로 DSO, 비자, 두, 두바이 챔버, 리트(RIT), 스마트 두바이(Smart Dubai), 오렌지(Orange) 등과 파트너십을 이룬다. 연 1회 개최하며 대상 분야는 사물인터넷, 교통, 인공지능, 블록체인, 스마트시티, 스마트 정부, 스마트 유통 등이다. 10개 사가 참가하는데 최종 선발과 함께 1만 5천 유로의 상금을 받는다. 전문가 교육, 유관 산업 파일럿 프로젝트 및 파트너십 기회 주선, 멘토십, 네트워킹, 코워킹 스페이스 등을 지원받는다. 데모데이를 여는데 400명 이상이 참가한다. 이곳 출신 스타트업에는 디지털 솔루션(Digital Solutions), 시빌콥스(Civilcops), 클라우드 파크(Cloud Parc) 등이 있다.

● 핀테크 액셀러레이터 프로그램(FinTech Accelerator Program)

스타트업 부트캠프 주관으로 DIFC, 비자, 마시레크(Mashreq), HSBC 등과 파트너십을 이뤄 운영하는 프로그램이며 연 1회 개최한다. 대상 분야는 핀테크, 인슈어테크, 레그테크 등이다. 40개 스타트업이 참가한다. 유관 산업 이해관계자 및 기업과 밀접한 협업을 이루고 전문가 세션, 파트너 협력, 네트워킹, 멘토십을 지원한다. 최종 투자자 데이를 통해 투자자, 벤처캐피털, 파트너를 연결할 기회를 제공한다. 이곳 출신으로 주요 스타트업에는 블리스(bliss), 코일(Coil), 큐 트레이더스(Cue Traders), FinFlx 등이 있다.

● **핀테크 하이브 스케일업(The FinTech Hive Scale Up)**

핀테크 하이브 주관으로 MEVP, 에티살랏(Etisalat), DIFC 핀테크 펀드, 두바이 컬티브8, 팔콤(FALCOM) 등과 파트너십을 이뤄 운영하는 프로그램으로 2020년 신설됐다. 대상 분야는 핀테크, 인슈어테크, 레그테크(시리즈 A 이상) 등이다. 40개 스타트업이 참가한다. 파트너십 및 투자 유치를 통한 스케일업이 목적이며 파트너사가 확보한 투자를 바탕으로 네트워크와 유관 기술 서비스를 지원한다.

● **두바이 퓨처 액셀러레이터(Dubai Future Accelerator)**

두바이 퓨처 액셀러레이터스 주관으로 에미레이트 항공, 두바이 경찰, 보건당국, RTA 등과 파트너십을 이룬다. 연 1~2회 개최되며 9주간 진행된다. 대상 분야는 정부와 공공 기관의 과제 관련이다. 평균 40개사 이상의 스타트업이 참가한다. 정부 차원의 액셀러레이팅 프로그램으로 교육과 멘토십, 워크숍 등을 지원하고 정부 기관과의 협업을 지원한다. 정부 기관 견학, 파일럿 프로젝트를 통한 미션 수행, 피칭, 정부 기관 의사에 따라 MOU 체결까지 이어진다. 참가 스타트업 중 60% 이상이 이 프로그램을 통해 MOU를 체결한다.

● **테크스타스 허브71 액셀러레이터(Techstars Hub71 Accelerator)**

테크스타스 주관으로 허브71과 파트너십을 이뤄 진행한다. 2020년 신설됐으며 프로그램은 총 13주간 진행된다. 첨단 기술 전 분야를 대상으로 한다. 스타트업 참가 규모는 약 10개 사다. 150개국 이상의 네트워크를 활용해 멘토십과 네트워킹을 지원하고 피칭데이를 열어 투자자, 벤처캐피털, 파트너로부터 투자를 받을 기회를 제공한다.

- **UAE 뉴스페이스 이노베이션 프로그램(NewSpace Innovation Program)**

크립토랩스, 아랍에미리트 우주국이 주관해 운영하는 프로그램으로 2020년 신설됐다. 대상 분야는 우주과학, 우주 유인 탐험, 우주 통신 등이다. 참가 신청을 받은 후 4개사를 최종 선발해 프로그램을 시작해 데모데이를 끝으로 일정이 진행된다. 아이디어와 MVP(최소실행제품)를 시제품으로 발전시키는 것을 목적으로 한다. 비즈니스 창출, 마케팅, 판매, 성장 전략, 피칭 중심의 인큐베이팅과 액셀러레이팅 프로그램을 제공한다. 실험실과 장비도 지원한다.

- **코퍼레이트 스프린트 액셀러레이터(Corporate Sprint Accelerator)**

starAD 주관 아래 알렉(ALEC), 오라클(Oracle E&C), CCC(Consolidated Contractors Company) 등과 파트너십을 이뤄 진행하는 프로그램으로 연 1회 개최된다. 프로그램은 총 2주간 진행되며 주요 분야는 건설 디자인(건축자재, SaaS, 가상현실과 증강현실, 건축 정보 모델링), 건설·설계(3D프린팅, 로봇, 모듈화, 사물인터넷), 운영(빅데이터, 경험 마케팅, 고객경험, 인공지능, 지속 가능한 공간) 등이다. 20~30개 사가 탄력적으로 참가한다. 시드 단계 스타트업이 대상이다. 관련 주요 기업인 알렉, 오라클, CCC와의 파일럿 프로젝트가 주선된다. 뉴욕대학교 아부다비캠퍼스 내에 숙박 공간이 무료로 제공된다. startAD 시드 펀드는 공통투자 형태로 최대 250만 달러까지 투자할 수 있다. 우수 스타트업에는 상금 1만 달러 지원(알렉 E&C 지급)이 이뤄진다. 2017년 9월 론칭 이래 참가한 24개국 112개 스타트업은, 현재까지 50건 이상의 파일럿 프로젝트와 4,500만 달러의 투자를 유치했다.

● 벤처 프로그램 퓨널(Venture Programs Funnel)

셰라 주관 아래 진행되는 프로그램으로 연중 수시로 신청받으며, 아이디어랩(12주), 프리시드(18주), 시드(6주), 시리즈 A(12주) 등 4단계 프로그램으로 구성된다. 대상 분야는 제한이 없으나 필수 충족조건이 있다. 프리시드(MVP 단계), 시드(론칭 3~6개월 및 수익 창출), 시리즈 A(론칭 2년 이상 및 수익 창출) 등이다. 단계별로 아이디어랩 5개사, 프리시드 20개 사, 시드와 시리즈 A 각 5~10개 사 등이다. 아메리칸대학교 샤르자캠퍼스에서 진행되어 캠퍼스 시설을 이용할 수 있다. 공통적으로 멘토링, 코워킹 스페이스, 교육 등을 제공한다. 매치데이와 기업가 페스티벌을 개최한다. 단계별로 아래와 같이 집중 분야가 다르다.

아이디어랩	경쟁자 분석 및 사업성 검토, 스타트업의 문제 해결에 집중
프리시드	제품 개발 및 최소 규모 프리 론칭 도모
시드	마케팅 및 세일즈 역량 강화에 집중, 최우수 스타트업에 1만 달러 상금 제공, 셰라의 쇼케이스데이 때 피칭 기회 제공
시리즈 A	스타트업의 니즈 구체화 및 투자자 연결에 집중, 최우수 스타트업에 5만 달러 상금 제공, 셰라의 쇼케이스데이 때 피칭 기회 제공(졸업 후 6~18개월간 안정화 지원)

2016년 론칭 이래 아이디어랩 280개 사, 시드 5개 사, 프리시드 36개 사, 시리즈 A 31개 사가 참여했다. 총 1,900만 달러의 수익을 창출하

고 1,400만 달러의 투자를 유치하는 성과를 올렸다. 이곳 출신의 주요 스타트업에는 솔바, 알멘토르(Almentor), QiDZ, 에어스페이스(Airspace) 등이 있다.

스타트업 협업 프로그램 보유 현지 대기업

● 푸자이라 홀딩(Fujairah Holding)

두바이에 소재하는 푸자이라 홀딩은 자체 조직은 없으나 2020년부터 스타트업에 투자하고 있다. 핀테크 분야에 투자하며 협업 형태는 전략적·재무적 투자, 합작법인 설립, 제품 수입 등 다양하다. 펀드 규모는 총 500만 달러로, 총 10개 사에 투자할 계획을 가지고 있다. 스타트업 1개 사당 50만 달러를 투자한다. 최근 블록체인 스타트업 시커런시(Securrency)에 투자했다.

🌐 fujairahholding.ae

● ADIO(Abu Dhabi Investment Office)

아부다비에 소재한 ADIO는 아부다비 투자유치청으로 제조업 및 R&D, 스타트업 활성화를 목적으로 2019년 가단 벤처 펀드(Ghadan Ventures Fund)를 조성했다. 스타트업 매칭 펀드를 운용하고, 관광 및 농업테크 관련 프로그램을 운영하고 있다. 투자 분야는 우주·항공, 스마트시티, 교육, 핀테크, 미디어, 사물인터넷·인공지능·빅데이터 등 첨단 기술이다. 협업 형태는 지분 인수 등 전략적 투자이다. 투자 규모는 약 145만 달러로 스타트업 매칭 펀드를 운용한다. 스타트업 단계별로 시드, 초기 단계별로 최대 270만 달러, 시리즈 A 라운드별 최대 136만 달러를 투자한다. 트럭 서비스 트래커, 핀테크 사와, 온라인 플랫폼 야콥(YACOB), 병원 예약 서비스 카독(kadoc) 등을 포함해 혁신 스타트업 5개 사에 160만 달러를 투자했다.

🌐 investinabudhabi.ae

● GII(Gulf Islamic Investments)

두바이에 소재한 투자사 GII는 자체 벤처캐피털을 통해 스케일업 단계의 스타트업에 투자하고 있다. 투자 분야는 재생에너지, 핀테크, 교육, 헬스케어, 사물인터넷·인공지능·빅데이터 등 첨단 기술 등이다. 협업 형태는 전략적·재무적 투자다. 스타트업 주요 투자 이력을 살펴보면, SaaS 분야 스타트업 앱터스(Apttus)에 8,800만 달러, 육아 및 학부모 기호품에 특화된 전자상거래 플랫폼 스타트업 멈즈월드(Mumzworld)에 2천만 달러, 생체 센서 스타트업 발렌셀(Valencell)에 1,050만 달러를 투자했다.

🌐 gii.ae

● 무바달라 벤처스(Mubadala Ventures)

아부다비에 소재한 무바달라 벤처스는 국부펀드 무바달라 투자회사의 산하 기관으로, 시리즈 A 이상 스타트업에 투자하고 있다. 무바달라 투자회사는 항공, 금융, 산업개발, 헬스케어, ICT, 인프라, 부동산, 반도체, 재생에너지, 석유·석유화학, 공익사업 등 10개 주요 사업영역을 보유하고 있다. 무바달라는 2019년 아부다비 대표 창업보육기관인 허브71을 설립하는 한편, MENA 지역 스타트업 대상 2.5억 달러 규모의 테크 투자 펀드(Tech Investment Fund)를 조성했다. 투자 분야는 우주·항공, 헬스케어, 핀테크, 스마트시티 등이며 협업 형태는 지분 인수, M&A 등 전략적 투자, 조인트벤처 설립 등이다. 2019년 10월, 1억 달러 규모의 'Mubadala MENA Tech Funds'를 조성했다. 2018년 기준 총 투자 규모는 190억 달러 상당이다. 주요 투자 스타트업에는 스트라타(Strata, 부동산), 인자자트(Injazat, IT 서비스), 야흐샛(Yahsat, 텔레커뮤니케이션), 태브리드(Tabreed, 에너지 솔루션) 등이 있다.

🌐 mubadala.com

● DP월드

아부다비에 소재한 턴8(Turn8)은 글로벌 터미널운영사(GTO) DP월드의 벤처 펀드로, 액셀러레이터 프로그램을 운영하고 스타트업에 투자한다. 투자 분야는 핀테크, 재생에너지, 사물인터넷·빅데이터 등 첨단 기술이다. 협업 형태는 지분 인수 등 전략적 투자다. 70여 개 테크 스타트업에 약 400만 달러를 투자했다. 연간 20~30개 스타트업에 투자하는 것을 목표로 한다. 스타트업 주요 투자 이력은 팔레테크(PalleTech, 빅데이터, 20만 달러), 퀘스트2(Quest2, 엑셀과 소프트웨어, 10만 달러), 앤젤룹(AngelLoop, 비즈니스 솔루션, 15만 달러) 등이다.

🌐 turn8.co

주요 CVC 프로그램

● 허브71 인센티브 프로그램(Hub71 Incentive Program)

무바달라 투자회사에서 진행하는 프로그램으로 2020년 3월 기준 39개 스타트업이 입주해 있고 2020년 말까지 100개 사 유치를 목표로 한다. 기술 관련 전 분야가 대상이다. 해당 CVC가 설립한 창업보육기관 허브71의 보조금 프로그램으로 업무 공간, 주거, 보험 지원이 이뤄진다. 허브71에 입주하면 'ADGM Tech Startup License' 패키지를 이용할 수 있다. 사업 면허와 4개 고용 비자를 700달러에 발급받을 수 있다(분야 무관). 스타트업 필수 조건은 아래와 같다.

- 시드 단계(멤버 2~5명, 자본 유치 10만~50만 달러): 2년간 100% 지원
- 이머전트(Emergent, 멤버 최대 25명, 자본 유치 50만 달러 이상): 3년간 50% 지원

허브71 스타트업과 벤처캐피털에 투자하는 1억 5천만 달러 상당

의 'Fund of Funds' 프로그램을 조성해, 포인트72 벤처스(Point72 Ventures)와 공동 투자로 보험·HR 솔루션 스타트업 베이자트에 1,600만 달러를 투자했다.

● 애그테크 프로그램(AgTech programme)
ADIO(Abu Dhabi Investment Office)에서 운영하는 프로그램으로 연중 신청을 받으며 참가 규모에는 제한이 없다. 분야는 실내 농업, 정밀 농업과 로봇, 바이오 연료 같은 농업기술 등을 대상으로 하며 3년간 농업기술 R&D에 약 2억 7천만 달러를 지원한다.

● 에코투어리즘 프로그램(Ecotourism programme)
ADIO에서 운영하는 프로그램으로 연중 신청을 받으며 참가 규모에는 제한이 없다. 분야는 인공지능마파(Marfa), 사막(Liwa, Alwathba, Alkhatim, Suwaihan) 등 아부다비 지역 에코 관광 개발 관련이다. 임대료·세금 면제, 사업면허 발급 등 행정 서비스, 마케팅·인프라 투자 등을 지원한다.

● 이노베이션 어트랙션 프로그램(Innovation Attraction Program)
두바이 SME에서 운영하는 프로그램으로, 2020년 2월에 발표해 2020년 3월 기준 23개 사를 유치했다. 2만 5천 개 이상의 글로벌 스타트업을 유치하는 것이 목표다. 분야는 우주, 운송 및 모빌리티, 에너지, 보건의료, 교육, ICT 등이다. 두바이 비즈니스 정착, 멘토십, 네트워킹, 개념증명 펀딩 등을 지원하고 비즈니스 솔루션, 투자, 혁신 기술에 관심 있는 내부 파트너를 유치해 관련 스타트업과 연결한다. 2020년 3월 기준 에마르(EMAAR), 비하이브(beehive), THE FUND, 두바이 컬티브8 등 내부 파트너사 15곳을 유치했다.

04

정부의 스타트업 지원 정책

미래재단과 투자 전담 기관 운영

두바이와 아부다비는 정부 펀드 및 주요 벤처캐피털이 소재한 곳으로 자금력이 풍부하다. 두바이 미래재단(DFF)은 액셀러레이터 프로그램을 통해 정부 기관 및 공기업 대상 혁신 솔루션을 제시하는 기업에 투자금을 지원한다. 아부다비 정부는 2019년 투자 진흥 전담 기관(ADIO)을 설립해 제조업과 R&D, 스타트업 활성화를 위해 약 1억 4,600만 달러 상당의 가단 벤처 펀드를 운용하기 시작했다.

스타트업 특화 창업보육시설

자유무역지대(Freezone) 소재 창업보육시설을 통한 스타트업 지원도 추진 중이다. 두바이실리콘오아시스(DSO), 두바이인터넷시티, 두바이국제금융센터(DIFC), 아부다비글로벌마켓(ADGM) 등에 스타트업 특화 창업보육시설을 운영한다. 창업보육시설은 소속 자유무역지대별 특화 산업에 따라 모집 분야를 한정하거나 관련 액셀러레이팅 프로그램을 운영한다. 해당 창업보육시설에 법인을 설립하면 사업면허 및 거주 비자 원스톱 발급을 지원하고 사업자등록비와 코워킹 스페이스 할인 혜택 등을 제공한다.

두바이와 아부다비에 위치한 자유무역지대는 30개가 넘는다. 자유무역지대마다 상세 혜택은 차이가 있다. 산업별 스타트업 지원 프로그램을 운영한다. 두바이실리콘오아시스의 창업보육기관 Dtec은 두바이 스마트시티 액셀러레이터와 인텔락 인큐베이터 프로그램을 운영한다. 두바이 멀티상품센터의 아스트로랩스는 저렴한 패키지에 더해 세미나와 멘토링 등을 제공한다. 두바이 미디어시티의 창업지원기관 in5는 선발된 스타트업만 입주시킨다. 동일 관할청 소속 자유무역지대에 있는 총 3개 센터(테크·미디어·디자인)를 교차 이용할 수 있으며 스타트업 인큐베이션 프로그램을 운영한다. 아부다비 글로벌마켓은 테크 스타트업 패키지(사업면허, 직원 비자 4개 포함)를 파격적인 가격(700 달러)에 제공하고, 테크스타스 허브71 액셀러레이팅 프로그램을 운영한다.

	프리존	특화 산업	창업보육센터	모집 분야
자유무역지대별 특화 산업 및 창업보육센터 모집 분야				
1	두바이 실리콘오아시스	정보통신, 첨단 산업	Dtec	정보통신, 여행
2	두바이 인터넷시티	정보통신, 미디어	in5	정보통신
3	두바이 국제금융센터	금융	Fintech Hive	핀테크
4	아부다비 글로벌마켓	금융	Hub71	핀테크, 정보통신
5	두바이 멀티상품센터	무역	Astro Labs	정보통신
6	마스다르시티	신재생에너지	Crypto Lab	드론, 우주과학

05

주요 콘퍼런스와 프로그램

스타트업 관련 주요 콘퍼런스

● 스텝 콘퍼런스(STEP confernece)

2012년부터 매년 2월에 2일간 개최되는 테크·디지털 분야 콘퍼런스이며 주요 분야는 디지털 미디어, 핀테크, 미래 기술 등이다. 방문객 6천 명, 참가 스타트업 300개 사 이상이다. 스텝 스타트 콘퍼런스에서는 '스타트업 베이스캠프'에서 쇼케이스 및 피칭을 통해 투자자, 벤처캐피털, 파트너 등과 매칭 기회를 제공한다. 스텝 디지털-디지털 마케팅·광고테크, 스텝 X-자율주행 스마트시티·사물인터넷, 스텝 머니-핀테크 등 분야별로 3개 콘퍼런스를 개최해 스타트업·기업·투자자·정부 기관의 정보 교환을 도모한다. 2020 스텝 콘퍼런스에는 방문객 7천 명, 스타트업 300개 사, 기업과 정부 기관 100개 사 이상이 참가해 약 1억 6천만 달러 펀딩에 성공했다.

2020 스텝 콘퍼런스 행사

● 아랍넷 디지털 서밋(Arabnet Digital Summit)

MENA 지역 테크 스타트업을 중심으로 한 이벤트다. 두바이, 리야드(사우디아라비아), 베이루트(레바논)에서 번갈아 개최된다. 방문객 1,500명, 스타트업 50개 사, 연사 100여 명 이상이 참가한다. 스타트업 챔피언십 프로그램을 통해 중동 각 국가 피칭대회에서 3개 사를 선발, 서밋에서 결승전을 진행한다. 우승한 기업에 상금 2만 달러와 실리콘밸리 액셀러레이터 프로그램 참가 혜택을 제공한다. 디지털 서밋 두바이 2018에는 방문객 1,800명, 스타트업 75개 사, 연사 100명 이상이 참가했으며 광고테크, 핀테크, 스마트경제, 투자·부동산테크 분야의 포럼이 개최됐다. 스타트업 챔피언십 프로그램에서는 인공지능을 활용한 미디어 마케팅 기업인 아랍에미리트 스타트업 사디드(Sadeed)가 우승했다.

2018 아랍넷 디지털 서밋 행사

● 자이텍스 퓨처스타스(GITEX Future Stars)
MENASA 지역 최대 두바이 정보통신쇼핑박람회(GITEX) 산하 콘퍼런스다. 2020년부터 GITEX Tech Week과 GITEX Future Stars를 통합해 운영한다. 2019년 기준, 두 행사를 합산하면 참가 나라 124개국 4,473개 사 및 방문객 십만여 명에 이른다. 5G, 스마트시티, 스타트업, 핀테크, 디지털마케팅, 유통테크, 에너지, 헬스케어, 교육 등 9개 분야 콘퍼런스를 통한 토론과 정보 교환이 이루어진다. GITEX Future Stars 2019에는 42개국 490개 스타트업이 참가해 블록체인, 인공지능, 농업기술, 헬스케어 등 IT 분야의 콘퍼런스를 개최했다. 또 투자자 라운지 구역을 두어 투자가와 1:1 상담을 지원했다.

2019 자이텍스 퓨처스타스

● 핀테크 아부다비(FinTech Abu Dhabi)

MENA 지역 최대 핀테크 분야 이벤트다. 아부다비 금융 프리존 ADGM (Abu Dhabi Global Market)이 주관한다. 50개국 스타트업·중소기업 2천 개, 방문객 5천 명, 연사 100명 이상이 참가한다. 핀테크 아부다비 혁신 챌린지 프로그램을 통해 핀테크 관련 문제점을 해결하는 아이디어를 제안하고 시제품을 시현한다. 핀테크 50 전시 공간을 통해 투자자 및 관계자와 상담할 기회를 제공한다. 핀테크 아부다비 2019에는 70개국 5천여 명이 방문했고 연사 130명이 참가했다. 2019년 신설된 프로그램인 에티하드 챌린지(The Etihad Challenge)에서는 항공사 에티하드의 회계 기술 및 행정 서비스를 대상으로 아이디어와 솔루션을 경연한다.

2019 핀테크 아부다비 행사

스타트업 관련 정부 부처나 유관 기관의 프로그램

● 두바이 중소기업청(Dubai SME)

두바이 경제부 소속으로 자국 스타트업과 중소기업 진흥을 목적으로 한다. 모하메드 빈 라시드 혁신 펀드(MBRIF)를 통해 스타트업 자금을 지원한다. GPP(Government Procurement Program)를 운영해 두바이 경제부 연간 구매 예산의 5%를 해당 프로그램에 참가한 중소기업에 할당한다. 2019년 12월 스타트업 인큐베이터 베다야트(Bedayat)를 신설했다.

● 두바이 미래재단(Dubai Future Foundation)

아랍에미리트연방 부통령 겸 두바이 통치자인 셰이크 모하메드 빈 라시드 알 막툼이 두바이의 혁신을 견인하기 위해 이끄는 중추 기관이다. 대표 프로젝트인 'Dubai 10X 2.0'은 국가 비전 달성을 위해 37개 국가 기관이 협력해 여행, 건강, 교육, 정의, 스포츠, 자선, 문화, 보안, 에너지 등 부문의 미션을 수행한다. '10X'는 다른 도시보다 10년 앞서는 뛰어난 혁신을 의미한다. 산하 액셀러레이터인 두바이 퓨처 액셀러레이터를 통해 전 세계 유망 스타트업을 유치해 정부의 과제를 해결하고 국가 발전에 이바지하는 혁신 기술을 발굴하는 데 애쓰고 있다.

● 두바이 스타트업 허브(Dubai Startup Hub)
두바이 상공회의소(Dubai Chamber)의 산하 기관으로 기업가를 육성하는 것이 주된 역할이다. 해외 스타트업을 유치하고 현지 스타트업이 해외 진출하는 것을 지원한다. 공동 창업자 매칭 프로그램, 기업가 교육 프로그램, 테크 스타트업 대회 등 다양한 스타트업 프로그램을 운영한다.

● 아부다비 투자청(Abu Dhabi Investment Office)
2019년 아부다비 투자 진흥 전담 기관 역할을 하기 위해 설립됐다. 혁신 스타트업 매칭 펀드 지원(가단 벤처 펀드, 1억 4,600만 달러), 기업 R&D 지원(향후 5년간 11억 달러), 농업기술 R&D(향후 3년간 2억 7,000만 달러), 에코 관광 개발 지원 등 스타트업과 중소기업을 지원하고 민관 파트너십을 추진한다.

스타트업 육성 주요 대학교 및 연구기관

● 함단 빈 모하메드 스마트대학교(Hamdan Bin Mohammed Smart University)
두바이의 함단 빈 모하메드 스마트대학교는 '백만 아랍 기업가 이니셔티브(One Million Arab Entrepreneurs Initiative)' 프로그램을 운영한다. e-러닝 스타트업인 알멘토르(Almentor)와의 공동 프로젝트로, 스타트업 사업가를 위해 무료로 온라인 러닝 플랫폼을 제공할 계획이다. 2020년 2월 발표됐으며 2021년까지 100만 명 참가를 목표로 한다.

● **뉴욕대학교 아부다비캠퍼스**(New York University Abu Dhabi)

아부다비 액셀러레이터인 startAD가 입주 프로그램을 운영한다. startAD는 시드 단계 테크 스타트업의 스케일업을 지원한다. 아부다비 주정부 소유 회사 탐킨(Tamkeen)의 지원 아래 해당 대학교에 입주한다. 기술 및 제품 테스트가 가능한 '인공지능 와르샤(Al Warsha)' 공간을 제공하고 연중 다양한 프로그램으로 스타트업과 프로젝트를 지원한다. Corporate Sprint Accelerator(액셀러레이팅), Summer incubator(인큐베이팅), Spring Youth Entrepreneurship Program(18~25세 청년 스타트업 대상), Founder School(비즈니스 전반 교육) 등의 내용으로 진행된다.

● **아메리칸대학교 샤르자캠퍼스**(American University of Sharjah & University of Sharjah)

샤르자 창업센터 셰라가 운영하는 입주 프로그램으로, 샤르자 투자청(슈룩)이 설립한 창업보육기관 아이디어부터 시리즈 A까지 매 단계의 스타트업을 위한 액셀러레이팅 프로그램을 보유하고 있다. 입주 스타트업은 대학교 내 도서관, 식당 등을 이용할 수 있고, 스타트업과 재학생 간 파일럿 프로젝트, 인턴십 등 산학 협력을 추진할 수 있다.

● **아즈만대학교**(Ajman University)

아즈만대학교의 이노베이션센터가 프로그램을 운영하는데, 국가 경제 발전에 공헌하고자 설립된 센터다. 아이디어 단계의 스타트업을 비즈니스 단계로 육성하는 것이 목표다. 데모데이, 멘토링, 코워킹 스페이스, 워크숍, 견학 등을 지원한다. 데모데이에서 우승한 스타트업에는 상금과 캠퍼스 내 사무공간을 제공한다.

UNITED ARAB
EMIRATES

현지 투자자 인터뷰
VC Interview

쇼룩 파트너스의 셰인 샤인(Shane Shine)

쇼룩 파트너스는 아부다비에 위치한 벤처캐피털로 주로 시드 단계에 투자한다. 중동 아프리카 지역에 있는 초기 단계 테크 기업에 투자하며, 종종 다른 이머징마켓의 스타트업에도 투자한다.

Q 투자할 때 중요하게 보는 부분은 무엇인가요?

신규 투자를 할 때마다 고려해야 할 요소가 많지만 그중 3가지 중요한 기준이 있습니다. ①시장이 큰 사업 분야에서 근본적인 문제를 해결하는지, ②문제 해결이 상당 부분 기술에 기반한 것인지, 해당 기술을 방어하며 확장할 수 있는지, ③창업자가 매우 훌륭한지 등을 확인합니다.

Q 핀테크 분야의 스타트업 동향을 어떻게 보나요? 그 외 주목해야 하는 분야가 있나요?

쇼룩은 점차 디지털화, 글로벌화 되어가는 세계에서 핀테크가 핵심 역할을 하리라 생각합니다. 핀테크가 부상하는 것은 필연적이며, 단지 그 시점이 얼마나 빨리 올지 그리고 어떤 방식으로 구현될지가 문제일 뿐입니다. 2016년부터 아랍에미리트를 포함한 중동에서 사업을 해본 결과, 핀테크가 변곡점에 있고 곧 기하급수적 성장이 나타날 것이라 기대하고 있습니다. 쇼룩은 핀테크 분야에서 소비자 혹은 기업이 직면한 매우 근본적인 문제들을 해결할 스타트업을 찾습니다. 동시에 규제 당국과 협력할 수 있는 스타트업이면 좋겠습니다. 핀테크 외에는 플랫폼, Saas, 기술 기반 비즈니스 서비스 분야를 눈여겨보고 있습니다.

현지 투자자 인터뷰
VC Interview

Q 한국 스타트업이 현지에 진출할 때 흔히 저지르는 실수나 간과하는 부분이 있나요?

현지의 새로운 환경에 적응하지 못하는 경우가 종종 있습니다. 한국 스타트업이 중동 시장에 진출할 때 혹은 중동 스타트업이 한국에 진출할 때도 마찬가지입니다. 사업모델이 B2C인지 B2B인지를 떠나 신규 시장에 진출하려면 새로운 관점과 문화를 이해하기 위해 고심해야 합니다. 안타깝게도 새로운 관점과 문화는 조사보고서를 통해 배울 수 없으며 직접 경험해야만 알 수 있습니다. 쇼룩은 창업자들에게 아래와 같이 제안합니다. ①해당 시장에서 사업을 어떻게 전개할 것인지에 대해 정확한 계획을 세워라. ②세운 계획이 실제 시장에서 먹히는지 지속적으로 점검하라. ③기대치와 계획을 기꺼이 수정하라. 좀 더 구체적인 제안을 하면, 아랍에미리트에 진출할 때 현지 스타트업 생태계에 도움을 청하고 이들을 활용하기를 바랍니다. 아랍에미리트 정부는 Hub 71, 핀테크 하이브(Fintech Hive), 모하메드 빈 라시드 혁신 펀드(MBRIF), Dtec, 셰라 등과 같이 다수의 훌륭한 프로그램들을 운영하며 스타트업을 지원하고 있습니다. 이들을 꼭 활용하기 바랍니다.

Q 현지 투자자와 만날 때 무엇을 가장 신경 써야 하나요?

사업에 대한 솔직한 대화가 중요합니다. 쇼룩은 '3년 안에 100배의 수익을 가져다주겠다'는 식으로 영업하는 창업자를 만나고 싶지는 않습니다. 그보다는 우리가 스타트업의 비전을 보고 동업자가 될 수 있도록 그들의 아이디어, 사업 여정, 현황을 가감 없이 공유할 창업자들을 찾습니다. 개인적으로는 최근 핵심 성과(KPI)를 잘 설명해주는 창업자를 좋아합니다.

Q 현지 진출을 희망하는 한국 스타트업에 조언을 한다면요?

규제 당국은 스타트업의 적이 아니라 아군입니다. 아랍에미리트는 아부다비 글로벌마켓(ADGM)과 같이 매우 유능하고 기민한 규제 기관을 수립했으며, 이들은 현지 스타트업 생태계와 긴밀히 협력하며 지속적으로 성장과 변모를 하고 있습니다. 규제 기관들을 피하려고 하지 마세요. 규제 기관들과 협력하면 많은 기회를 얻을 수 있습니다. 현지 투자가로부터 투자를 받으세요. 현지 투자가는 스타트업이 현지 시장에서 비즈니스를 하는 데 틀림없이 우위를 더할 것입니다. 로컬 투자가의 이점을 과소평가하지 마세요. 마지막으로 쇼룩에 연락하세요. 쇼룩은 열정 넘치는 창업자와 협업해 스타트업을 성장시키기를 희망합니다. 쇼룩이 할 수 있는 최대한으로 도울 것입니다.

현지 진출에 성공한 국내 스타트업

아부하킴
Abu Hakim

품목(업종)
중동 아랍 국가 특화 전자상거래 플랫폼

설립연도
2019년 1월 8일

대표자
유덕영

소재지
서울 / 두바이

홈페이지
www.abuhakim.com / www.unnni.com

종업원 수
7명

사업 규모 (연 매출액)

(전자상거래) 아랍 고객 약 2,000명 유치, 하루 주문 건수 58건, 매출 **4,500**달러, 인스타그램 계정 아랍인 팔로워 수 약 4만 명 달성

(시장 조사 대행) 4개 고객사 대상 시장 반응 조사·분석 제공 및 진출 업무 진행 중

Q. 아부하킴은 어떤 기업인가요?

대학교에서 아랍어와 아랍 경제 및 문화를 공부한 후 2012년 말부터 삼성전자에서 근무하며 사우디아라비아에서 3년간 거주했습니다. 중동에 살며 직접 보고 느낀 결과 중동 지역 소비자들은 가성비가 좋은 한국 상품에 관심이 높았는데, 시중에서 구할 수 있는 제품은 제한적이었습니다. 이 문제를 해소하고자 2019년 1월 아부하킴 주식회사를 설립했습니다.

아부하킴은 중동 아랍 여성 소비자를 대상으로 한 전자상거래 플랫폼 'UNNNI'를 운영하고 있습니다. 그리고 UNNNI를 통해 가성비가 좋은 한국 상품을 마케팅하고 판매합니다. 아부하킴은 상품을 단순히 입점하는 것만 하는 것이 아니라 해당 상품이 다양한 성별과 나이대의 아랍 소비자에게 어느 정도의 판매 가능성이 있는지 척도를 제시하고 분석해 드립니다. 그리고 판매 가능성이 크면 중동에 최적화된 마케팅, 물류, 결제 그리고 고객 응대 방법까지 제공합니다.

Q. 법인 설립 과정을 들려주세요. 고객과 투자는 어떻게 유치했나요?

2019년 1월 한국 법인을 설립한 뒤 4월에 2개 사로부터 투자를 받았습니다. 그해 9월 KOTRA의 사업인 2019 주스르 액셀러레이터 프로그램(Jusoor Accelerator Program)에 참여한 후 빠르게 UAE 현지 법인 설립을 진행했고 그해 11월에 마무리 지었습니다. 11월 이후 전자상거래 플랫폼은 아랍 고객 약 2,000명 유치, 하루 주문 건수 58건, 매출 4,500달러, 인스타그램 아랍인 팔로워 수 약 4만 명 등을 달성했습니다. 시장 반응 조사와 분석, 진출 지원을 부탁한 B2B 고객 4개 사를 유치하는 등 순항하고 있습니다.

Q. 현지에서 파트너는 어떻게 발굴했나요?

콜드메일과 콜드콜을 통해 파트너를 발굴한 적도 있지만 KOTRA로부터 소개를 받거나 KOTRA 주최 프로그램을 통해 발굴했습니다. 물론 소개를 받은 회사 또는 사람이 단번에 파트너가 되기는 어려웠습니다. 하지만 미팅을 진행하면서 다른 회사나 사람을 또 소개받는 일이 계속 이어지면서 파트너를 만나는 일이 추가로 생겼습니다.

Q. 현지 시장 진입 과정이 궁금해요

중동 전자상거래 시장은 언어·문화적인 요소 탓에 진입 장벽이 상대적으로 높은 편입니다. 아랍어는 한국어와 달리 읽는 방향이 정반대입니다. 주소 체계도 정확하지 않습니다. '큰 모스크(예배당) 옆 몇 번째 골목'처럼 주소를 서술형으로 표현합니다. 세부 주소는 근처에 가서 전화해 찾아가는 식입니다. 2018년 3월, 법인을 설립하기 1년 전 간소한 형태로 중동 현지에서 구하기 어려우면서 수요가 있는 한국 제품을 판매해 보았습니다. 그런데 기대와는 달리 주문량이 저조했습니다. 마케팅을 크게 벌이지 않은 것을 고려해도 하루 1~2건의 주문에 그쳐 크게 당황스러웠습니다. 분명히 수요를 파악했고, 현지에서는 찾기 힘든 제품을 취급함에도 중동 소비자들의 반응은 시큰둥했습니다. 원인은 다름 아닌 결제 수단이었습니다. 중동 소비자들이 현금 거래를 선호한다는 사실을 익히 알고는 있었지만, 카드 선 결제 방식에 이렇게까지 거부감이 있는 줄은 몰랐습니다. 물건을 받고 그 자리에서 지불하는 방식, 즉 'COD(Cash on Delivery)' 문화는 생각보다 견고했습니다. 우리에겐 이미 익숙한 '홈페이지 내 주문·결제 후 배송을 통한 수령' 방식이 아랍 소비자에게는 생소하고 위험했던 것입니다. 당장 COD 방식을 도입하는 건 무리여서 생각해낸 방법이 제품 수령 후 무통장 입금이었습니다. 도입하자마자 주문이 3배로 늘었습니다. 하지만 이 역시 완전한 방법은 아니었습니다. 온갖 인적 네트워크를 동원해 반년 만에 소비자가 원하는 COD를 구축했습니다.

Q. 비자 등 현지 체류 자격은 어떻게 얻었나요?

아랍에미리트는 현지 법인 설립을 마치면 거주 비자를 받을 수 있습니다. 사우디아라비아도 법인 설립을 마치면 이까마(거주권)를 받을 수 있습니다. 두 국가 모두 현지 법인 설립 이전에도 대한민국 여권 소지자라면 입국 전 별도 심사나 초청장 없이 자유롭게 입국할 수 있습니다.

Q. 노무나 세무 등 관리 업무는 어떻게 해결하나요?

아랍에미리트 자유무역지대에서 법인을 설립하는 경우 해당 관할청으로부터 노무와 세무 등 관리 업무에 대한 도움을 받을 수 있습니다. 본토 내 법인을 설립할 때는 아랍에미리트 국적을 가진 파트너나 회사를 통해 어려운 점을 해결할 수 있습니다.

Q. 현지에 진출하면서 KOTRA 사업 참가 또는 지원을 받은 경험이 있나요?

2019년 9월 주스르 액셀러레이터 프로그램에 참여한 적이 있습니다. KOTRA 두바이무역관과 쇼룩 파트너스의 도움을 받아 현지에서 필요한 회사와 사람을 만날 수 있었습니다. 이는 현지 법인을 세우는 데 좋은 디딤돌 역할을 했으며 그 외에도 산업 현황, 투자환경, 사업 핵심 규율 등을 습득할 수 있었습니다.

Q. 현지에 진출할 때 가장 중점을 둔 부분이 있나요? 혹시 팁이나 조언을 한다면요?

현지에 진출해 이루고자 하는 목표와 이로 인해 발생할 이익과 비용을 잘 따져보는 것이 필요합니다. 그런 다음 스타트업을 시작합니다. 비용 면에서 의사결정 할 때 양질의 정보가 중요합니다. 초반 절차 중 하나인 법인 설립도 법인의 형태에 따른 현지 세법, 업종 허가의 범위, 노동법 등 따져보아야 할 것이 많습니다. 이럴 때 시행착오를 최소화하기 위한 케이스 스터디와 최신의 정보가 중요한데 KOTRA의 현지 프로그램은 이런 부분에 최적화되어 있습니다. 양질의 정보와 네트워크를 제공하는 현지 프로그램이 손쉽게 안착할 수 있도록 도와줍니다.

UNITED ARAB
EMIRATES

2 Europe

유 럽

United
Kingdom

UNITED KINGDOM

영국

지금 영국 스타트업 상황

혁신 기술 육성으로 경제 체질 개선

영국은 쇠퇴하는 제조산업을 대체할 방안으로 혁신 기술을 육성하는 전략을 채택했다. 이를 통해 국가 전체 생산성을 높이는 것을 기본 골자로 한다. 특히 산업 전략의 4대 도전 과제로 인공지능과 빅데이터, 고령화 사회 대응, 클린 성장, 미래 모빌리티를 설정했다. 해당 신산업 분야의 기술 육성을 통해 해외 자본을 유치하고 미래 세대를 위한 기술과 자본 집약적 일자리를 창출하고자 한다.

정부는 이를 실현하기 위해 초기 투자 시 세제 혜택을 제공하고 우수 인재 영입을 위해 비자 제도를 신설했다. 그리고 기술 상업화를 위해 기관의 펀딩, 해외 유망 기업 발굴, 규제 혁신, 낮은 법인세(19%) 도입 등을 입체적으로 지원하고 있다. 특히 분야별로 기술 상업화 기관을 둠으로써 연구 결과, 새로운 기술, 아이디어가 상업화될 수 있도록 여건을 마련하고 있다.

대표적인 기술 상업화 기관으로 캐터펄트(Catapult, 에너지·모빌리티 등), 메드시티(MedCity), AHSN(생명과학·의약), 애그리-EPI(Agri-EPI, CEIL, 스마트팜), 테크네이션(Tech Nation, 테크 스타트업 전반)

등이 있으며, 최근에는 민간에서 주도한 기술 상업화 협회나 단체도 늘어나는 추세다.

많은 대학교 연구기관을 통한 창조 생태계 구축

영국은 캠브리지, 옥스퍼드 등 잘 알려진 세계적인 대학교뿐 아니라 생명과학, 인공지능, 자동차·항공·해양 엔지니어링 등 미래 산업에 필요한 핵심 기술을 육성하는 우수한 연구 대학교 풀을 보유하고 있다. 대학교별 연구센터들은 기술 상업화 기관 및 산업별 협회 · 단체, 컨설팅 · 법률 · 회계 서비스 기업과 협력 관계를 구축하고, 기업이나 투자가로부터 충분한 펀딩을 받아 연구를 진행해 상업화에 이르기까지 지원하는 체계를 갖추었다.

영국 대학교 연구소에서 스핀 아웃(기업의 일부 사업부 또는 신규사업을 분리해 전문회사를 만드는 것)을 한 대표적인 사례는 알파고를 개발한 인공지능 프로그램 개발사 딥마인드(UCL)와 유전체 분석기업 나노포어(옥스퍼드), 사이버보안 솔루션 기업 다크트레이스(옥스퍼드) 등이 있다.

분야별 주요 연구 대학교	
분 야	대학교
생명과학	옥스퍼드대학교, 캠브리지대학교, 임페리얼칼리지, 브리스톨대학교, UCL, 퀸메리대학교
모빌리티	노팅엄대학교, 뉴캐슬대학교, 워릭대학교, 배스대학교, 러프버러대학교, 브라이튼대학교
항공	크랜필드대학교, 노팅엄대학교, 맨체스터대학교, 셰필드대학교, 스트라스클라이드대학교
해양	애버딘대학교, 뉴캐슬대학교, 스트라스클라이드대학교, 사우스햄튼대학교
인공지능	옥스퍼드대학교, 캠브리지대학교, 에딘버러대학교, 워릭대학교, UCL, 얼스터대학교, 카디프대학교
스마트팜	하퍼아담스대학교, 크랜필드대학교, 리즈대학교, 스트라스클라이드대학교

출처: KOTRA 런던무역관 자체 조사

런던의 풍부한 투자 자본

유럽의 금융 중심지인 런던은 스타트업이 성장에 필요한 초기 자본을 확보하는 데 상대적으로 유리한 환경을 제공한다. 벤처캐피털, 엔젤투자자, 은행뿐만 아니라 글로벌 기업들이 다수 위치해 있어 파트너십 또는 전략적 투자를 받기에도 적합하다. 예를 들어 아마존은 온라인 음식배달 기업 딜리버루(Deliveroo)에 투자했고, 영국의 석유 회사 BP는 태양광 발전 스타트업 라이트소스 BP에 투자했다. 정부는 EIS(Enterprise Investment Scheme), SEIS(Seed Enterprise Investment Scheme) 등 투자자를 위한 지원 제도를 마련해 일정 조건(최대 투자 한도, 보유 기간 등)에 부합하는 초기 투자 시 투자금의 일정 비율만큼 세금 면제 혜택을 제공하는 등 크라우드펀딩의 활성화를 유도한다. 특히 액셀러레이터별 자체 크라우드펀딩을 통해 보육기업들의 성장을 지원한다. 또한 국책은행 British Business Bank(BBB)의 'Enterprise Capital Funds(ECFs)' 프로그램을 통해 국책은행이 직접 민간 투자자들과 공동펀드를 조성해 고성장 기업에 직접 투자하는 방식도 지원한다.

테크네이션에 따르면 2019년 영국의 테크 분야 벤처캐피털 투자액은 사상 최고치인 101억 파운드를 기록, 전년 대비 약 44% 증가하며 가파른 상승을 보였다. 이는 유럽 전체 투자액의 3분의 1에 해당하며, 미국과 중국에 이어 가장 많은 투자금이다.

런던의 활발한 벤처투자 생태계와 시장 유동성은 엑시트 현황에서도 드러난다. 2010년부터 2018년까지 출구 전략을 완결한 스타트업을 추적한 결과, 영국은 2,544개의 스타트업이 엑시트한 것으로 조사됐다. 이는 유럽에서 1위, 전 세계에서 2위(미국 다음)에 해당하는 수치다.

국가 및 유럽 도시별 엑시트한 스타트업 기업 수(2010~2018년)					
순위	국가별	스타트업 수	순위	유럽 도시별	스타트업 수
1	미국	12,780	**1**	**런던**	**1,009**
2	**영국**	**2,544**	2	파리	339
3	독일	835	3	베를린	199
4	프랑스	782	4	스톡홀름	175
5	네덜란드	411	5	암스테르담	126
6	스웨덴	384	6	더블린	117
7	스페인	290	7	뮌헨	105
8	이탈리아	193	8	마드리드	104
9	스위스	193	9	바르셀로나	94
10	핀란드	190	10	헬싱키	83
11	덴마크	183	11	코펜하겐	81
12	아일랜드	169	12	함부르크	75
13	벨기에	146	13	멘체스터	67

출처: STARTUP M&As 2018 Report(Mind the Bridge, Crunchbase)

런던에서 엑시트에 성공한 스타트업 수는 유럽 최고 수준

풍부한 투자 자금과 런던 및 주변 도시에 위치한 유수 대학교의 인재들이 런던으로 모여들면서 스타트업 생태계를 발전시켰다. 2019년 런던의 벤처캐피털 투자액은 97억 달러, 스타트업 수는 1만 4천 개로 집계됐다. 런던의 스타트업 생태계 가치는 470억 달러로, 전 세계 평균 수치인 50억 달러보다 9배 이상 높다. 스타트업 생태계 가치는 스타트업 게놈이 매년 조정·발표하는 수치로, 엑시트 및 스타트업 기업 가치를 토대로 산정된다. 엑시트에 성공한 스타트업 수는 2019년 기준 1천 개 이상으로, 유럽에서 가장 많으며, 2위인 프랑스와 약 3배 차이가 난다. 2019년 도시별 스타트업 생태계 비교에서도 세계 3위, 유럽 1위를 차지했다.

세계 도시별 스타트업 생태계 순위(2019)							
전체 순위	변동	도시명	수행(*)	자금	시장접근	능력	스타트업 경험
1	(-)	실리콘밸리	1	1	1	1	1
2	(-)	뉴욕	1	1	3	2	1
3-4	**(-)**	**런던**	**1**	**1**	**1**	**2**	**2**
	(▲1)	베이징	1	1	5	1	1
5	(-)	보스턴	1	2	2	1	1
6-7	(-)	텔아비브	2	2	2	2	2
	(▲3)	로스앤젤레스	1	1	3	3	2
8	(-)	상하이	2	2	2	1	3
9	(▲2)	파리	2	1	3	3	3
10	(▼-3)	베를린	3	2	1	2	3
11	(▲3)	스톡홀름	3	2	2	4	2
12	(▼-2)	시애틀	2	3	3	1	1
13	(▲3)	토론토	3	2	2	4	4
14	(▼-2)	싱가포르	2	4	4	2	3
15	(▲4)	암스테르담	2	3	5	5	2
14	(▼-3)	오스틴	3	3	4	1	1
15	(▲1)	시카고	3	4	4	3	4

*스타트업 생태계 가치: 스타트업 게놈이 매년 발표하는 수치로, 엑시트 및 스타트업 기업
 가치를 토대로 산정한다

출처: 글로벌 스타트업 생태계 보고서 2019(스타트업 게놈)

대표적인 스타트업

● 인터넷 은행 몬조(MONZO)

2015년에 런던을 기반으로 설립된 인터넷 은행으로, 현재 300만 명
이 넘는 고객을 보유하고 있다. 계좌 이체나 관리가 쉬우며 모바일 앱
으로 인기를 크게 얻었다. 2018년 10월에 유니콘 기업으로 폭풍 성
장했다. 현재까지 몬조가 투자 유치한 총액은 32억 4,700만 파운드
이며, 2019년 미국 최대 액셀러레이터인 Y-Combinator로부터 11억
3천만 파운드를 투자받아 기업가치가 20억 파운드로 평가된다.

● 온라인 음식배달 기업 딜리버루(Deliveroo)

2013년 월 슈(Will Shu)에 의해 설립된 배달 대행 전문 업체로서 유럽의 배달의 민족이라 할 수 있다. 딜리버루를 창업한 슈는 모건스탠리와 헤지펀드에서 애널리스트로 근무할 때 늘 야식을 배달해주는 식당이 없어서 아쉬웠던 경험이 있었다. 그때의 경험에서 시작된 딜리버루는 현재 영국에만 600만 명의 고객을 보유하고 있으며 프랑스, 홍콩, 스페인 등 전 세계 14개 국가에서 영업 중이다. 매일 8만 개 식당의 음식을 배달하고 있다. 딜리버루의 기업가치는 20억 달러로 평가되며, 2016년 8월에 사모펀드사인 브릿지포인트(Bridgepoint)로부터 2억 7,500만 달러를 투자받아 유니콘 기업의 반열에 올랐다.

● 중소기업 대출 전문은행 오크노스(OakNorth)

머신러닝, 빅데이터 분석 등 첨단 기술을 결집해 만든 신용평가 플랫폼을 활용해 중소기업 대출 전문은행으로 큰 성과를 거두었다. 2015년에 설립된 이후, 소프트뱅크 비전펀드를 받아 성장했으며, 현재 총 투자 유치액이 10억 달러를 기록했다. 2017년 10월, 유니콘 기업에 올랐고, 2019년 연간 수익은 약 6,600만 파운드로, 전년도 약 3,400만 파운드보다 거의 2배가량 증가했다.

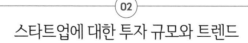

02
스타트업에 대한 투자 규모와 트렌드

스타트업 생태계가 성숙기에 접어들어 후기 라운드 투자 증가

영국 스타트업 투자 규모는 2019년 기준 101억 파운드로, 미국(819억)과 중국(322억)에 이어 세 번째로 크며, 독일(53억)과 프랑스(39

억)를 합한 것보다 크다. 2019년에는 전년 대비 약 44% 성장하며 가파른 증가율을 보였다.

2019년 통계에서 참고할 점은 전체 투자 중 약 81%가 ①직원 10명 이상, ②20% 이상 고수익을 창출하는 스케일업 기업에 대한 투자였다. 영국의 스타트업 생태계가 점차 성숙하면서 후기 라운드 투자가 늘고 있으며, 이런 변화가 초기 투자에 어떤 영향을 미칠지는 지속적인 관찰이 필요하다.

라운드별 전년대비 투자액 변동 추이 (2018-2019)

단위: % 　　　　　　　　　　　　　　　　　　출처: 테크네이션

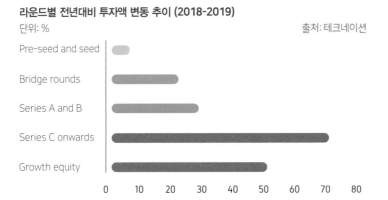

발달한 금융산업 접근성으로 핀테크 분야에 관심 집중

영국 스타트업 업계에서 가장 활성화된 창업은 핀테크 분야로, 전체 투자액 101억 중 40억 파운드를 차지한다. 유럽 핀테크 분야의 유니콘 기업 전체 중 44%가 영국 기업이며, 영국이 배출한 전체 유니콘 기업 중 40% 역시 핀테크 기업이다. 그 이유로, 영국은 금융업이 매우 발달한 나라인데 금융산업 접근성과 오픈 뱅킹 및 규제 샌드박스 등 금융당국의 끊임없는 혁신 의지를 들 수 있다.

다른 유망 분야로는 헬스테크, 에듀테크, 애그리테크(Agritech), 클린테크(Cleantech) 등이 있으며, 주로 인공지능, 머신러닝, 블록체인, 로봇, 드론, 사물인터넷, 가상현실 기술을 활용한다.

유망 분야별 동향

● 헬스테크

국민보건서비스(NHS)의 예산 부족과 갈수록 고령화되는 인구구조 문제가 맞물려 대학교 연구소(캠브리지, UCL, 임페리얼 등)를 중심으로 정밀 의료 및 디지털헬스, 신약 개발 기술에 관한 관심이 높아지고 있다. 새롭게 부각하는 정밀 의료 분야는 유전체 정보, 환경적 요인, 생활 습관 등을 분자 수준에서 종합적으로 분석해 최적의 예방법 및 치료 방법을 제공한다.

● 클린테크

산업 점검용 기술, 신재생 산업 접목 가능 기술, 에너지 효율, 기후 분석, 재활용 및 삼림파괴 맵핑 기술 등 환경보호에 관한 분야가 주목받기 시작했으며, 영국이 11월 유엔 기후변화협약 당사국총회(COP26)를 유치함에 따라 2020년 가장 주목받는 분야 중 하나가 될 것으로 전망된다.

● 에듀테크

현재 영국에는 500개가 넘는 에듀테크 기업이 있는 것으로 파악되며, 투자 규모는 2021년에 약 44억 파운드 규모까지 성장할 것으로 내다보고 있다. 대표적인 기업으로는 컴퓨터 키트 및 코딩 플랫폼 스타트업인 카노(Kano)와 언어학습 플랫폼을 운영하는 멤라이즈(Memrise)를 들 수 있다.

● 애그리테크

세계적으로 애그리테크 분야에 대한 투자가 늘면서, 영국 또한 해당 분야 투자가 점진적으로 늘어나는 상황이다. 구체적으로 2018년 10억 파운드에서 2019년 18억 파운드로 증가했다. 스마트팜 연구와 관련된 기관으로는 기업에너지산업전략부(BEIS)가 설립한 Agri-EPI센터, CIEL, CHAP, 애그리메트릭스(Agrimetrics) 등 4개가 있다

현지 주요 벤처캐피털, 액셀러레이터, 기업형 벤처캐피털

브렉시트 여파에도 불구하고 영국은 유럽 벤처캐피털 시장의 중심지로 남아 있다. 2019년 유럽 전체 벤처캐피털 투자의 약 30% 이상인 132억 달러가 영국에서 이뤄졌다. 총 투자액은 전년 대비 44% 증가한 수치로, 미국과 중국의 투자 유치액이 각각 20%, 65% 감소한 것과 비교된다. 투자자의 절반 이상이 미국, 아시아에서 유입됐으며, 핀테크 분야 투자 규모가 53억 달러로 영국의 벤처캐피털 투자액 중 가장 크다.

● 인덱스 벤처(Index Ventures)

1996년 설립된 10억 달러 규모의 펀드로 런던, 샌프란시스코, 스위스에 있다. 주로 핀테크, 인공지능, 게임, 보안, 전자상거래 분야의 시드, 초기 단계, 후기 단계 기업에 투자한다. 지금까지 투자한 주요 스타트업으로는 블라블라카(BlaBlaCar), 룩아웃(Lookout), 스퀘어스페이스(Squarespace), 트랜스퍼와이즈(TransferWise), 콜리브라(Collibra), 딜리버루, 레보루트(Revolut), 인터콤(Intercom), 로빈후드(Robinhood), 킵트럭킨(KeepTruckin), 글로시어(Glossier), 서비스타이탄(ServiceTitan), 컨플루언트(Confluent), 인스터베이스(Instabase), 알란(Alan), 디스코드(Discord), 버드(Bird), 로블록스(Roblox), 스케일(Scale) 등이 있다. 총 투자 수는 782건, 엑시트는 165건에 달한다.

🌐 www.indexventures.com

● 악셀(Accel)

1983년에 설립된 회사로, 펀드 규모는 5억 7,500만 달러 규모다. 런던, 실리콘밸리, 뉴욕, 벵갈루루 등에 위치해 있다. 주로 인터넷 인프라, 헬스케어, SaaS, 금융 서비스 분야의 초기 단계, 시리즈 A, 성장 단계 기업에 투자한다. 지금까지 투자한 주요 스타트업으로는 페이스북, 딜리버루, 스포티파이, 드롭박스, 슬랙, 퀄트릭스(Qualtrics), 아비토(Avito), 블라블라카, 엣시(Etsy), 카약(KAYAK), 벤모(Venmo), 스퀘어스페이스, 마이피트니스팰(Myfitnesspal) 등이 있으며 총 투자수는 1,392건, 엑시트는 287건에 달한다.

🌐 www.accel.com

● 노스존(Northzone)

1996년에 설립된 5억 달러 규모의 펀드로 런던, 뉴욕, 스톡홀름, 오슬로에 위치한다. 주로 핀테크, 렌딩마켓(대출과 투자를 연결하는 온라인 플랫폼), 테크 분야 시리즈 A, 시리즈 B 단계 기업에 투자한다. 지금까지 투자한 주요 스타트업으로는 아비토, 스포티파이, 에피서버(Episerver), 아이제틀(IZettle), 클라르나(Klarna), 렛고(Letgo), 카타위키(Catawiki), 스텝스톤(StepStone) 등이 있다. 총 투자 수는 183건이며 엑시트는 37건에 이른다.

🌐 northzone.com

● 발더톤 캐피털(Balderton Capital)

2000년에 설립된 4억 달러 규모의 펀드로 런던에 소재하고 있다. 핀테크, 헬스케어, 생명과학, 미디어, 소비재 분야의 시리즈 A, 시리즈 B 단계 기업에 투자한다. 지금까지 더헛(The Hut Group), 다크트레이스(Darktrace), 레보루트, 세계 최대 온라인 럭셔리 리테일 그룹인 YNAP(Yoox Net-a-Porter), 베트페어(Betfair), 빅피시게임즈(Big Fish Games), MySQL, Yingli Green Energy Holding, GCL System Integration Technology 등의 스타트업에 투자한 이력이 있으며 총 투자 수는 292건, 엑시트는 49건의 성과가 있다.

기업명	분야	홈페이지
Accenture	핀테크	www.accenture.com/us-en/services/financial-services/fintech-innovation-lab
Bethnal Green Ventres	테크, 헬스케어, 교육	bethnalgreenventures.com
Centre for Fashion Enterprise	패션	www.fashion-enterprise.com
Collider	마케팅, 광고, 미디어	www.collider.io
CyLon	사이버보안	cylonlab.com
Emerge Education	교육	emerge.education
Founders Factory	인공지능, 미용, 에듀테크, 미디어, 여행	foundersfactory.com
Geovation	프롭테크(Proptech)	www.geovation.uk
Ignite	테크 전반	www.ignite.io
Level39	인공지능, 블록체인, 핀테크, 에너지, 사이버보안, 스마트시티, 교통	www.level39.co
LORCA	사이버 혁신, 사이버보안	www.lorca.co.uk
Natwest Entrepreneur Accelerator	핀테크, 그린테크 등	www.business.natwest.com/business/business-banking/services/entrepreneur-accelerator.html
Oxygen Accelerator	테크 전반	www.oxygenaccelerator.com
P4	정밀 의학	www.p4precisionmedicine.co.uk
RebelBio	바이오테크, 헬스테크, 생명과학	rebelbio.co
Rocket Space	모빌리티, 테크	www.rocketspace.com
Seed Camp	핀테크, 디지털	seedcamp.com
Seraphim Space Camp	항공우주	www.spacecamp.vc
Startupbootcamp	핀테크, 사이버보안, 스마트시티, 에너지	www.startupbootcamp.org
Tech X	에너지, 과학, 엔지니어링	www.theogtc.com/TechX
Techstars London	테크 전반	www.techstars.com

기업명	분야	홈페이지
The Bakery	의학, 건설, 전자상거래, 애드테크, 자동차 등	thebakery.com/start-ups-and-entrepreneurs
Wayra	인공지능, 블록체인, 모빌리티	www.wayra.uk

스타트업 협업 프로그램을 보유한 현지 기업

● 로이즈(Lloyds)

로이즈 랩(Lloyd's Lab) 프로그램을 통해 인슈어테크(Insurtech) 분야에 투자한다. 이 프로그램은 보험 및 재보험 시장에 적용할 수 있는 기술 및 아이디어를 가진 스타트업을 위한 액셀러레이팅으로, 24개 팀이 피칭데이에 초청되고, 이후 선발된 팀은 10주 액셀러레이터 프로그램에 참여한다. 지분을 요구하지는 않는다. 2020년에는 데이터모델, 새로운 보험 상품, 미래 교통 기술, 사이버보안이 주요 모집 분야였다.

🌐 www.lloydslab.com

● 딜로이트(Deloitte)

세계 4대 회계법인 중 하나인 딜로이트는 딜로이트 벤처(Deloitte Ventures) 프로그램을 통해 테크, 인공지능, 데이터 분석 분야 기업에 투자한다. 스타트업에 딜로이트의 컨설팅을 제공해 성장을 지원한다. 딜로이트 고객사 대상 피칭데이 등 네트워킹 기회도 제공한다. 2019년 12월 'Deloitte Legal Ventures' 프로그램을 론칭했다.

🌐 www2.deloitte.com/uk/innovation/ventures

● 재규어 랜드로버(Jaguar Land Rover)

'InMotion Ventures' 프로그램을 통해 모빌리티, 디지털 모터 분야 기업에 투자한다. 2017년부터 모빌리티, 엔지니어링 분야의 스타트업을 대상으로 6개월간 펀딩 기회, 워크숍, 멘토링, 사무실을 지원하는 액셀러레이팅 프로그램을 운영하고 있다.

🌐 inmotionventures.com

● BP

영국 석유회사 BP는 'BP Ventures' 프로그램을 통해 에너지 테크 분야 기업에 투자한다. 현재까지 테크 스타트업에 5억 파운드를 투자했고, 40개의 스타트업와 파트너십을 이뤘다. 9개 사가 엑시트에 성공했다.

🌐 www.bp.com/en/global/bp-ventures.html

● 산탄데르(Santander)

2014년에 설립된 산탄데르는 'Santander InnoVentures' 프로그램을 통해 핀테크 분야 기업에 투자한다. 현재까지 30개 사에 투자했다.

🌐 santanderinnoventures.com

● 냇웨스트(Natwest)

영국왕립은행 자회사 냇웨스트는 핀테크 전문 액셀러레이팅 프로그램을 운영한다. 냇웨스트 액셀러레이터는 핀테크, 그린테크 분야의 스타트업에 주로 투자한다. 2012년 설립되어 본래 'Entrepreneurial Spark'라는 이름으로 에딘버러 본사 및 영국 전역에 허브를 두고 스타트업을 육성해왔으나, 2018년 3월에 RBS/Natwest에 합병되어 냇웨스트 액셀러레이터로 이름을 변경했다. 지분 요구 없이 6개월간 사무공간 및 멘토링 등을 제공하며 연장도 가능하다.

🌐 www.business.natwest.com/business/business-banking/services/entrepreneur-accelerator.html

● 유니레버(Unilever)

영국 런던과 네덜란드 로테르담에 본사를 둔 유지업의 세계적 트러스트인 유니레버는 유니레버 벤처를 운영하며 퍼스널케어(Personal

care), 디지털 마케팅 분야의 스타트업에 주로 투자한다. 2002년에
설립됐다.

🌐 www.unileverventures.com

03

정부의 스타트업 지원 정책

규제를 혁신해 신기술 창업 환경을 조성하다

영국 금융당국은 규제 샌드박스(2016) 및 오픈 뱅킹(2018)과 같은 규
제 혁신을 선도하면서 스타트업, 특히 핀테크 분야의 기술 혁신 및 시
장 경쟁을 촉진해왔다. 샌드박스는 기업들이 규제당국의 안전장치 아
래 다양한 아이디어를 펼치고 상업화할 수 있도록 지원하는 제도를 말
한다. 금융당국(FCA)이 2016년에 첫 시행한 이후 현재 5차 모집까지
진행했으며 최근에는 법률서비스 시장 및 전기가스 시장으로도 제도
를 확대 운영 중이다. 오픈 뱅킹은 은행이 보유한 금융데이터를 제3의
서비스 제공 기업 또는 타행과 공유하는 제도로, 업무 효율을 향상하
고 종합자산관리 서비스와 같은 고객 서비스를 다각화하는 데 활용할
수 있다.

	기업명	개발 서비스
	FCA 규제 샌드박스 선정 기업(4차) 예시	
1	BlockEx	DLT 기술을 이용한 채권 발행 및 관리 플랫폼
2	Capexmove	DLT 기술을 이용해 간소화한 중소기업의 자본 조달 플랫폼
3	Chasing Returns	고객 심리 기반(Psychology-based) 자금 관리 플랫폼
4	Community First Credit Union	전통적인 형태의 ID를 보유하지 않아 은행 서비스에 접근이 어려운 고객층을 위한 ID 토큰(Token) 개발
5	Creativity Software	은행 사기 범죄를 예방하기 위한 휴대폰 네트워크에 기반한 위치 서비스
6	Creativity Software	광범위한 온라인 대출 시장에 접근할 수 있도록 하는 투자 플랫폼
7	Dashly	대출자의 주택담보대출을 지속해서 추적하고 비교하는 주택담보대출 자문 플랫폼
8	Etherisc	블록체인을 이용한 비행 지연 자동 보험 서비스

출처: FCA

유망 인재를 유치하기 위한 비자 제도

● 글로벌탤런트(Global Talent)비자

예술, 과학, IT 등의 분야에서 두드러진 활약을 하는 신입 인재 혹은 이미 널리 알려진 해당 분야의 전문가를 대상으로 하는 비자 제도다. 해당 분야의 수상 경력, 미디어 노출 이력, 권위자의 추천서 등이 필요하다. 체류 기간을 최대 5년까지 신청할 수 있으며, 추후 영주권 신청 자격이 생긴다. 2020년 2월, Tier 1 Exceptional Talent비자에서 글로벌탤런트비자로 명칭이 변경되면서 연간 발급 가능한 비자 수의 제한도 없어졌다.

● 스타트업 비자, 혁신가 비자

2019년 신설됐으며 '혁신적'이고 '성장 가능성'이 있는 사업 아이디어가 있는 전 세계 청년 창업 희망자 혹은 이미 검증된 사업 능력을 바탕으로 영국에서 사업을 이어나갈 지원자를 대상으로 한다. 영국 이민국이 지정한 스타트업 유관 기관이 사업계획 및 지원자의 경력, 학력을 사전 점검해 발행한 'Endorsement Letter'가 요구된다. 정부 지정 기관은 정부 사이트(Gov.uk)를 검색해 확인할 수 있다. 혁신가 비자의 경우 최소 5만 파운드 이상의 초기 투자 자금이 필요하다. 스타트업 비자는 투자 자금이 필요하지 않지만 영국에서 사업 활동을 한 적이 없어야 한다. 스타트업 비자는 2년의 체류 기간을 인정하며 연장은 안 된다. 반면 혁신가 비자는 3년의 체류 기간이 인정되며 연장할 수 있다. 혁신가 비자는 3년 이후 영주권 신청을 할 수 있지만, 영주권을 신청하기 위해서는 회사가 성장하고 이윤을 내고 있다는 사실을 증명해야 한다. 구체적으로 해당 기간 연봉이 2만 5천 파운드 이상의 정규직 직원 5명 이상을 채용하거나 연봉이 2만 5천 파운드 기준을 충족하지 못할 때는 10인 이상을 채용한 실적이 있어야 한다.

해외 유망 스타트업 발굴 프로그램(Tech Rocketship Award)

영국 정부(국제통상부)가 주관하는 해외 유망 스타트업 발굴 프로그램으로, 국가별로 선발대회를 거쳐 최종 선정된 기업들을 영국에 1주일간 초청해 영국 시장 소개 및 창업 관련 사문을 제공한다. 영국 산업 전략 4대 도전 과제에 부합하는 스타트업 위주로 발굴한다

2019년 선발된 한국 기업	
4대 도전 과제	선발 기업명
인공지능과 빅데이터	Crowdworks
고령화사회	AI TRICS
	Curaco
	Nu Eyne
클린 성장	Nearthlab
	SolarConnect
미래 이동산업	Dtonic
	Seadronix

영국에 진출하려는 스타트업 정착 지원 프로그램 (Global Entrepreneurship Programme)

영국 진출을 희망하는 해외 테크 스타트업 정착 지원 프로그램이다. 획기적인 혁신 기술을 가진 해외 기업으로서, 영국에 본사를 설립하고자 하는 기업이나 영국에 본사 설립을 통해 글로벌 시장 진출 계획을 가진 기업, 당장 사업화 준비가 돼 있거나 검증을 마친 기업을 대상으로 멘토링 프로그램, 비즈니스 계획 및 개발 지원, 영국으로의 이전 지원, 투자가 소개를 비롯한 주요 네트워킹 지원, 영국 정착 후 영국 국제통상부(DIT)로부터의 지속적인 지원 등을 제공한다. 지금까지 약 340개 회사에 영국 시장 진출 서비스를 제공했으며, 10억 파운드(약 1조 원) 이상 규모의 민간 투자 유치를 지원했다. 또 미국의 온라인 투자 관리 기업 너트맥(Nutmeg) 및 호주의 여행 소프트웨어 기업 시트프로그(Seatfrog)의 영국 진출을 지원했다.

프로그램 참가 비용은 무료이며, 글로벌 기업가 프로그램의 지원 자격에 부합하지 않더라도 DIT's Investment Services Team에 상담을 신청할 수 있다.

🌐 www.great.gov.uk/contact/triage/location/

테크네이션(Tech Nation) 스타트업 성장 지원 프로그램

영국에 본사를 둔 스타트업 기업만 지원할 수 있다. 기업의 성장 단계(초기·중간·후기)와 산업 분야(핀테크·인공지능·사이버보안)로 나누어 맞춤형 프로그램을 제공한다. 참가 비용 및 지분 요구 조건은 없다.

● 창업자 네트워크(Founder's Network) 프로그램

초기 단계의 창업자들이 분야별 전문가와 비슷한 경험이 있는 창업자들과 지식을 공유하는 Peer-to-Peer 방식의 무료 네트워킹 프로그램이다. 시리즈 A 펀딩을 받았거나, 연간 수익 창출이 5천~5백만 파운드 기업이 참여할 수 있다.

● 라이징 스타(Rising Stars) 선발대회

초기 단계 스타트업들 간의 라이징 스타 선발 프로그램으로, 프로그램에 참가한 후 트레이닝과 지원을 받아 성장하며, 최종 10개 사를 선발한다. 시드부터 프리시드 A 단계에서 펀딩을 받았거나, 연간 수익 창출이 150만 파운드 이하인 기업, 판매 가능한 제품이나 서비스를 가진 디지털테크 기업, 설립 후 1~3년인 기업, 시장 선도력을 증명할 수 있는 기업이 참여할 수 있다.

● 업스케일(Upscale) 프로그램

시리즈 A 펀딩을 받았거나, 연간 수익 창출이 1.5~5백만 파운드 기업, MOM 기준 20% 성장률 이상을 기록하는 고성장 기업(Mid Stage) 등이 참여할 수 있다. 코치 20명이 6개월 동안 60시간 이상의 무료 멘토링을 제공하며 워크숍과 미트업(Meetups) 행사 등의 네트워킹 기회를 지원한다. 현재까지 프로그램에 참여한 기업들이 유치한 투자액은 총 2억 1,660만 파운드이며 참여 기업들의 평균 수익은 180만 파운드에 달한다.

● 퓨처 50(Future Fifty) 프로그램

영국에 본사를 둔 시리즈 B+ 펀딩을 받았거나, 연간 수익 창출이 5백만 파운드인 기업, 연간 성장률이 50% 이상인 기업으로 성공한 테크 스타트업들이 참여할 수 있다. 투자 유치·해외 사업 확장·M&A·기업공개 등과 관련된 전문가와 기업들과의 강력한 네트워크 구축을 지원한다. 지원받은 기업 중 스카이스캐너(Skyscanner), 딜리버루, 펀딩서클(Funding Circle) 등이 대표적이다. 지난 8년간 퓨처 50에 선발된 기업들이 유치한 투자액은 약 80억 달러 규모이며, 런던증권거래소 기업공개 9건, M&A 30건 진행의 성과를 이뤘다. 핀테크 분야의 스타트업 기업이 가장 많으며, 현재까지 총 18개의 유니콘 기업이 참가했다.

주요 콘퍼런스와 프로그램

스타트업 관련 주요 콘퍼런스

● 스타트업 그라인드 유럽 2020(Startup Grind Europe 2020)

스타트업 커뮤니티인 스타트업 그라인드에서 주최하는 유럽 플래그십 콘퍼런스로, 5년째 런던에서 개최되고 있다. 투자가, 혁신 사업가들이 모여 스타트업의 미래, 벤처캐피털, 기술에 대해 논의한다. 주요 분야는 테크, 블록체인, 인공지능, 헬스케어, 핀테크 등으로 참가자 수는 3천여 명, 참가 업체 수는 200개 사에 이른다. 구글, 몬조, 악셀과 같은 유명 회사의 전문가들이 키노트를 발표하고 토크 콘서트 형식의 파이어사이드챗(Fireside Chat) 프로그램 등이 진행된다. 매년 주최하는 콘퍼런스 외에도 도시별로 멘토링, 토크 이벤트가 수시로 진행된다. BDC London에서 2020년 9월 9일 개최 예정이다.

● 테크XLR8(TechXLR8)

종합 기술 페스티벌이자 유럽 3대 테크 이벤트 중 하나다. 인공지능, 가상현실, 증강현실, 사물인터넷, 소프트웨어, 블록체인 같은 첨단 기술을 주제로 다루는 콘퍼런스다. 주요 분야는 과학, 기술, 광학, 정밀기기, 발명, 특허, 아이디어 산업, 방송, 통신, 인터넷, IT 등이며 참가자 수는 1만 7,000여 명, 참가 업체 수는 300개 사에 이른다. 2020년 TechXLR8의 경우, 7개의 섹션(Elevating Founders, The AI Summit, IoT World Europe Summit, Cloud&DevOps World Summit, The Quantum Computing Summit, AR&VR World Summit, Blockchain for Business Summit)으로 나누어서 진행될 예정이다. 2019년에는 마이크로소프트, IBM, Intel 같은 세계적 기업들이 참가했고, 신생 벤처기업과 투자업계와의 네트워크를 형성하기 위한 스타트업 엘리베이트 세션에서는 5개 한국 기업이 공동관을 구성해 전시를 진행했다.

● 언바운드 런던(Unbound London)

테크, 혁신 기술 분야의 전 세계 스타트업, 벤처투자자, 클라이언트, 정부 관계자들이 이틀 동안 모여서 벌이는 페스티벌이다. 스타트업의 경우 투자자, 고객, 파트너와 네트워킹할 기회를 얻을 수 있다. 주요 분야는 인공지능, 핀테크, 투자, 에너지, 블록체인, 디지털 웰빙 등이다. 5,000여 명 이상의 사업가, 투자자, 설립자, 연구자, 정부 관계자 등이 참여한다. 디지털, 혁신 기술을 주제로 하는 키노트 발표, 전시회, 인터뷰, 해커톤을 비롯해 피칭 경연대회 등 다양한 프로그램이 진행된다.

스타트업 관련 정부 부처나 유관 기관의 프로그램

● 국제통상부(DIT)

스타트업 전담 부서는 없으나 영국 투자 유치 및 수출 업무를 총괄하며 해외 우수 테크 기업 지원과 유치 업무를 담당한다. 글로벌 기업가 프로그램을 진행하며 영국 내 사업 진출, 투자 관련 정보 및 상담을 제공한다.

● 기업에너지산업전략부(BEIS)

산업 전략, 에너지, 기업, 소비자, 노동자, 과학, 혁신, 연구, 기후변화 관련 업무를 담당하는 부서로, 종합적인 산업 정책을 관장한다. 2018/2019년 예산의 60% 이상을 과학·연구 분야 펀딩으로 사용했다.

● 메드시티(MedCity)

잉글랜드의 동남부 지역 생명과학 클러스터를 육성하기 위해 런던에 있는 3개 대학교(UCL, Imperial, Kings) 연구혁신센터와 영국 국민보건서비스(NHS)가 2014년에 설립했다. 고등교육재정위원회(The Higher Education Funding Council)와 런던시에서 지원을 받는다. Collaborate to Innovate 프로그램을 운영하며 생명과학·의약 분야의 중소기업들을 관련 분야의 대학교나 연구기관과 연결, 기업의 R&D 역량을 지원해준다. The Advanced Therapies Network(ATN) 프로그램도 운영해 학술연구기관과 생명과학 분야 기업, 투자자들의 네트워크 형성을 지원하며, 여기서 신약품, 의료기기 등의 상업화를 위한 임상시험, 투자, 보험에 대한 논의를 한다.

● Academic Health Science Networks(AHSN)

영국 국민보건서비스가 2013년에 설립한 지역 단위 조직으로, 보건 서비스 혁신을 촉진하기 위한 조직이다. 영국 전역에 15개 지역 단위 조직을 두고 대학교 등 연구기관, 의료기관, 지자체, 기업 등의 수요와 연결해 국가 보건 서비스의 혁신을 도모한다.

소집/연결(Convene) → 개발(Develop) → 혁신(Deliver)을 목표로 한다. 특히 지점별로 관할 지역에 필요한 혁신 주제와 서비스 개선점을 끌어내 과제들을 해결해나가며, 지역 단위에서의 혁신을 국가 전체로 연결할 수 있게끔 각 조직 간 유기적인 협업 관계를 구축한다.

15개 지역 단위 조직 중 하나인 Eastern AHSN의 경우 2019년 9월, 케임브리지대학교 혁신센터, 국민보건서비스, 존슨앤존슨, AstraZeneca, ARM, Medtech Accelerator, 케임브리지 블록체인 허브 등과 협업해 MedTechBOOST라는 파일럿 프로그램을 운영했다.

MedTechBOOST는 케임브리지 브래드필드센터에서 열리는 5일짜리 단기 프로그램으로, 선발 기업들을 협업 기관 전문가들과 팀을 구성해 문제점 식별 및 솔루션 아이데이션, 고객 인터뷰, 가치 제안 개발, 로드맵 작성, 비즈니스모델링 등 멘토링을 진행한다. 마지막 날 스폰서 및 파트너사들 앞에서 피칭을 진행한다. 2019년 최종 6개 사를 선정해 진행했다.

● 테크네이션(Tech Nation)

테크 산업 성장을 지원하기 위한 커뮤니티로 2010년에 설립됐다. 영국 디지털·문화·미디어·스포츠부(DCMS)로부터 펀딩의 80%를 지원받았다. 업스케일, 퓨처 50 프로그램 등을 통해 스타트업의 단계별 및 분야별 맞춤 프로그램을 지원한다. 디지털·테크 스타트업들을 위한 스타트업 비자를 보증하는 기관이기도 하다. 영국의 디지털·테크 분야 조사 및 분석 자료를 제공한다.

● 캐터펄트(Catapult)

영국의 연구기관 및 대학교 커뮤니티와 비즈니스 간의 연결을 촉진하는 기관으로 다양한 연구 결과물들이 상품 및 서비스로 사업화할 수 있도록 도와 영국의 경제발전에 이바지하는 것을 목표로 한다. 사업 컨설팅, 협력 R&D 사업, 해외 진출 컨설팅, 주제별 세미나 개최, 네트워크 기회 제공 등 다양한 지원 프로그램을 운영한다. Cell and Gene Therapy, Compound Semiconductor Applications, Connected Places, Digital, Energy Systems, High Value Manufacturing(a network of another seven centres), Medicines Discovery, Offshore Renewable Energy, Satellite Applications 등 영국 전역에 총 9개 산업 분야에서 캐터펄트를 운영한다.

● UK Research and Innovation(UKRI)

영국의 대학교, 연구기관, 기업, 정부, 자선단체들과 파트너십을 맺어 활동하는 기관으로, 영국의 연구 및 혁신 발전을 위한 환경을 조성한다. 영국 전역에서 70억 파운드가 넘는 예산으로 활동하고 있으며, 7개의 연구재단(Research Councils) 및 Innovate UK, Research England 등의 기관을 산하에 두고 있다. 2027년까지 영국의 R&D 투자액을 GDP의 2.4% 이상으로 증액하는 목표를 달성하는 데 주요 역할을 한다. 예술, 과학, 엔지니어링, 경제, 의학 등 분야별로 연구자들이 지원할 수 있는 펀딩 제도를 운영한다.

● Innovate UK

UKRI 산하의 영국 혁신 지원 기관으로, 기업이 새로운 아이디어를 발전시키는 것을 지원해 경제발전을 돕는다. 기업들을 투자자, 파트너, 고객과 연결해주고, 아이디어 상용화를 지원한다. 연구발전에 기업이 투자할 수 있도록 도와 기업과 연구기관의 협업 활동을 원활하게 한다. 2007년 이후부터 혁신을 목표로 하는 기업에 25억 원을 투자하고 있으며, 총 8,500개의 기관과 단체가 7만 개의 일자리를 창출할 수 있도록 지원하고 있다.

● British Business Bank(BBB)

2014년 중소기업 금융 지원을 강화하기 위해 영국 정부가 설립한 은행이다. 주요 운영 프로그램 중 스타트업 론(Start-up Loans)은 기업에너지산업전략부(BEIS)의 펀딩으로 운영되는 지원 제도이며, 영국 내 스타트업이 최소 500파운드에서 2만 5천 파운드까지 대출할 수 있다. Enterprise Capital Funds(ECFs)는 BBB 은행이 민간 투자자들과 공동 펀드를 조성해 고성장 기업에 직접 투자한다.

● 기업 성장 프로그램(Business Growth Programme)

런던시 투자진흥기관이 2017년부터 제공하는 무료 성장 멘토링 프로그램으로, 현재까지 500개 이상의 스타트업과 중소기업을 지원했다. 영국에 등록된 회사이자 런던을 기반으로 사업의 성장을 희망하는 중소기업이 3~250명을 고용하고 있으며 연수익이 4억 파운드 이하라면 지원할 수 있다. 3개월 과정의 프로그램을 통해 기업별 맞춤 성장 컨설팅을 제공한다. 동료 기업 및 전문가와 워크숍을 할 기회와 런던에서 사업 활동에 필요한 네트워킹을 지원한다.

학교명	분야	주요 연구기관 및 스타트업 프로그램
옥스퍼드대학교	일반	• University Oxford Innovation(1997년부터 옥스퍼드대학교의 모든 스핀아웃 담당) • Oxford Foundry
케임브리지 대학교	인공지능	• Cavendish Laboratory
	생명과학	• The Gurdon Institute
	일반	• Cambridge Social Ventures • Cambridge Enterprise
임페리얼런던 칼리지	생명과학	• Centre for Bio-Inspired Technology • Imperial College Academic Health Science Centre
	일반	• Think Space • Imperial White City Incubator
에딘버러대학교	인공지능	• Artificial Intelligence and its Applications Institute (AIAI) • AI & Blockchain accelerator(Wayra UK)
런던칼리지 대학교	인공지능	• The AI Centre
	생명과학	• UCLB • Institute for Liver and Digestive Health • UCL Cancer Institute • UCL Partners
	일반	• Hatchery Programme • UCL Innovation&Enterprise
얼스터대학교	인공지능	• The Intelligent Systems Research Centre
	일반	• Innovation Ulster Ltd
배스대학교	모빌리티	• Centre for Power Transmission & Motion Control
러프버러대학교	모빌리티	• Smart Mobility Living Lab(SMLL)
	일반	• The Studio
크랜필드대학교	항공	• The Aerospace Integration Research Centre(AIRC)
	스마트팜	• Agri-EPI Centre Cranfield Hub

스타트업 육성 주요 대학교 및 연구기관		
학교명	분야	주요 연구기관 및 스타트업 프로그램
카디프대학교	인공지능	• The Centre for Artificial Intelligence, Robotics and Human-Machine Systems (IROHMS)
	생명과학	• Cardiff Medicentre
맨체스터대학교	항공	• Aerospace Research Institute
사우스햄튼 대학교	해양	• The National Oceanography Centre Southampton
에딘버러대학교	인공지능	• Artificial Intelligence and its Applications Institute (AIAI) • AI & Blockchain accelerator (Wayra UK)
리즈대학교	스마트팜	• The University of Leeds Farm
스트래스 클라이드대학교	스마트팜	• Stratchlyde Centre for Environment Law & Governance
킹스칼리지런던	일반	• King's Innovation Institutes
	생명과학	• King's Health Partners
뉴캐슬대학교	해양	• Blyth Marine Station
	일반	• Newcastle Helix
워릭대학교	모빌리티	• Smart City Mobility Centre
	일반	• Warwick Ventures • WMG Accelerator Programme • Warwick Enterprise
브리스톨대학교	생명과학	• Bristol BioDesign Institute • Bristol Composites Institute(ACCIS)
런던메트로 폴리탄대학교	일반	• Accelerator
런던대학교	생명과학	• The Institute of Cancer Research
배스대학교, 브리스톨대학교, 엑시터대학교, 사우스햄튼대학교, 서리대학교	일반	• SET Squared

FRANCE

프랑스

01

지금 프랑스 스타트업 상황

스타트업 강국이 되기 위한 국가 차원의 적극적 노력

2017년 취임한 마크롱 대통령은 프랑스를 '스타트업 국가'로 만들겠다고 다짐했다. 100억 유로 투자 및 2020년까지 파리 인큐베이터 30%를 외국 기업에 개방할 계획을 발표했다. 대표적인 사례로는 2017년 오픈한 세계 최대 규모의 스타트업 인큐베이터 스테이션 F(Station F)가 있으며, 2015년부터 프렌치테크 티켓(French Tech Ticket)이란 이름의 스타트업 액셀러레이터 프로그램을 시작해 해외 스타트업을 지원하는 정책을 시행해왔다. 2018년 말에는 외국인 인재 유치를 위해 간단한 절차만 거치면 창업자, 직원, 투자자에게 최대 4년까지 프랑스에 거주할 수 있는 체류권과 비자를 제공하는 스타트업 비자 등의 지원 프로그램도 포함했다.

정부의 적극적인 노력에 힘입어 1인 기업 및 스타트업 창업이 매우 활발해졌다. 실업률이 높고 신생 기업이 적어 침체됐던 분위기가 최근 몇 년 사이 젊은 층을 중심으로 살아나는 중이다. 젊은이들이 창업을 배우고 실현해볼 수 있도록 대규모 육성 시스템과 실업 급여를 받으면

서 창업을 준비할 수 있도록 해주는 혁신적인 지원 시스템 등 주목할
만한 정책들이 뒷받침되고 있다.

런던에 이어 파리의 스타트업 생태계는 유럽에서 2위

2018년 파리의 스타트업 생태계는 2017년에 비해 2단계 성장, 세계
9위(2017년 11위), 유럽에서는 런던에 이어 2위(2017년 3위)를 차지
했다.

주요 도시 글로벌 스타트업 에코시스템 순위		
도시	2018년 순위	2017년 대비 순위 변화
실리콘밸리	1	0
뉴욕	2	0
런던	3	=
파리	**9**	**2 ▲**
베를린	10	3 ▼
스톡홀름	11	3 ▲
암스테르담	15	4 ▲

출처: 글로벌 스타트업 생태계 리포트 2019

파리 스타트업 생태계 특징 및 강점

스타트업 히트맵 유럽 2019(Startup Heatmap Europe 2019)에 따르
면 스타트업 설립과 관련해 런던, 베를린, 바르셀로나와 함께 파리를
네 번째 도시로 선호했다. 2018년 대비 한 계단 밀렸지만, 여전히 최
상위권을 유지하고 있다. 프랑스 스타트업의 성지라 할 수 있는 스테
이션 F가 파리 13지구에 있다. 이곳은 세계 최대의 스타트업 캠퍼스
로 1만 평이 넘는다. 3개의 존으로 구성된 이곳에 1천여 개의 스타트
업이 사업을 진행 중이다.

02

스타트업에 대한 투자 규모와 트렌드

역대 최대 규모의 투자 금액 유치

2019년 프랑스 스타트업 기업이 유치한 투자 금액은 총 51억 유로에
달해 프랑스 역대 최대 규모를 기록했다. 이는 2018년에 비해 43% 증
가한 수치로, 2015년부터 프로젝트 수와 투자 규모 모두 지속해서 성
장했다.

프랑스 스타트업 투자 유치 금액 및 해당 프로젝트 수 변화 추이(2015~2019년)

○─ 프로젝트 수 ● 투자 유치 금액(10억 유로)

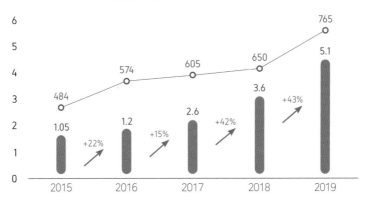

출처: 엘도라도(Eldorado)

성장 가능성이 높은 분야는 딥테크, 에듀테크, 핀테크, 메드테크

2019년 프랑스 스타트업 투자의 3분의 1이 딥테크에서 이루어졌고,
2014~2018년 프랑스 인공지능 스타트업에 투자된 금액은 12억 달
러에 달한다. 그중에서도 딥테크는 인공지능, 로봇, 무인 자동차 등을

포함하는 산업 분야로, 프랑스는 유럽에서 두 번째로 큰 생태계를 보유하고 있다. 스타트업 게놈에 따르면, 유럽에서 스타트업 성장 유망 분야는 블록체인, 선진 제조 및 로봇산업, 애그테크 및 뉴푸드, 인공지능, 빅데이터 등을 꼽을 수 있다.

유럽 내 유망 분야 단계별 성장률 및 비중				
분 야	초기 5년 성장률	출구 5년 성장률	글로벌 스타트업 비중	스타트업 육성 성장률
선진 제조, 로봇	189.4	229.6	1.3	15.3
애그테크, 뉴푸드	171.4	114.3	0.6	14.3
블록체인	162.6	222.9	1.5	17.9
인공지능, 빅데이터, 데이터 분석	77.5	188.3	5.0	12.9

출처: 스타트업 게놈

안정적인 자금 조달 여건

2018년 자금 조달 규모는 187억 유로를 기록하며 전년 대비 13%, 6년 사이 2.3배 증가했다. 프랑스 투자사협회(France Invest)에 따르면, 2019년 1분기 프랑스의 자금 조달 규모는 80억 유로에 달하며 2018년 동기 대비 21% 상승했다. 2013년 이래 안정적인 성장세를 유지 중이다.

연도별 자금 조달 규모							
단위: 억 유로							
구 분	2013	2014	2015	2016	2017	2018	2019 1분기
전 체	82	101	97	147	165	187	80
10억 이상	24	30	0	41	44	59	37
10억 미만	58	71	97	106	121	128	43

출처: 프랑스 투자사협회, 글로벌 회계 법인 그랜트 손튼(Grant Thornton) 2019

엑시트가 잘되는 편

프랑스의 2018년 엑시트(IPO 및 M&A) 건수는 782건으로, 영국 (2,544) 및 독일(835)에 이어 유럽 3위를 차지한다. 파리는 유럽 도시 중 런던에 이어 2위를 달리고 있다. 프랑스는 최근 4년간 16개 스타트업이 2억 달러 이상에 매각됐고 3개 사가 나스닥에 상장됐다. 한편 헬스케어, 영상 분석, 전자상거래 분야 등의 신기술을 보유한 프랑스 스타트업 위주로 해외 기업들에 인수됐다.

해외 업체에 인수된 프랑스 주요 스타트업 리스트						
기업명	설립 연도	분야	인수업체	인수 연도	M&A 액수 (유로)	인수업체 국적
Zenly	2015	모바일 앱	Snap Inc	2017	2억 1,300만 유로	미국
Teads	2011	비디오 광고	Altice	2017	3억 유로	네덜란드
Regaind	2015	영상 분석	Apple	2017	N/A	미국
Trophos	1998	바이오테크	Roche	2015	4억 7,000만 유로	스위스
Capitaine Train	2009	교통수단 티켓 전자상거래	Trainline	2016	2억 유로	영국
Medtech	2002	바이오메드	Zimmer Biomet	2016	자본의 59% 차지	미국
Chauffeur privé	2011	운전자 있는 자동차 예약 플랫폼	Daimler	2017~ 2019	현재 자본의 50%에서 2019년 100%로 지분 확대 계획	독일

출처: 아볼타 파트너스(Avolta Partners)

스타트업 창업 추이

마이프렌치스타트업(myFrenchStartup)에 따르면, 프랑스에서는 연간 2,500여 개 스타트업이 창업을 하며 파산 비율은 창업 3년 후 44%, 5년 후 50%이며 적자 비율은 74%다. 프랑스의 스타트업 수는 2016년 초 9,400여 개에서 2018년 말 1만 5,600여 개로 66.5% 증가했다.

대표적인 스타트업

● 디저(Deezer)

2007년 8월 설립된 인터넷 기반 음악 스트리밍 서비스 전문 미디어 업체다. 2019년 기준 매출액은 2억 7천만 유로, 직원 수는 250~400명이다. 프랑스 스트리밍 음악 시장을 40% 점유하며 약 5,300만 종류의 음악을 제공한다. 2018년 1억 8,500만 달러의 자금 조달에 성공했고 기업가치는 13억 6천만 달러로 상승했다. 주요 투자자로는 사우디아라비아의 군주펀드(HC), 프랑스 통신사 오렌지(Orange) 및 프랑스 LBO, 미국 액세스 인더스트리즈(Access Industries) 등이 있다.

● 독토리브(Doctolib)

독일 최대의 병원 온라인 예약 사이트 독토리브는 기존에 주를 이루던 전화 예약을 온라인 예약으로 유도해 획기적인 변화를 이끌어낸 주역으로 평가받는다. 2013년에 설립된 의료 서비스업체로, 프랑스 병원 예약 시스템의 불편을 해소했다. 직원 수는 1,000명이다. 2013년 말과 2017년 초 악셀 파트너스와 Bpifrance 등의 투자 기관으로부터 6,100만 유로를 지원받았다. 2016년에는 독일에 진출해 2017년 11월 28일 독일 사업 활성화 목적으로 Bpifrance와 Eurazeo로부터 4,200만 달러 시리즈 D 투자를 유치했다. 2019년에도 1억 5천만 유로 투자를 유치하는 데 성공했다. 2020년 코로나19의 확산과 의료물품 부족으로 정부 차원에서 원격의료를 적극 권장했고 이에 따라 필요한 서비스를 제공하고 있다.

● 시프트 테크놀로지(Shift Technology)

2013년 설립된 보험사기 검출 전문 인공지능 플랫폼이자 핀테크 분야 기업이다. 25개국 70개 보험사가 가입했다. 2017년 4천만 달러 및 2019년 3월 6천만 달러 등 총 1억 달러의 자금을 조달했다. KPMG가 선출한 금융 분야 글로벌 100대 혁신 기업 중 하나다.

그 밖의 스타트업

업체명	분야	비고
마노마노 (ManoMano)	온라인 유통	온라인 DIY 및 정원 용구 판매 플랫폼
오픈 클래스룸 (Open Classroom)	에듀테크	온라인 교육 플랫폼. IT, 기술, 경영학, 디지털 분야 강의를 영어, 불어 및 스페인어로 지도
유나이티드 크레디트 (Younited Credit)	핀테크	2011년 설립된 온라인 대출 플랫폼 2017년 기준 5억 7천만 유로 대출로 프랑스 내 온라인 대출 1위

벤처캐피털의 투자 규모와 특징

어니스트 영(Ernest Young)의 조사에 따르면 2019년 프랑스 스타트업에 대한 투자 규모는 50억 유로였으며, 이는 전년 대비 약 40% 증가한 규모다. 유럽에서는 영국과 독일에 이어 세 번째로 큰 규모를 차지한다. 이 중 벤처캐피털 투자는 45억 유로 규모였다. 프랑스 스타트업에 대한 투자 건수는 연 736건으로, 2018년 대비 14% 증가한 수치다. 프랑스에서는 최근에 1억 유로 이상의 대규모 투자가 이루어졌으며, 2019년 독토리브는 1억 5천 유로, 미로(Meero)는 2억 유로, 마노마노가 1억 1천 유로의 투자를 받으며 유니콘으로 입지를 굳혔다.

주요 투자 분야는 메드테크, 마테크(Martech), 핀테크 순이며 조사기관 매디니스(Maddyness)의 발표에 따르면, 메디컬테크는 2019년 투자 규모의 11.3%, 투자 건수의 8.3%를 차지하고, 뒤이어 바이오테크가 투자 규모의 10.2%, 투자 건수의 5%를 차지해 이 둘을 아우르는 메드테크에 대한 투자가 가장 높은 것으로 확인됐다. 이어서 2위로는 마케팅 테크놀로지를 통칭하는 마테크로, 투자 규모의 9.4%, 투자 건수의 7%를 차지했다. 3위로는 핀테크로, 투자 규모 6%, 투자 건수로 7.7%를 차지해 전문 분야에 기술을 접목한 곳에 투자가 활발히 이루어지는 것으로 파악됐다.

이외에도 2019년 새롭게 등장한 부동산 서비스 프롭테크(Proptech), 사이버보안, 이커머스, 모빌리티 순으로 투자자의 관심을 받았다.

한국 스타트업에 대한 투자 동향

프랑스 벤처캐피털의 한국 스타트업에 대한 투자 동향 관련, 별도로 집계된 조사는 없으나 피부 분석 및 인공지능 스킨케어 스타트업 L사, 화장품 키트 관련 M사 등이 현지 사내 벤처캐피털 프로그램에 선정되거나 벤처캐피털 투자를 받은 사례가 있다. K-뷰티 화장품, 빅데이터 등 강점을 갖춘 분야에 기술을 더한 뷰티테크, 핀테크 분야의 스타트업에 관심을 보이며 투자가 이루어지고 있다.

현지 주요 벤처캐피털, 액셀러레이터, 기업형 벤처캐피털

● **파텍 벤처스(Partech Ventures)**

펀드를 통해 6억 4천만 유로를 모아 인터넷 및 IT 분야의 고성장 기업에 투자하는 전문 업체다. 비즈니스 오브젝츠(Business objects), 데일리모션(Dailymotion), 트래블프라이스(Travelprice.com), 베리폰(VeriFone), 브랜드포프렌즈(Brand for friends), 라 푸르셰트(La Fourchette), 올트릭스(Alltricks), 시그폭스(Sigfox), 센시(Sensee) 등 시리즈 A와 B 단계의 스타트업에 20만~4,500만 유로를 투자한다.
◉ partechpartners.com

● **코렐리아 캐피털(Korelya Capital)**

프랑스 금융위원회로부터 포트폴리오 관리회사로 승인을 받았다. 자본금 12만 5천 유로의 단순주식회사(SAS)로 단순한 벤처캐피털 역할에서 벗어나 한국, 일본, 유럽의 문화와 금융 그리고 기업 생태계 간의 쌍방향 연결고리 역할을 하고 있다. 시드보다는 시리즈 A, B 또는 C에 해당하는 기성 스타트업체(10여 개)에 투자한다. 프랑스 및 미국 스타트업 드비알레(Devialet) 등에 투자한 이력이 있다.

🌐 www.korelyacapital.com

● ID(Invest Partners)

약 80억 유로의 펀드를 통해 혁신과 성장을 위해 혹은 성장 프로젝트로 발생한 부채 상환용 및 사모펀드용 투자 전문 업체로 유럽에서 선두에 있다. 투자 분야는 IT, 생명공학, 그린테크, 클린테크 스타트업(B2B 및 B2C) 등이다.

🌐 www.idinvest.com

● 오렌지팹(Orange Fab)

프랑스에 기반을 둔 글로벌 통신 사업자인 오렌지(Orange)는 스타트업들의 글로벌 진출을 돕는 '오렌지팹'이라는 액셀러레이팅 프로그램을 운영하고 있다. 다양한 글로벌 경험을 지닌 멘토들의 조언과 유럽·아프리카·중동 등 오렌지가 진출해 있는 국가들과의 파트너십 교류를 통해 초기 스타트업들의 글로벌 시장 진출을 돕는다. 오렌지와 오렌지의 고객에게 제공 가능한 제품과 서비스를 가진 스타트업들을 위한 멘토링을 제공한다.

🌐 www.orangefabfrance.fr

● 파리앤코(Paris&Co)

파리 및 파리 인근의 경제발전과 이노베이션을 위한 기관으로, 500개 이상의 프랑스와 외국 스타트업들을 인큐베이팅하고 있다. 파리 시내에 분야별로 테마를 달리해 여러 개 인큐베이터를 운영하고 있다. 핀테크·인슈테크, e스포츠·헬스테크, 지속 가능한 도시, 관광 및 온라인출판 등 다양한 분야의 인큐베이터를 운영한다. 분야별 인큐베이터 세부 정보와 연락처는 홈페이지에 연결된 각 인큐베이터 사이트를 통해 확인할 수 있다.

🌐 www.parisandco.paris

● 크리에이티브밸리(Creative Valley)

파리 인근과 스테이션 F에 입주한 액셀러레이터로, 한국 스타트업을 대상으로 인큐베이팅한 경험을 많이 보유하고 있다. 유럽과 한국의 스타트업을 지원하는 펀드 조성 등 다양한 액셀러레이팅 프로그램을 운영한다. 전문 분야는 핀테크와 인슈테크, 로보틱스, 딥테크, 아트 디자인과 패션테크, 스마트시티 등이다.

🌐 www.creative-valley.fr

주요 AC 프로그램

이름	국가 / 도시	파트너 기업 / 기관	기간	지원 내용	유망 협력 분야 (협력 희망 기술)
La French Tech	프랑스/ 파리	공공투자은행, 투자진흥청, 투자위원회, 외교통상부, 기업청 등	6개월 이상	• 신속한 행정처리 • 보조금 지원 • 인큐베이터 서비스 • 프렌치테크 티켓	핀테크, 사물인터넷, 인공지능, 디지털, 3D 프린팅, 메디테크 등
Station F	프랑스/ 파리	BNP파리바 그룹, 탈레스(Thales), 로레알, 아마존, 마이크로소프트 등	1개월 이상	• 업무 및 공동 주거 공간 제공 • 글로벌 기업들이 주도하는 프로그램 운영	블록체인, 핀테크, 3D프린팅, 바이오테크 등
Le Village by CA	프랑스/ 파리	프렌치테크, 사노피(Sanofi), 엔지(Engie), 오렌지, PSA그룹 등	최대 2년	• 숙박 시설 제공 • 공공기관 및 민간 기업과의 비즈니스 관계 • 전문가 자문	헬스테크, 핀테크, 푸드테크, 블록체인 등
WAI BNP Paribas	프랑스/ 파리	공공투자은행, 프랑스 엔젤(France Angel), 크로상스플러스(Croissance Plus) 등	6개월, 2년	• BNP 기업 고객과의 네트워킹 • 사무공간 제공 • 자금 지원	핀테크, 로봇공학, 증강현실, 인공지능, 의료, 교통 등

● 오렌지 디지털 벤처스(Orange Digital Ventures)

프랑스의 통신사 오렌지에서 운영하는 CVC로, 2015년에 설립됐으며 50만 유로에서 300만 유로 규모의 펀딩을 했다. 스케일업 가능한 또는 혁신적인 비즈니스를 운영하는 스타트업을 대상으로 한다. 국제적인 단계에서 스케일업 할 수 있는 높은 성장 잠재력을 보유하는지, 적어도 테스트가 완료된 뛰어난 기술을 가진 프로토타입이 있는지를 따져 투자한다. 블록체인, 사물인터넷, 클라우드 등 관심 분야의 스타트업에 투자를 진행한다. 규모는 총 1억 5천만 유로에 달한다. 전문 분야는 새로운 연결성(New connectivities), 클라우드와 데이터 (Cloud&Data), 핀테크, 사물인터넷, 아프리카테크(Africa Tech) 등이다. 홈페이지를 통해 직접 지원할 수 있으며, 정보 기입을 한 후 지원 서류를 온라인으로 제출하면 30일 이내에 답변을 받을 수 있다.

🌐 www.digitalventures.orange.com

● AXA그룹(AXA Venture Partners)

보험그룹 AXA에서 운영하는 CVC로, 관심 있는 전문 분야 대상의 스타트업을 대상으로 투자한다. 규모는 총 8억 유로 규모로 4억 2천 유로가량은 직접 투자, 3억 7천 유로가량은 펀드를 통한 투자로 진행한다. 투자 시 단위 당 1,000~2,000만 유로를 책정한다. 전문 분야는 인슈어테크, 핀테크, 사물인터넷 등이다.

투자뿐만 아니라 전 세계 위기관리자, 재정관리사 및 데이터과학자들

과 협업이나 네트워킹을 지원하는 프로그램을 운영한다. AXA의 네트워크를 통해 유통망을 확보해 스타트업을 키워나갈 수 있다. 또한 기업에 적합한 최적의 비즈니스 포트폴리오를 제공받는다. 디렉터 또는 파운더의 역량 있는 프로필(퀄리티), 글로벌 시장 접근 역량 보유, 전문성을 갖춘 팀 보유 여부, 투자할 지역에 기반해 있는지가 중요하다. 홈페이지를 통해 직접 지원할 수 있다.

🌐 www.axavp.com

● LVMH(La Maison des Startups)
전 세계 명품 시장의 절반 이상을 차지하는 프랑스에서 LVMH(루이비통 모에 헤네시: Louis Vuitton Moët Hennessy)그룹은 그중의 절반 가량을 차지하는 다국적 럭셔리 그룹이다. LVMH는 스타트업 액셀러레이션 프로그램을 운영하며 스테이션 F에 입주해 있다. 럭셔리의 미래를 재창조해낸다는 목표 아래 연간 50개의 스타트업과 75개의 럭셔리 브랜드 간의 연결과 협업을 지원한다.
전문 분야는 기능 측면에서 전자상거래, 고객관리, 로지스틱, 퍼스널라이제이션(personalization) 등이고 산업 측면에서는 패션, 향수, 주얼리, 와인 등이다.
LVMH에서는 6개월 단위로 프로그램을 운영하며 이를 통해 에코시스템을 배울 수 있다. 네트워킹, 협업 수요 등을 지원하는 내용으로 구성되어 있다. 이후 알럼나이(졸업생) 프로그램을 통해 지속적인 네트워킹이 가능하다. 홈페이지를 통해 직접 지원할 수 있으며, 연간 상시 지원을 받지만, 선정은 연간 2회로만 한정해 시즌에 맞추어 진행된다. 선정 기준을 전체 공개하진 않았으나, LVMH 그룹 내 브랜드와 협업할 접점이 있는지, 브랜드의 전략적인 측면에 부합하는지 등을 고려한다.

🌐 lamaisondesstartups.lvmh.com

정부의 스타트업 지원 정책

적극적인 해외 투자 유치와 코로나19 위기 대응 정책

프랑스 정부는 포스트 브렉시트 효과를 극대화하기 위해 적극적으로 해외 투자를 유치하려고 국제경제포럼 '프랑스를 선택하세요(Choose France)' 행사를 개최했다. 2018년부터 프랑스 정부는 스위스의 다보스 포럼 직전인 1~2월 기간에 베르사유궁에서 세계경제포럼을 개최하고 있다. 2020년 1월 20일 열린 세 번째 행사에 약 200여 명의 해외 경영인이 참가해서 약 40억 유로의 해외 투자를 유치했다.

또 최근 코로나19의 확산으로 대규모 경기침체가 예고됨에 따라 프랑스 정부는 일반 기업 부양 정책과 별개로 스타트업 기업 지원 프로그램을 발표했다. 디지털 경제부는 스타트업 기업을 위해 공공투자은행(Bpifrance)과 총 40억 유로를 지원하는 계획을 발표했다. 자금 조달 과정에 있었던 스타트업에 8천만 유로를 지원하고 국가 보증 대출 지원을 위해 약 3천억 유로 규모의 예산을 배정하는 동시에 세액 공제제도 등을 마련했다.

프렌치테크(French Tech) 생태계 국제화 정책

프랑스는 2013년부터 '프렌치테크(La French Tech)'라는 이름으로 스타트업 육성 정책을 추진하고 있다. 프렌치테크는 프랑스의 스타트업 에코시스템과 혁신 기업에 붙는 라벨(label)로, 프랑스만의 스타트업 브랜드라고 볼 수 있다. 2018년 말부터는 21세기의 도전 과제인 환경 친화적 생산, 농업, 식품, 에이징 기술(Tech for good), 사회통합

(Mixite sociale)의 산실로 프렌치테크 생태계의 국제화를 위해 노력 중이다.

현재 기존 주요 도시와 국제 허브를 폐지하고 프렌치테크 지구와 공기관이 개입하지 않는 자율적인 프렌치테크 커뮤니티(French Tech Communautes)로 생태계를 개선하기 위해 200만 유로를 지원한다.

2018~2022 대규모 공공투자계획(Le grand plan d' investissement, GPI)

총리실 투자총괄사무국(Secretariat General pour l'Investissement, SGPI)에서 추진하는 대규모 공공투자계획으로, 매 프로젝트에 참가하는 민간 기업과 공동으로 투자하는 것이 원칙이다. 2018~2022년까지 친환경, 직업교육, 혁신, 디지털 등 4개 분야에 570억 유로를 투자한다. 구체적으로 친환경 분야에 200억 유로를 투자할 계획이며 2018년 25.7억 유로, 2019년 38억 유로를 집행했다. 직업교육 분야에 150억 유로를 투자할 계획이며 2018년 15억 9천만 유로, 2019년 27억 3천만 유로를 집행했다. 또 혁신(이노베이션)을 통한 기업 경쟁력 강화 분야에는 130억 유로를 투자할 계획이며 2018년 11억 8천만 유로, 2019년 18억 6천만 유로를 집행했다. 마지막으로 정부 부처의 경비를 절감하기 위한 디지털화 분야에 90억 유로를 투자할 계획이며 2018년 25억 유로, 2019년 18억 3천만 유로를 집행했다.

다양한 스타트업 지원 제도 운영

● 프렌치테크 티켓 프로그램(French Tech Ticket)

해외 기업과 인재를 유치하기 위해 프랑스 정부가 지원하는 프로그램이다. 디지털, 메드테크, 바이오테크, 핀테크 등 혁신 기술을 바탕으로 한 창업 프로젝트다. 프로젝트별 2~3명으로 구성되고, 이들은 공동창업자, 기업 주주 혹은 임원이어야 하는데 1명의 프랑스인이 포함되어야 한다. 세션별 평균 25개 프로젝트에 해당하는 약 70개 기업을 선발한다. 1년에 2회 세션을 운영해 총 140여 기업을 선발한다. 프로젝트 신청서 제출 및 선발 과정에 대한 정보는 프렌치테크 티켓 공식 홈페이지를 참고하면 된다.

🌐 www.frenchtechticket.paris

● 일드프랑스 중소기업 지원 프로그램(Paris Region Starter Pack)
일드프랑스(Île-de-France)를 유럽의 실리콘밸리, 프랑스의 스타트업 중심 지구로 만들기 위해 창안했다. 요건은 파리 인근 수도권에 소재하는 기업 혹은 프랑스에 진출하고자 하는 해외 스타트업, 고용 규모 5명 이상에서 250명 미만, 매출 규모가 5천만 유로 미만이자 총결산액 4,300만 유로 미만인 스타트업을 대상으로 한다. 자금 조달 계획서, 프랑스 내 채용 계획서, 지역경제 개발에 기여하는 개발 계획서와 함께 3개년 성장 전략 보고서를 제출해야 한다. 지원 기업에 선정되면 최고 25만 유로의 보조금을 3년간 받고 네트워킹 기회가 제공된다.

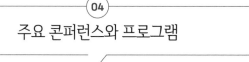

04 주요 콘퍼런스와 프로그램

스타트업 관련 주요 콘퍼런스

● 비바테크놀로지(Viva Technology 2021)
퍼블리스(Publicis), 프랑스 경제신문 《레제코(Les Echos)》 주최로 2016년부터 시작된 콘퍼런스로 프랑스 파리, 포르테 드 바르세이(Porte de Versailles) 전시장에서 연 1회 개최된다. 2020년은 코로나19로 인해 취소됐으며 2021년 상반기에 개최될 예정이다. 개최 규모는 2019년 기준 스타트업 기업 1만 3천개, 투자 기업 3,300개, 참가국 수 125개, 전시 면적 5만 6천㎡ 등이다. 전시 분야는 스타트업 라이프(Life), 인공지능과 머신러닝, 5G, 가상현실과 증강현실, 사물인터넷, 우주항공, IT와 모바일, 연결성, 드론, 로보틱스, 농식품 기술, 블록체인, 사이버보안, 오락 및 게임, 클라우드, 딥기술, 핀테크, 에드테크, 환경 및 그린테크 등이다.

🌐 www.vivatechnologyparis.com

비바테크놀로지 현장

● 비피아이 이노 제너레이션(BpiFrance Inno Generation, BIG)
프랑스 공공투자은행 주최로 2015년부터 시작된 콘퍼런스로 프랑스 파리, 아코르(Accor) 호텔 아레나에서 연 1회 개최된다. 개최 규모는 참가 기업 4만 개, 연사 1천 명, 250개 아틀리에와 콘퍼런스, 전시 면적 4만 5천㎡ 등이다. 전시 분야는 금융, 교육, 고용, 스타트업, 딥테크, 인공지능, 사물인터넷 등 신산업 분야다.

🌐 innogeneration.bpifrance.fr

스타트업 관련 정부 부처나 유관 기관의 프로그램

● **재정경제부(Ministre de l'Economie et des Finances), 디지털 담당부(Le secrétariat d'État chargé du Numérique)**

경제, 재정정책 수립, 예산 편성 및 집행, 디지털 담당부와 협력해 프렌치테크 운영비 지원, 스타트업 지원 자금 조성 등을 총괄한다. 디지털 담당부는 재정경제부와 예산부의 산하 기관으로 디지털 산업 육성 정책 결정 및 수립, 프렌치테크 이니셔티브를 추진하는 부서로 프렌치테크와 긴밀히 협업을 유지 중이다.

● **프렌치테크(La French Tech)**

외국인 인재를 유치하기 위해 비자 서비스, 보조금 지원, 인큐베이터 서비스로 공공투자은행, 투자진흥청, 투자위원회, 외교통상부, 기업청 등과 협업한다. 그리고 스타트업 육성을 위한 제반 시설을 마련한 공간인 스테이션 F를 지원한다.

● **비즈니스 프랑스(Business France)**

프랑스 중소기업의 해외 수출 지원과 투자 유치를 지원하는 기관이며 전 세계에 약 93개의 지사가 설립되어 있다.

스타트업 육성 주요 대학 및 연구기관

● **클러스터 파리-사클레(Cluster Paris-Saclay)**

파리 남동쪽 근교 사클레에 건설 중인 프랑스식 실리콘밸리 단지다. 현재 프랑스 연구 활동의 15%를 차지하고 있고 이를 20%까지 늘리는 것이 목표다. 1만 8천 개의 숙박 시설이 있으며 이 중 8천 개는 학생용이다. 그리고 정부가 53억 유로를 투자해 170만 평방미터에 시설을 건설하고 무인 자동 급행철 18호선을 연결하는 계획을 추진 중이다. 3대 목표로는 ①Paris Sud 대학 외 18개 대학, 그랑제콜(에꼴 폴리테크닉 등) 및 연구소(프랑스국립과학연구소 등)를 통합한 파리-사클레

종합대학 설립, ②대기업 R&D센터 입주, 스타트업과 혁신적인 젊은 기업들에 이로운 경제 환경 조성(인큐베이터, 스타트업, 호텔, 기업 단지 등), 선진적 과학기술의 상업적 가치 증진, ③6곳의 고등 교육 기관 입주, 현대적인 대형 캠퍼스 조성(국토 정비) 등이 있다.

파리 - 사클레

출처: Paris-Saclay

● 스테이션 F(Station F)

세계 최대 규모의 스타트업 캠퍼스다. 2017년 6월 29일 통신사 프리(Free)의 회장인 자비에 니엘이 파리에 '스테이션 F'를 조성했다. 3만 4천 평방미터 규모에 스타트업 육성을 위한 제반 시설을 마련했다. 1천 개 이상의 스타트업이 입주할 수 있다. 3천 개의 업무 공간, 60개의 회의실, 8개의 행사장, 370석 규모의 대회의실, 600명의 공동 주거 공간을 제공한다. 대기업들이 운영하는 프로그램에 참여하거나 스테이션 F가 운영하는 'Founders Program'과 'Fighters Program' 등의 2개 프로그램에 참여해 입주한다. 페이스북, 마이크로소프트 등 유수의 글로벌 기업과 진행하는 스타트업 프로그램을 포함해 20여 개 이상의 지원 프로그램을 운영하며 전 세계 신생 기업의 프랑스 진출을 적극적으로 지원하고 있다.

기업명	지원 분야	주요 지원 사항
페이스북	혁신, 데이터, 개인정보	• 전문가들의 멘토링 및 아틀리에 • 비즈니스모델 설계 • 시제품 제작 가능
유비소프트 (Ubisoft)	게임, 엔터테인먼트, 증강현실, 블록체인	• 연 2회 모집 • 전문가들의 맞춤형 코칭 • 미래형 엔터테인먼트 제작 지원
로레알	뷰티테크, 화장품	• 맞춤형 멘토링 • 글로벌 규모의 협업 프로젝트 • 업계 종사자들과 네트워킹 형성
방트프리베 (Vente-Privee)	패션, 기술, 리테일, 전자상거래	• 통합 아틀리에(법령, 마케팅 등) • 공동 세션 진행 • 프로젝트 투자 가능성
네이버 / 라인	디지털과 모바일 상거래, 미디어, O2O 서비스	• 업무 공간 제공 • 스타트업 네트워킹 • 협업 프로젝트

파트너 기업의 스타트업 육성 프로그램

스테이션 F 내부

출처: Station F 홈페이지

현지 투자자 인터뷰
VC Interview

코렐리아 캐피털 (Korelya Capital)

코렐리아 캐피털은 프랑스 파리를 기반으로, 유럽과 아시아에서 중점적으로 활동하는 벤처캐피털 회사다. 혁신 기술을 가진 스타트업을 발굴하고 지원하여 유럽과 아시아의 혁신 생태계를 잇고 발전시키고 있다.

Q 어떤 산업이나 분야에 관심이 있나요?

혁신 기술을 가진 스타트업이라면 분야에 상관없이 관심이 있지만, 특히 인공지능, 블록체인, 핀테크, 모빌리티, 마켓플레이스, 소프트웨어 분야를 눈여겨보고 있습니다.

Q 투자할 때 중요하게 보는 부분은 무엇인가요?

유럽에 기반한 스타트업이라면 아시아(한국) 시장에 대한 잠재력을 가졌는지, 아시아(한국)에 기반한 스타트업이라면 유럽 시장 내에서의 성장 가능성을 중요하게 봅니다.

Q 현지 진출을 희망하는 한국 스타트업에 조언을 한다면요?

혁신적인 기술과 독보적인 콘텐츠를 보유하는 것도 중요하지만 막연하게 해외 진출을 목표로 하는 것이 아니라 희망 지역에 대한 정확한 시장 분석을 통해 적합성을 판단하는 것이 먼저 이루어져야 합니다. 현지 파트너를 찾을 때도 자본만을 좇는 게 아닌 자문, 현지 네트워킹 같은 질적 자원을 제공할 수 있는 파트너를 찾는 것이 중요합니다.

현지 진출에 성공한 국내 스타트업

탈라소코리아
THALASSOKOREA

품목(업종)
해양관광 서비스, 웰빙 기구 무역

설립연도
2019년

대표자
고명곤

소재지
8 rue de France, Nice, France

홈페이지
Thalassokorea.com

종업원 수
1명

Q. 탈라소코리아는 어떤 기업인가요?

프랑스 남부의 활발한 해양관광 서비스를 모티브로 운영되는 해양관광기업입니다.

Q. 법인 설립 과정을 들려주세요. 고객과 투자는 어떻게 유치했나요?

설립 계기는 2016년부터 한국에서 국외여행업 여행사를 창업해 남프랑스의 관광 및 전시회 통번역사업을 해오던 중 유럽 탈라소테라피센터 시찰을 수행하면서 힐링을 콘셉트로 한 여행업에 관심을 가졌습니다. 가까운 미래에 한국에서도 해양관광이 점차 발달할 것이고 휴양을 위한 여행이 늘어나리라 전망하게 됐고, 이에 프랑스의 선진 탈라소테라피 교육 및 기술 그리고 기구를 한국에 수입하고 한국형 탈라소테라피를 만들기 위해 사업을 시작하게 됐습니다.

탈라소테라피는 그리스어로 '해양'을 뜻하는 '탈라소(Thalassa)'에서 유래된 해수요법을 말합니다. 바닷물, 갯벌의 진흙 등을 사용해 목욕이나 샤워, 마사지를 통해 심신을 상쾌하게 합니다. 한국에도 온돌이나 황토, 한방 등 서양에 진출할 수 있는 경쟁력 있는 한국형 휴양문화 코드가 있는 제품들을 프랑스에 판매할 계획도 가지고 있습니다.

2019년 10월에 탈라소코리아를 설립한 후 프랑스 현지 변호사를 소개받아 법인 설립을 지원받아 2020년 1월에 프랑스 연락사무소를 설립했습니다. 국내의 충남 서천 금강 마리나, 경북 울진 후포 마리나 등 고객을 유치했고 프랑스 현지에서도 호텔과 스파 등으로 고객을 넓혀가고 있습니다.

Q. 현지에서 파트너는 어떻게 발굴했나요?

사업과 관련 있는 전문 업체를 집중적으로, 지속적으로 접촉해 현지 파트너를 발굴했습니다. 시장 리서치를 통해 탈라소 기구 전문 제작 현지 업체들, 탈라소 웰빙 제품을 판매하는 기업들을 찾아 직접 섭외하고 미팅을 진행해 파트너를 발굴했습니다.

Q. 현지 시장 진입 과정이 궁금해요

무엇보다 프랑스 니스에서 활동했던 개인적 경험을 살려 현지의 접점을 만들 수 있었던 것이 시장에 진입하고 거래처를 발굴하는 데 강점으로 작용했습니다. 시장 조사는 프랑스 탈라소 조합(France-thalasso)과 탈라주르(Thalazur)에서 제공하는 통계자료와 한국 해양대학교 및 해양수산개발의 조사자료를 참고했습니다.

한국에는 아직 없는 해양 휴양 테라피스트 교육 프로그램을 제작 중입니다. 탈라소 기구와 제품도 네이버 스토어팜에서 판매할 예정입니다. 한편 한국의 독특한 휴양문화 코드인 온돌 문화를 전파하고 제품을 알리기 위해 노력하고 있습니다. 전라남도 광주에 소재한 온돌라이프(Ondol life)에서 전남의 편백나무로 제작하는 히트파이프를 이용한 온돌 가구를 프랑스 탈라소테라피센터에 공급을 제안 중입니다. 장수온돌, 일월매트, 한일온열매트 등의 제품도 고려 중입니다.

앞으로 한국형 탈라소테라피를 만들기 위해 꼭 필요한 휴양문화 코드라고 생각합니다. 문화재청과 국제온돌학회에서 정보를 수집하고 있습니다.

Q. 비자 등 현지 체류 자격은 어떻게 얻었나요?

지난 1월 프랑스에 설립한 연락사무소를 기반으로 정보 수집과 현지 시장 조사 목적으로 파견비자를 받을 수 있어 신청해 놓았습니다. 주한프랑스 대사관에서는 이에 대한 상담 업무를 하지 않기 때문에 구체적인 상담을 받기가 실질적으로 어려워 비즈니스프랑스에 신청 절차를 문의했습니다.

별개로 사업비자 신청에 대해 자세히 상담해주고 신청 서류를 함께 작성하는 것을 도와주는 부처가 있다면 좋겠습니다. 비단 프랑스가 아니더라도 다른 국가들도 어렵기는 마찬가지겠지만 중소기업이나 스타트업 입장에서는 큰 도움이 되고 큰 기회비용을 절감하는 효과가 있을 것이라고 생각합니다.

Q. 노무나 세무 등 관리 업무는 어떻게 해결하나요?

프랑스 파리 한인 변호사의 도움을 받았습니다. 차후 소득이 발생하는 경우 파리 한인 세무 전문가에게 맡길 예정입니다. 아무래도 한국 국적의 특성을 잘 이해하고 커뮤니케이션을 원활하게 하기 위해서는 한인 변호사나 세무사와 협업하는 것이 좋다고 생각합니다.

Q. 현지에 진출하면서 KOTRA 사업 참가 또는 지원을 받은 경험이 있나요?

2019년에 KOTRA 파리에서 현지 지사 설립과 관련한 법률 자문 비용을 일부 지원하는 프로그램이 있어 이를 통해 법률 자문료 일부를 지원받았습니다. 그뿐만 아니라 무역관 회의실에서 무역관 담당자, 변호사에게 상담받을 수 있도록 환경을 조성해주었습니다. 결과적으로 파리에 현지 연락사무소를 설립할 수 있게 됐고 다만 비용 관련해 지원이 좀 더 늘어나면 좋겠습니다.

Q. 현지에 진출할 때 가장 중점을 둔 부분이 있나요? 혹시 팁이나 조언을 한다면요?

정부 기관과 함께 수행한 해양관광센터 관계자 미팅을 통해 담당자를 알게 됐고 양측이 발전시키고자 하는 방향성도 공유할 수 있었습니다. 직접적인 방문을 통해 담당자를 미팅하고 탈라소코리아의 파트너가 될 수 있도록 설득했습니다. 기존의 시장이 아닌 새로운 아시아(한국) 시장에 대한 비전을 제시하는 것이 파트너사들을 설득하는 데 효과적이었습니다. 국내 스타트업이 프랑스 현지에 진출할 때는 프랑스의 행정 처리가 느릴 뿐만 아니라 복잡하고 이해하기 어렵다는 점을 염두에 두어야 합니다. 꼭 변호사나 법무사와 함께 진행할 것을 추천합니다. 트렌드에 민감하고 기술 도입 및 적용이 빠른 한국에 비해 프랑스는 전반적으로 느리기 때문에 한국 기업들이 진출해서 성공할 수 있는 부분이 많다고 생각합니다.
R&D 분야가 아니라면 프랑스는 노동법이 굉장히 강한 나라이기 때문에 정규직 고용을 할 때 신중해야 합니다. 실제로 현지에서 사업하는 지인들이 매출은 많아도 인건비와 고용 유지 비용을 감당하느라 수익을 내지 못하는 경우가 많습니다(대기업은 제외). 또한 프랑스 현지에 진출하려면 도움을 받을 수 있는 현지 파트너가 꼭 필요합니다.

GERMANY

독 일

01

지금 독일 스타트업 상황

베를린·뮌헨·함부르크를 중심으로 한 스타트업

2019년 세계 스타트업 생태계 평가에서 독일은 10위를 기록했다. 독일의 스타트업 생태계는 정부의 정책적 지원과 대기업의 새로운 성장 동력을 발굴하려는 프로젝트의 일환으로 지속적으로 발전해왔다. 2019년 스타트업 게놈 보고서에 따르면 런던이 베이징과 공동 3위, 파리가 9위, 베를린이 10위를 차지해 유럽에서는 세 번째로 세계 10위권에 이름을 올렸다. 그 외 독일 도시로는 뮌헨이 25~30위권에 진입하며, 독일 도시 두 곳이 30위권에 진입했다.

게놈, 스타트업 블링크 등의 세계 스타트업 생태계 평가에서, 독일 스타트업 생태계를 대표하는 도시는 단연 베를린이다. 글로벌 컨설팅그룹 언스트앤영(Ernst & Young)의 보고서에 따르면 2019년 독일 Top 100 스타트업의 분포는 베를린 63개 사, 뮌헨 19개 사 그리고 함부르크 7개 사로 나타났다. 베를린은 독일의 수도임에도 불구하고 유럽 여타 주요 도시와 비교했을 때 비교적 물가가 저렴하고 유럽 중앙에 자리한 지리적 위치 등 장점이 많아 창업자들을 끌어모으고 있다.

시장 접근성과 외국인 친화적 시스템이 특징

게놈 보고서는 베를린 스타트업 생태계의 시장 접근성과 연결성을 높게 평가했다. 시장 접근성은 국제 고객 대상 매출 대비 그 나라의 명목 GDP를 나타내고, 연결성은 국제지식, 인재에 대한 접근성, 창업자와 국제 스타트업 생태계와의 연결 정도를 측정한다. 베를린이 접근성과 연결성에서 높은 점수를 받은 것은 유럽 한가운데 위치한 지리적 이점과 외국인 창업자에게 열려 있는 생태계임을 잘 보여준다. 베를린은 실리콘밸리에 이어 세계에서 가장 높은 외국인 창업자 비율을 보이며, 스타트업 종사자 중 57.7%는 독일 이외의 국적을 가지고 있는 것으로 알려졌다.

2019년 독일 TOP 100 스타트업 분포
출처: 언스트앤영, 독일 벤처캐피털과 스타트업 2019

주요 트렌드는 B2B 비즈니스 중심의 인공지능과 환경

스타트업 업계에서 인기 있는 분야는 머신러닝, 인공지능이다. 몇몇 젊은 AI 스타트업들이 자동차 산업, 고객지원, 소프트웨어 개발 등 산업 분야에서 번성하고 있으나 독일의 디지털 인프라와 데이터 보호 문제 등이 여전히 걸림돌이 되고 있다. 환경과 지속가능성 또한 중요한 주제로 떠오르면서 목적기반벤처(Purpose Driven Ventures)에 대한 투자가 꾸준히 증가하고 있다. 목적기반벤처는 환경, 사업, 거버넌스 목적에 부합한 기업으로 UN의 '지속 가능 개발'을 목적으로 하는 기업을 말한다. 예를 들어 청정에너지, 기후변화, 건강 및 복지 등에 기여하는 기업을 포함한다.

대표적인 스타트업

● N26

2013년에 설립되어 베를린에 소재하는 핀테크, 모바일 뱅킹 분야 기업이다. 핀테크 분야의 대표주자로 독일의 카카오 뱅크로 볼 수 있다. 더욱 편리하고 투명한 금융을 위해 새로운 은행 형태인 모바일 은행을 설립해 7년 만에 25개국 5백만 명 이상의 고객을 둔 핀테크 대표 모바일 뱅킹 회사로 성장했다. 성장 추이를 살펴보면, 2013년 최초 설립 시 은행 허가 없이 'Number 26'으로 시작했다. 2015년 독일 및 오스트리아 대상 은행 계좌 및 마스터카드를 시작해 출시와 함께 1백만 명 이상의 고객 유치에 성공했다. 2016년 유럽중앙은행으로부터 은행 허가를 승인받고 'N26'으로 사명을 변경했다. 2017년 3억 달러의 펀딩과 기업가치 35억 달러라는 성과를 이뤘다. 2020년 현재 26개국에 5백만 이상의 고객을 유치했을 뿐만 아니라 1,500명 이상의 직원을 가진 글로벌 회사로 성장했다. 성공 요인을 꼽으라면, 쉽고 편리한 계좌 개설(앱으로 개설, 시간 절약), 계좌 개설 비용 및 마스터카드 연회비 무료, 기존 은행의 경우 카드 신청 후 수령까지 통상 2~3주가 소요되는 반면 N26은 약 5일이 걸리는 편리함 제고, N26 앱 이용 시 계좌 이체 무료, ATM 현금 출금 시 수수료 면제, 19개국 해외 송금 시

송금수수료 절약(기존 은행 대비 6배 절감) 등을 들 수 있다.

● 바모(Vaamo)

2013년에 설립되어 프랑크푸르트에 소재하는 디지털 자산관리 서비스 분야 기업이다. 개인들의 자산관리를 위한 자동 투자 컨설팅 서비스인 로보어드바이저(Robo-Advisor)로 시작했다. 이후 개인을 넘어 2015년 말부터 대기업과 금융기관과도 협력하면서 2018년 머니팜(Moneyfarm)과 합병했다. 성장 추이를 살펴보면, 2013년 바모를 설립한 후, 2014년 로보어드바이저 애플리케이션을 시작했다. 2018년 머니팜과 합병, 머니팜 도이치로 독일 내 B2B 시장에 집중하면서 성장했다.

02

주요 도시별 스타트업 생태계의 특징

베를린 | 유럽 속 실리콘밸리

베를린은 독일의 수도지만, 동서독 통합 이후에는 산업과 경제 기반이 많지 않아 슈프레강 주변을 중심으로 벤처 창업 단지를 만들기로 한다. 사용하지 않는 오래된 공장이나 노후 주택을 벤처 창업가들에게 싼값에 제공했고, 베를린 장벽 옆에 있는 대형 공장을 개조해 스타트업 지원 시설인 '팩토리 베를린'을 만들어 스타트업을 지원했다. 수많은 창업가가 모여 현재는 '유럽 속 실리콘밸리'라는 별명까지 붙었다. 최근 발표된 스타트업 게놈 보고서에 따르면 베를린 스타트업 생태계는 10위에 오르며, 국제 스타트업계에서 그 위상을 이어갔다. 그러나 2017년 7위에서 3계단 하락한 순위인데, 그 이유로는 2014년 독일에서 잘나가는 럭셔리 브랜드 사이트인 잘란도(Zalando)와 로켓인터넷(Rocket Internet)이 140억 달러 규모의 기업공개(IPO)를 했지만 그에 상응하는 큰 규모의 성공 스토리가 나오지 않았기 때문인 것으로 지적된다. 이에 베를린은 성장 동력을 찾기 위해 새로운 스타트업 육성과 투자에 신경 쓰고 있다.

2019년 독일 1,933여 개의 스타트업을 대상으로 한 '독일 스타트업 모니터 2019' 조사에서 16%의 스타트업이 베를린에 있는 것으로 나타났다. 그 외 독일의 창업 허브로는 라인-루르 지방(14.3%), 함부르크(7.4%), 슈트트가르트(7.3%), 뮌헨(6.9%)이 꼽힌다. 독일 Top 100 스타트업의 63%가 베를린에 있으며, 펀딩 부문에서도 압도적 1위를 지키고 있다. 베를린 스타트업은 향후 1년간 기업당 평균 15.2명을 고용할 계획이 있는 것으로 응답했다. 독일 평균 7.9명보다 크게 높아 고용 창출 효과가 크다.

● 베를린 스타트업의 메카, 동베를린

2019년 독일 스타트업의 절반 이상인 55.7%는 B2B, 24.7%는 B2C 비즈니스모델을 운영한다. 약 20%는 두 영역 모두에서 서비스를 제공한다. 주요 분야는 IT, 소프트웨어 개발(19.4%), SaaS(12%), 산업기술·생산·하드웨어(9.1%), 전자상거래(6.8%), 오픈마켓(5.4%) 등이다. 베를린의 스타트업 대부분은 주로 동베를린에 있으며, 주로 전자상거래(17%), 애드테크(11%), 핀테크(9%) 등에 종사한다.

● 스타트업 생태계 생애주기로 본 베를린

2019년 스타트업 게놈 보고서는 스타트업 생태계 생애주기를 4단계 ①활성기(Activation), ②국제화(Globalization), ③유인기(Attraction), ④통합기(Intergration)로 나누어 분석했다. 각각의 특징과 목표는 다음과 같다.

- 활성기

  스타트업 경험이 한정적이다. 설립자의 노하우, 경험 있는 투자자, 멘토, 스타트업 성공 경험 등이 부족하다. 스타트업 수가 1천여 개 미만이며 스타트업의 숫자 증가에 초점을 두고 초기 스타트업에 투자를 집중한다. 1~2개 분야를 선정해 성장을 이끌 수 있는 액셀러레이터 프로그램을 개발한다.

- 국제화

  스타트업들의 경험 증가로 기폭제(Trigger) 역할을 할 수 있는 1억 달러 규모 이상의 스타트업이 등장한다. 인구에 따라 800~1,200여 개의 스타트업이 존재한다. 몇몇 큰 규모의 국내 엑시트가 발생하지만 스타트업의 국제화 경험은 부족하다. 선진 생태계의 창업자와 국제적 연결성 증대, 스타트업의 글로벌 시장 접근성을 높이는 데 지원을 집중한다.

- 유인기

  보통 2천여 개 이상의 스타트업이 존재한다. 10억 달러 규모 이상의 유니콘, 엑시트 사례가 있다. 국제적으로 인재를 끌어들일 수 있는 환경 조성이 완료됐다. 국제 인재 유입을 이용해 생태계를 넓히고, 이민의 장벽을 없애고 잘 다듬어진 제도와 프로그램으로 추가적 국제 인재 유입을 이끌 수 있다.

- 통합기

  3천여 개 이상의 스타트업이 존재한다. 높은 국제 자본 유입으로 국제적 연결성이 매우 높고, 지속적인 지식 공급으로 선도적 비즈니스모델 도달, 높은 글로벌 성과 창출 등의 성과가 있다. 국제와 국내 생태계 통합, 성장과 경쟁력 강화를 위한 법·정책의 최적화, 스타트업 생태계 성장이 다른 경제적 부문으로 혜택(문화, 경쟁력, 자본, 혁신 등)이 확산될 수 있도록 하는 것이 목표다.

베를린은 위 생애주기 4단계 중에서 3단계인 유인기로 분류돼 성장을 이어갈 것으로 보인다. 베를린 이외에 유럽에서는 암스테르담·스톡홀름, 미국의 오스틴·시카고·로스앤젤레스·시애틀, 아시아에서는 싱가포르·벵갈루루·상하이·베이징, 중동에서는 텔아비브가 베를린과 같은 단계에 있는 것으로 분석한다.

● 독일 스타트업을 이끄는 '로켓인터넷' 군단

로켓인터넷은 2007년 잠버(Samwer) 삼 형제가 설립한 스타트업 인큐베이터다. '카피캣' 공장이라는 오명에도 불구하고 다수의 독일 대표 스타트업을 육성했다. 2019년 3만 3천명의 직원과 26억 유로의 매출을 기록했으며, 110여 개국의 스타트업을 인수 및 운영 중이다. 대표 스타트업에는 잘란도, 딜리버리 히어로(Delivery Hero), 헬로 프레쉬(Hello Fresh), 홈24(Home24) 등이 있다.

• 잘란도

2008년 베를린에 설립됐다. 온라인 신발 유통 기업으로 시작해 7년 뒤 25억 유로의 매출을 올리는, 유럽에서 최대 온라인 패션 유통 기업으로 성장했다. 독일을 대표하는 유니콘 중 하나다.

• 딜리버리 히어로

2011년 베를린에 설립된 음식배달 서비스 기업으로, 현재 40여 개국에서 운영 중이다. 한국에서는 요기요(2014년 배달통 인수, 2017년 푸드플라이 인수)로 알려졌으며 2019년 같은 배달 서비스 기업 '배달의 민족'을 인수했다.

• 헬로 프레쉬

2011년 베를린에서 설립된 밀키트(Meal kit) 배달 기업으로서, 미국에서 두 번째로 큰 밀키트 기업으로 성장했다. 북미·유럽 7개국에 진출했고 2017년 기업공개를 진행했다. 기업가치는 17억 유로에 달하는 평가를 받았다.

	2019년 베를린의 Top 10 스타트업		
스타트업명	분야	비고	총 펀딩 (백만 달러)
Auto 1 Group	자동차 판매 플랫폼	2012년	1,084
N26	뱅킹 기술	2013년	683
GetYourGuide	관광, 여행 추천	2009년	655
Frontier Car Group	중고차량 거래 플랫폼	2016년	552
Omio	여행 검색 엔진	2012년	296
Wefox	보험 중개	2015년	269
Adjust	분석 및 비즈니스 인텔리전트(BI) 도구	2012년	256
Signavio	비즈니스 처리	2009년	175
Raisin	예금 중개 플랫폼	2012년	210
Friday	자동차 보험 플랫폼	2017년	203

출처: 언스트앤영에서 발표한 내용을 KOTRA 함부르크무역관이 재가공

프랑크푸르트 | 모빌리티, 핀테크 산업에 집중 투자

프랑크푸르트의 강점은 풍부한 스타트업 환경에 있다. 인구 75만 명 대비 3천 건 이상의 엔젤투자자, 32개의 인큐베이터, 24개의 코워킹 스페이스, 다수의 액셀러레이터 등 스타트업을 시작하기에 좋은 환경을 갖추고 있다. 또한 프랑크푸르트 근처에 괴테대학교를 비롯한 우수한 대학이 있어 인재를 확보하기에도 수월하다. 단, 핀테크 산업에 국한되고 그 외 산업 분야에서는 다른 도시에 비해 환경이 저조하다. 글로벌 스타트업 생태계 2019 보고서에 따르면 세계 스타트업 핀테크 생태시스템에서 상위 25위를 기록했다. 유럽중앙은행, 프랑크푸르트 증권거래소 및 85개의 다국적은행 본사 등이 이곳에 위치해있어 금융 혁신에 대한 수요가 지속해서 증가함에 따라 핀테크 및 관련 스타트업 프로그램을 주도하고 있다. 프랑크푸르트의 벤처캐피털 55% 이상이 핀테크에 투자를 집중하고 있다.

자금 조달 측면에서 프랑크푸르트(헤센주)는 독일 전체 스타트업에서
투자 비중 6위를 기록했다. 2019년에는 36건, 7,300만 유로 투자로
전년 대비 4건 상승했으나 투자 금액으로는 6,000만 유로 하락했다.
산업별 스타트업 투자 금액은 모빌리티, 핀테크가 각 1, 2위를 차지했
다. 2019년 모빌리티는 13억 유로를 투자받아 전년 대비 3배 상승했
고, 핀테크는 7억 유로가 증가한 13억 유로를 유치했다. 특히 핀테크
중 뱅킹과 보험이 각 4만 4,100만 유로(8건), 4만 2,400만 유로(10
건)로 60% 이상을 차지했다.

주 별	투자 건수		투자 금액(백만 유로)	
	2019년	2018년	2019년	2018년
베를린	262	245	3,691	2,613
바바리아	129	124	1,549	802
노르트라인베스트팔렌	87	60	268	243
함부르크	54	42	254	548
바덴뷔르뎀베르크	41	36	209	71
헤센	36	32	73	132
작센	18	21	78	55
브란덴부르크	16	17	24	58
라인란츠팔츠	9	6	25	15
그 외	52	38	57	54

출처: 언스트앤영, 스타트업 바로미터 독일 2020

03

스타트업에 대한 투자 규모와 트렌드

2019년 투자 유치 신기록 달성

독일 Top 100 스타트업은 2019년 111억 달러의 투자를 유치했다. 2017년부터 매년 새로운 기록을 세우고 있는데 2019년 기록은 2018년 투자 유치 금액 63억 달러를 훌쩍 넘어선 것이다. 스타트업 펀딩이 고루 이뤄지고 있고 최근 독일의 스타트업들이 성숙기로 진입한 것이 투자 유치 신기록을 이룬 이유로 꼽힌다. 투자 유치에 성공한 Top 100 스타트업의 업력은 4~6년(42%)이 가장 많았으며 7~10년(34%), 0~3년(19%), 10년 이상(5%)인 것으로 나타났다.

100개의 투자 유치 성공 스타트업 중 60%가 베를린에 위치하며 독일 스타트업 내에서 압도적 1위를 차지했다.

모빌리티, 핀테크, 소프트웨어 비즈니스 분야가 강세

중형 규모의 투자 유치가 대폭 증가했는데 2018년 독일 스타트업 중 1천만 유로 이하의 중소형 규모의 투자 유치 건수는 493건으로 2017년도 대비 14% 늘어났다. 1천~5천만 유로 이하의 대형 규모 투자 유치 건수는 전년 대비 50% 증가해 81건을 기록했다. 5천만 유로 이상의 특대형 규모의 투자 유치도 전년 11건보다 2건 늘어난 13건이었다. 베를린의 소수 거대 스타트업만 대규모 투자를 받던 데서 크게 달라진 양상이다.

2019년에는 핀테크(28억 3천만 달러), 전자상거래(24억 4천만 달러), 모빌리티(24억 1천만 달러), 소프트웨어(15억 8천만 달러) 순으로 투자가 많이 이뤄졌다. 베를린에 위치한 독일 핀테크 선도 스타트업 N26은 2018년에 이어 2019년에도 4억 7천만 달러의 투자를 유치하는 데 성공했으며 영국과 미국으로 시장을 확장하려고 한다. 모빌리티 분야에서는 많은 독일 스타트업이 스마트 대중교통 솔루션 등의 서비스를 제공하고 있으며, 최근 새로운 유형의 전력 송전과 배터리 솔루션이 등장했다. 뮌헨을 기반으로 한 비행 택시 스타트업 릴리움(Lilium Aviation)과 드론 스타트업 볼로콥터(Volocopter)가 대규모 투자를 받은 것도 눈에 띈다.

2018, 2019년 독일 Top 100 스타트업 분야의 기업 수, 새로운 펀딩, 누적 펀딩

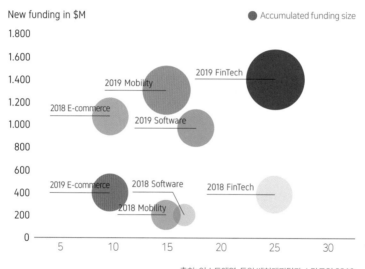

출처: 언스트앤영, 독일 벤처캐피털과 스타트업 2019

신규 투자 금액이 대폭 상승하다

총 누적 투자 금액 111억 달러로, 전년 대비 48억 달러 증가했다. 투자가 활발히 이뤄지고 있는 가운데 조기 엑시트보다는 펀딩을 선호하는 추세다.

성공적인 스타트업 상위 10개 사에 대한 투자 집중도가 상승했다. 상위 10개 사 42%, 그 외 기업 58%의 투자 비중을 보인 2018년과 대비, 상위 10개사 47%, 그 외 기업 53% 투자 비율로 상위 기업에 투자가 집중되는 비중이 상승했다. 핀테크 투자 지속, B2B 모빌리티, 소프트웨어가 각광을 받았다. 독일의 신용평가사인 크레디테크 (Kreditech)와 N26은 각각 3억 2,200만 달러, 4억 7천만 달러를 유치했다. 모빌리티 기업 플릭스모빌리티(FlixMobility)는 2019년 5억 6천만 달러 펀딩에 성공했다.

2019 스타트업 상위 100개 사 투자 금액

기업 나이	0~3년	4~6년	7~10년	10년 이상	합 계
기업 수	19	42	34	5	100
누적 투자 금액	1,641	3,446	4,940	1,048	11,075
2019년 신규 투자	1,073	1,468	1,596	673	4,810

단위: 백만 달러　　　　　　　　　　출처: 에른스트영, 독일 벤처캐피털과 스타트업 2019

2019 스타트업 상위 100개 사 산업별 투자 금액

산 업	전자상거래	모빌리티	핀테크	소프트웨어	프롭테크	기 타	합 계
기업 수	11	15	25	17	3	29	100
누적 투자 금액	2,448	2,418	2,832	1,584	213	1,580	11,075
2019년 신규 투자	448	1,396	1,389	1,020	10	447	4,810

단위: 백만 달러　　　　　　　　　　출처: 언스트앤영, 독일 벤처캐피털과 스타트업 2019

한국 스타트업에 대한 투자 동향

독일계 글로벌 뷰티 기업인 '바이어스도르프(Beirsdorf AG)'가 한국 스타트업 '라이클'에 지분투자를 했다. 바이어스도르프는 130년 역사를 지닌 독일의 뷰티 위생용품 기업으로 2019년 12월 라이클에 25% 지분투자를 결정하며 2대 주주로 등극했다. 바이어스도르프는 2019년 당시 최초 니베아 액셀러레이터(NX) 프로그램을 서울에 론칭해 운영 중이며, 라이클은 NX 1기로 선정되어 프로그램 참가 중 투자를 받게 됐다. 라이클은 뷰티 SNS 플랫폼인 '언니의 파우치'를 통해 쌓은 뷰티 전문성을 기반으로 자체 코스메틱 브랜드 언파코스메틱을 출시했으며, 프로그램 참가 4개월간 빠른 성과를 보여준 것이 투자 결정에 긍정적 영향을 미쳤다.

현지 주요 벤처캐피털

● 얼리버드 벤처캐피털(Earlybird Venture Capital)

1997년 설립되어 캐피털 투자를 시작으로 유럽에서 가장 많은 경험을 보유한 벤처캐피털로 성장했다. 유럽의 초기 테크 스타트업에 투자를 진행했다. 투자 규모는 최소 투자 25만~1,000만 유로다. 모든 분야에 고르게 투자하지만 특히 디지털 헬스, 메디컬 장치, 진단 장치 등에 주목한다.

🌐 earlybird.com

● 포인트 나인 매니지먼트(Point Nine Management, GmbH)

2011년에 설립되어 주로 SaaS, 디지털마켓 스타트업을 대상으로 투자를 진행한다. 아시아에서는 일본 스타트업 기업에 투자한 바 있다. 투자 규모는 최소 투자 20만~200만 유로다. 전문 분야는 SaaS, B2B 소프트웨어, 인공지능, 암호화 화폐 등이다.

🌐 www.pointninecap.com

● 프로젝트 A(Project A)

2012년 베를린에 설립되어 현재까지 1억 4천만 유로의 펀드를 조성하고 운영했으며, 주로 시드와 시리즈 A에 투자한다. 지금까지 45개 스타트업에 투자한 바 있다. 투자 규모는 최소 투자 50만~500만 유로다. 전문 분야는 인터넷, 디지털 인프라스트럭처, B2B 기반 비즈니스 등이다.

🌐 www.project-a.com/en

● 로켓인터넷(Rocket Internet / Global Founders Capital)

2007년에 설립된 로켓인터넷은 독일에서 가장 큰 벤처투자사로 독일 유니콘(딜리버리 히어로, 잘란도 등)은 모두 로켓인터넷 출신이다. 창업 아이템 발굴에서 론칭까지 100일 정도 걸린다. 로켓인터넷에서 운영하는 벤처캐피털 유닛으로 글로벌 파운더스 캐피털(Global Founders Capital)이 있다. 전문 분야는 인터넷 기반 서비스 전반, 유통, 물류 등이다.

🌐 www.rocket-internet.com, https://www.globalfounders.vc

● 도이치 베르제 벤처 네트워크(Deutsche Börse Venture Network)

2015년 프랑크푸르트에 설립된 42.5억 달러 규모의 기업이다. 포스트 시드(Post Seed), 초기 단계, 성장, 후기 단계의 스타트업에 투자한다. 설립 이후 1년 만에 7억 1,800만 달러를 유치했다. 2016년 바큐텍(va-Q-tec)이 첫 기업공개를 진행했고, 2020년 현재 196개사, 416명의 투자자를 회원으로 두고 있다. 펀딩 규모는 42.5억 달러로 지금까지 기업공개를 7회 완료했다. 투자한 스타트업에는 레세라(Leseara), 셀로니스(Celonis), fors4x, 바큐텍, 로카폭스(LocaFox) 등이 있다.

🌐 www.venture-network.com/dbvn-en

● 코메르츠 벤처스(Commerz Ventures)

2014년 설립되어 프랑크푸르트에 소재하는 기업이다. 주로 초기와 성장 단계의 스타트업에 투자하며 핀테크와 이슈어테크 등에 주로 투자한다. 지금까지 투자한 스타트업에는 페에케이(PayKey), 뱅킹(Bankin'), 페이웍스(Payworks), 옴니우스(Omni:us) 등이 있다.

🌐 www.commerzventures.com

● DvH 벤처스(Dieter von Holtzbrinck Ventures)

2014년 설립되어 쾰른에 소재하는 기업이다. 주로 초기 단계의 스타트업에 투자하며 주요 투자 분야는 사이버보안, 빅데이터, 인공지능 등이다. 지금까지 투자한 스타트업에는 바이노믹스(buynomics), 미트파블로(MeetPablo), 휴마누(Humanoo), 캐쉬프레소(Cashpresso) 등이 있다.

🌐 dvhventures.de

현지 주요 액셀러레이터

베를린의 주요 액셀러레이터는 다음과 같이 나눠진다.

• 초기 단계(Founder Institute): 창업 초기 아이디어, 프로토타입 단계의 스타트업이 대상이다.
• 해외 진출(German Accelerator): 독일 경제부의 지원을 받아 운영하는 프로그램으로, 독일 스타트업의 해외 진출을 지원한다.
• 하드웨어 스타트업(Hardware.co Accelerator): 하드웨어 스타트업만 대상으로 진행하는 2주 기간 프로그램이다.
• 디지털 기반 스타트업(Next commerce Accelerator): 전자상거래 분야의 스타트업을 대상으로 한다. 베를린 스타트업 아카데미(Berlin Startup Academy)는 15년 역사를 가진 디지털 분야 프로그램이다.

● 베를린 스타트업 아카데미

디지털 기반 스타트업이 대상이며 단계는 무관하다. 현재 프로그램 재편 중이다. 지원 내용은 투자(~2만 5천 유로), 1주일 2회 미팅, 멘토링, 파트너십, 네트워킹 등이며 3개월에 걸쳐 진행된다.

🌐 www.facebook.com/BerlinStartupAcademy, www.digitalmasterclasses.net

● 넥스트 커머스 액셀러레이터(Next Commerce Accelerator)

인터넷 기반 상업 서비스, 전자상거래, 인공지능, 빅데이터, 사이버보안 분야의 스타트업을 대상으로 한다. 지원 내용은 투자(5만 유로, 3~10% 지분), 작업 공간 제공, 멘토링, 파트너십, 워크숍, 네트워킹 등이며 기간은 6개월이다.

🌐 nca.vc

● 저먼 액셀러레이터(German Accelerator)

독일 스타트업 중에서 해외에 진출할 계획이 있다면 지원할 수 있다. 분야별로 프로그램을 운영한다. 지원 내용은 해외 사절단 프로그램 멘토링, 파트너십, 네트워킹 등이다. 프로그램에 따라 기간은 서로 다르다.

🌐 www.germanaccelerator.com

● 하드웨어 액셀러레이터(Hardware.co Accelerator)

하드웨어 스타트업을 대상으로 하며 작업 공간을 제공하거나 멘토링, 파트너십, 네트워킹 등을 지원한다. 프로그램은 2주에 걸쳐 진행된다.

🌐 hardware.co

● 액셀러레이터 프랑크푸르트 GmbH(Accelerator Frankfurt GmbH)

2016년 설립되어 프랑크푸르트에 소재하는 기업이다. 핀테크, 사이버보안, 블록체인 등 소프트웨어에 관심이 많으며 멘토링, 펀딩, 데모데이, 컨설팅 등을 지원한다. 3개월간 프로그램을 진행한다. 2019년 애니블록 어낼리틱스((Anyblock Analytics), 케이박스(Keybox), 페룬

(Perun) 등의 성공 사례가 있다.

🌐 www.acceleratorfrankfurt.com

● 테크 카르티에(Tech Quartier)

2016년 설립되어 프랑크푸르트에 소재하는 기업이다. 기술, 음식, 핀테크 등 분야별 프로그램을 제공하며 사업계획서를 내부 심사한 후 승인한다. 120개의 코워킹 스페이스를 운영하며 월 130~450유로의 비용으로 이용할 수 있다.

🌐 techquartier.com

독일 주요 기업이 운영하는 AC 프로그램

대부분 독일 대기업들은 스타트업에 대해 협업과 지원 프로그램을 제공해 성장 동력과 혁신적인 사업 아이디어를 물색한다. 특히 독일 스타트업 허브인 베를린에 스타트업 지원 유닛을 운영하는 경우가 다수다. 바이엘(제약), 도이치텔레콤(통신사), 폭스바겐(완성차), 도이치반(철도), 악셀슈프링거(미디어, 출판) 등도 베를린에서 스타트업 지원 프로그램을 운영하고 있다.

● 허브 라움(Hub:raum)

거대 통신회사인 도이체텔레콤은 스타트업 지원 시스템인 '허브 라움'을 운영한다. 협력 분야는 사물인터넷, 커뮤니케이션, 5G, 인공지능, 스마트홈 등이다. 투자 금액, 작업 공간 제공, 멘토링, 파트너십, 네트워킹 등을 지원한다. 참가 기업 수는 20개 이상이며 3개월 기간이다.

🌐 www.hubraum.com

● 악셀슈프링거 플러그앤플레이 액셀러레이터(Axel-Springer Plug
  & Play Accelerator)

독일 최대 미디어그룹 악셀슈프링거(Axel Springer)가 운영하는 프로그램으로, 디지털 미디어, 클라우드 서비스, 모바일 앱, 인터넷 기반 비즈니스 등의 분야와 협력한다. 프로그램 내용은 소액 투자, 작업 공간 제공, 멘토링, 파트너십, 네트워킹 등이다. 참가 기업 수는 100개 이상이며 기간은 3개월이다.

🌐 www.axelspringerplugandplay.com

● 그란츠4앱스(Grants4Apps)

바이엘(Bayer AG)이 운영하는 프로그램으로, 유망 협력 분야는 디지털, 바이오, 헬스, 솔루션 등이다. 프로그램 내용은 소액 투자, 작업 공간 제공, 멘토링, 파트너십, 네트워킹 등으로 이루어진다. 참가 기업 수는 50개 이상이며 기간은 3개월이다.

🌐 www.g4a.health

● 메트로 액셀러레이터(METRO ACCELERATOR)

전 세계 마트 체인 3위인 메트로(METRO AG)와 테크스타(Techstar)는 리테일(유통), 호스피탈리티(호텔, 음식 서비스, 카지노, 관광 등)의 분야와 협력하는 프로그램을 운영 중이다. 프로그램 내용은 소액 투자, 작업 공간 제공, 데모데이 준비, 멘토링, 파트너십, 네트워킹 등으로 이루어진다. 참가 기업 수는 50개 이상이며 기간은 3개월이다.

🌐 metroaccelerator.com

● DB 마인드박스(mindbox)

독일의 국영 철도회사인 도이치반(Deutsche Bahn)이 운영하는 프로그램으로, 유망 협력 분야는 모빌리티, 인공지능, 가상현실, 건설 테크닉 등 미래 기술과 4차 산업혁명 관련 스타트업이다. 투자(2만 5천 유로), 사무공간 제공, 멘토링, 파트너십, 네트워킹 등을 지원한다. 참가 기업 수는 60개 이상이며 기간은 3개월이다.

🌐 dbmindbox.com/en

- 고투마켓 프로그램(go-to-market Program by Accelerator Frankfurt GmbH)

핀테크, 사이버보안, 블록체인 등과 관련한 B2B 스타트업을 대상으로 상시 운영한다. 1:1 멘토링, 고객과 투자 유치를 위한 영업팀 구성, 3개월 동안 법률 및 세금, 자금 조달, 디지털 마케팅, 전략 수립 관련 200시간의 컨설팅, 데모데이와 피칭 기회 같은 지원이 이루어진다.

🌐 www.acceleratorfrankfurt.com/the-program

- EY 스타트업 아카데미

2020년 10월 7일부터 11월 12일까지 6주간 개최될 예정이다. 기술 또는 핀테크 스타트업을 대상으로 다양한 비즈니스모델의 토론과 Q&A 세션 등을 통해 실전 피칭 테스트를 진행하는 피칭 콘테스트, 전문가들에게 비즈니스모델 소개, 네트워크 구축 등을 지원하는 이니셜 챌린지(Initial Challenge), 투자자 관점에서의 비즈니스모델, 계획, 회사 가치 등을 토론하는 투자 준비, 펀딩이나 세금과 감사 같은 모두의 관심사에 관한 토론이 이뤄지는 퍼블릭 이벤트(Public Event), 발생할 수 있는 큰 문제에 대한 아이디어와 해결책을 토론하는 워크숍, 투자자들과 토론하는 파이어사이드 챗(Fireside Chat) 등으로 진행된다. 약 50개 사가 참가한다.

🌐 start-up-initiative.ey.com/en

- 스타트업 지식센터(Startup Intelligence Center by Daimler Mobility AG)

파트너십, 액셀러레이팅 형태로 협업하며 분야는 모빌리티, 인공지능, 빅데이터, 블록체인 등이다. 협업 사례로는 51노트데스(51notdes), 블록체인 헬릭스(Blockchain HELIX), 팝업플레이(PopUpPlay) 등이 있다.

🌐 www.daimler-mobility.com/en/innovations/startups

● 이노베이션센터(Innovation Center by Merck)

액셀러레이터, 파트너십 형태로 협업하며 분야는 바이오센싱, 액체생체검사(Liquid Biopsy) 기술, 헬스케어, 생명과학 등이다.

🌐 www.merckgroup.com/research/innovation-center

● 디지털 팩토리(Digital Factory by Deutsche Bank)

인큐베이팅 형태로 협업하며 분야는 핀테크 관련 IT다. 대표적인 성과로는 도이치 뱅크 모바일 앱 개발이 있다.

🌐 www.db.com

● 메인 인큐베이터(Main Incubator by Commerzbank)

인큐베이팅과 액셀러레이터 형태로 협업하며 분야는 블록체인, 빅데이터, 인공지능, 로봇, 가상현실, 사물인터넷 등이다. 대표적인 성과에는 매달 'Between the Towers' 개최, 스타트업 외 금융인, 투자자, IT 전문가 네트워킹 진행 등이 있다.

🌐 www.main-incubator.com

● 스타트업 오토반(Startup Autobahn by Daimler Mobility AG)

매년 2월과 7월에 개최된다. 엑스포 데이(Expo Day) 약 100일 전부터 시작된다. 스타트업 1천 개 사가 참가하며 분야는 모빌리티, IT, 화학, 로지스틱스 등이다. 4차 산업혁명에 적합한 스타트업을 선별하고 파트너사가 철저히 분석한 후 성장 가능성이 큰 기업을 선정하는 스카우트와 매치메이킹이 있다. 또한 파트너사와 스타트업 간 조인트 프로젝트를 진행하는 파일럿, 프로젝트 발표, 스타트업 부스 전시, 패널 토론, 워크숍, 파트너사·스타트업·벤처캐피털 네트워킹을 제공하는 프로그램이 있다. 가장 유망한 스타트업 30개 사에 파트너십을 제공하는 엑스포 데이를 추진하는 프로그램도 있다. 스타트업 what3words(세 단어 주소)와 협업 개발, 자동차브랜드 벤츠에서 채택한 A클래스 네비게이션 반영 및 생산과 같은 주요 성과를 이뤘다.

04 정부의 스타트업 지원 정책

독일 스타트업협회가 발표한 '스타트업 어젠다 2017'

독일 경제에서 스타트업이 중요해지면서 2015년부터 본격적으로 지원하고 있다. 스타트업의 고용 창출(기업당 평균 12.3명 고용), 경쟁적 시장 도모, 혁신적 산업 구축 등 다방면에서 긍정적 효과가 나오면서 정부 차원에서 창업 관련 법적 제도를 완화하고 대출 프로그램 등 다양한 정책을 펼치고 있다.

독일 스타트업협회는 스타트업 육성을 위해 16개 항목의 어젠다를 발표했다. 주요 내용을 살펴보면, 학생 대상 창업교육, 창업자 지원, 유럽 스타트업 생태계 조성, 스타트업을 위한 세제 개선, 독일 스타트업 생태계 연례 조사, 외국인 창업자를 위한 제도 개선 등이 있다. 외국인 창업자를 위한 제도 개선을 위해 독일 고용주가 외국인을 고용할 때 제출하는 사유서 폐지, EU 역외 시민을 위한 스타트업 비자 개설, 외국인을 위한 원스톱 서비스를 제공하는 웰컴센터 설립 등을 건의했다.

연방정부와 주정부의 코로나19 대응 지원책

스타트업을 지원하기 위해 20억 유로 규모의 재정을 편성하고 미래 일자리 펀드를 조성했다. 2020년 3월 31일에 발간된 스타트업협회 조사에 따르면 코로나19로 인해 독일의 스타트업 70%가 생존을 위협받을 것으로 예측됐다. 이에 4월 1일 경제부장관 알트마이어는 기존 신용 대출은 혁신적인 스타트업에 적합하지 않으므로, KfFW 캐피털 또는 유럽 투자 펀드(European Investment Fund)와 같은 공공 벤처캐피털 투자자는 단기적으로 추가 자금을 받게 되며, 이는 개인 투자자들과 공동 투자될 예정이다.

코로나19 긴급 재정 지원 20억 유로 이외에 100억 유로 규모의 '미래 펀드' 역시 조성할 계획이다. 연방정부 차원의 지원 외에도 각 주정부의 지원책도 마련된다. 베를린시는 즉각적 지원책으로 직원 수가 250명 이내의 스타트업을 대상으로 최대 2년 동안 50만 유로 무이자 대출을 지원하며, 예외적으로 250만 유로(이자율 4%)까지 가능하다. 신청은 베를린 투자 은행(Investitionsbank)을 통해야 한다. 그리고 1인 기업, 프리랜서의 경우에는 최대 5인 이내 스타트업으로서 특히 보건, 평등, 무역 및 서비스업, 청소년 교육, 문화, 사업, 스포츠, 관광업 등을 대상으로 한다.

사업자금 특별 대출 프로그램

정부 차원의 지원 프로그램은 크게 3가지로 나뉜다. 사업자금 특별 대출 프로그램, 테크 스타트업을 위한 지원 프로그램, 환경보호 분야 지원 프로그램이다. 사업자금 특별 대출 프로그램은 종류가 다양하며 대부분은 독일재건은행(Kreditanstalt für Wiederaufbau)에 신청한다. 사업자금 특별 대출 프로그램은 창업자금(유럽부흥펀드), 초기 자본 창업 대출(유럽부흥펀드), 보편적 창업 대출(유럽부흥펀드), 마이크로론, 기업 대출(독일재건은행), 디지털·혁신 대출(유럽부흥펀드) 등이 있다. 자세한 내용은 독일재건은행 홈페이지 www.kfw.de를 참조한다. 일반 자격 요건은 3년 이내 신생 기업, 관련 분야의 학위를 소지한 창업인 등 각 프로그램별로 지원 내역 요건이 다르다.

테크 스타트업을 위한 지원 프로그램은 하이테크 창업 펀드, 엑시트 창업 장학금, 이그지스트 기술이전, 정보통신 및 생명공학 스타트업을 위한 액셀러레이터 프로그램 등이 있다. 엑시트 창업 장학금 신청

자격은 학위 소지자, 대학교 재학생이며 월 최대 3천 유로를 지원하며, 지원 기간 내 최대 3만 유로의 생활보조금도 지원한다. 환경보호 분야 지원 프로그램은 대기오염, 소음, 기후변화, 폐기물 예방, 처리 및 재활용, 폐수 처리 분야의 스타트업이 신청 대상이며, 독일재건은행 그룹에서 일반 대출보다 나은 조건으로 대출을 지원한다.

베를린시의 지원 제도

'베를린 파트너(Berlin Partner)'는 베를린시가 운영하는 경제진흥기관이다. 독일 제1의 스타트업 허브답게 베를린 파트너는 베를린의 스타트업 발전과 좀 더 나은 사업 환경을 위해 각종 스타트업 관련 사업을 운영 중이다. '스타트업 얼라이언스 베를린'은 베를린 스타트업, 파트너 도시의 스타트업 국제화, 시장 진입 지원을 위한 프로그램으로 국제적 네트워킹 구축에 도움을 준다. 뉴욕, 런던, 파리, 텔아비브, 상해가 파트너 도시다.

2015년부터 시작한 '베를린 스타트업 유닛'은 이상적인 베를린 스타트업 생태시스템을 조성하기 위해 베를린 투자은행, 상공회의소, 스타트업협회 등과 협업해 스타트업 어젠다를 발표했다. 베를린 파트너는 창업에 필요한 지원을 다방면으로 제공한다. ①사무실을 찾을 때 로케이션 서비스, ②알맞은 재정 지원 프로그램을 찾기 위한 파이낸싱 서비스, ③인재 고용을 위한 채용 서비스, ④연구소와 협업을 위한 기술 서비스, ⑤국제화 서비스, ⑥거주 허가 비자 발급을 위한 이민 서비스 등을 제공한다. 각 담당자는 베를린 파트너, 비즈니스 로케이션센터(www.businesslocationcenter.de/kr/service)에서 확인할 수 있다.

주요 콘퍼런스와 프로그램

● 테크 오픈 에어(Tech Open Air, TOA)

베를린에서 2002년부터 출발한 테크 페스티벌이다. 유럽을 대표하는 테크 페스티벌이며 블룸버그는 TOA를 '유럽판 SXSW'라고 평가했다. SXSW(South by Southwest)는 미국의 텍사스주 오스틴에서 매년 봄 (보통 3월)에 개최되는 일련의 영화, 인터랙티브, 음악 페스티벌, 콘퍼런스다. TOA의 행사 내용은 테크 쇼케이스, 콘퍼런스, 네트워킹 나이트, 패널 토의, 워크숍 등으로 채워진다. 2020년 주제는 '테크, 일 그리고 삶의 미래(The Future of Tech, Work, and Life)'다. 2019년 행사 파트너에는 우버, 삼성 넥스트, 다임러, SAP, 구글, 액센추어 등이 있다. 참가자는 2만여 명, 연사는 200명 이상, 참가자 중 CEO와 창업자의 수는 4,600명, 연관 행사는 50건 이상, 상담 건수는 1만 1,945회에 이른다.

🌐 www.toa.berlin, youtube.com/user/techopenUG

● 테크크런치 디스럽트(TechCrunch Disrupt)

테크크런치는 매달 3,700만 페이지뷰를 달성하는 글로벌 스타트업 정보 플랫폼이다. 테크크런치 디스럽트는 스타트업 미디어 '테크크런치'에서 개최하는 유럽을 대표하는 스타트업 콘퍼런스다. 테크크런치 디스럽트는 스타트업 종합 콘퍼런스로 북미, 아시아, 유럽, 아프리카 등 전 세계에서 주기적으로 개최된다. 유명 IT 업계 CEO 강연과 피칭 경연대회, 벤처캐피털 매칭 등이 이어지는 '축제의 장'이다. 위워크, SAP, DB 등 유럽 스타트업 트렌드를 파악하고 싶은 관계자 8천여 명 이상이 참석한다. 주요 프로그램은 세미나·포럼을 통해 유럽 지역 스타트업 생태계의 정보를 제공하고 선배 창업가의 경험을 공유한다. 경진대회를 통해 피칭 대회 우승자에게는 상금 5만 달러를 지급한다. 사전 신청을 받아 결선에 진출할 기업 10개 사를 선정한다. 2019년에는 스페인 바르셀로나에 위치한 로봇 스타트업 '스케일드 로보틱스(Scaled Robotics)'가 우승을 차지했다. 또 쇼케이스를 열어 테크크런치에서 1:1 상담 등을 진행한다. 벤처캐피털 수요가 우선이며 기업당 약 5~6회 상담이 진행된다. 2019년에는 266개 사가 쇼케이스를 열었다.

테크크런치 디스럽트 현장   출처: 함부르크 무역관 촬영

● 허브 베를린(Hub Berlin)

독일 디지털협회인 비트콤(Bitkom)이 주최하는 비즈니스 페스티벌 형태의 콘퍼런스다. 2012년부터 시작됐으며 개최 시기는 2021년 4월 28~29일이다. 8천여 명이 참관할 것으로 예상된다. 2020년도 행사는 코로나19로 취소됐다. 프로그램은 디지털 콘퍼런스, 전시, 피칭, 네트워킹 등으로 이뤄진다.

🌐 www.hub.berlin

● NOAH 콘퍼런스

베를린, 런던, 텔아비브 등지에서 번갈아 열린다. 2018년 10월 30~31일 런던에서 개최됐다. 2020년에는 6월에 열릴 예정이었으나 코로나19로 인해 가을로 연기됐다. 규모는 참관객 수 3,500명, 투자자 700명, 스타트업 1,500개 사 등으로 예상된다. 콘퍼런스, 매치메이킹, 기업 프레젠테이션, 네트워킹 등의 프로그램이 진행된다.

🌐 www.noah-conference.com

● 스타트업 사파리 프랑크푸르트(Startup Safari Frankfurt)

2017년부터 매년 개최되어 지금까지 3회차 진행됐다. 2019년에는 10월에 위워크에서 개최되어 총 500명이 참가했다. 주요 참가자는 PWC, 위워크 등 컨설팅, 코워킹 스페이스 관계자 등이다. 프로그램은 투자자, 기업 간의 1:1 미팅, 투자기업 대표와 10분씩 1:1 미팅 등이 진행된다. 그 외에도 핀테크, 프롭테크, 법률테크 등 다양한 주제의 콘퍼런스가 진행된다.

스타트업 사파리 프랑크푸르트 현장   출처: STATION-frankfurt.de

● EXECfintech

유럽에서 가장 큰 핀테크 행사로, 2014년부터 시작됐다. 희망자 모두가 아니라 선별된 300명만 참가할 수 있다. 참가비는 약 1,399유로다. 2019년에는 4월에 Tatcraft GmbH(프랑크푸르트)에서 개최됐다. 참가 규모는 총 300명이다. 주요 참가자는 비자, 도큐사인(DocuSign), KPMG, ID now, 테크 카티에르(Tech Quartier) 등 금융, 은행, 보안 등 핀테크 관련 파트너사, 투자자 및 스타트업 등이다. 투자기업 대표와 10분씩 1:1 미팅, 기업 간의 1:1 미팅, 20~30명 참가자를 대상으로 핀테크의 위기, 금융과 인공지능 등 분야별 트렌드, 피칭 전략, 경험 전수 등 전문가 강의가 진행된다. 스타트업 기업의 제품을 시연하는 스타트업 데모, 기업 방문, 기술 및 경쟁력, 다양한 펀딩 방법을 공유하는 Offsite(콘퍼런스 개최 전문 업체)콘퍼런스, 블록체인 헬릭스, 세이브드로이도 핀투스(Savedroid, Fintus), 캐쉬링크(Cashlink) 등의 프로그램이 진행된다.

유럽에서 가장 큰 핀테크 행사, EXECfintech   출처: EXECfintech 홈페이지

스타트업 관련 정부 부처나 유관 기관의 프로그램

● 헤센주 무역투자청(Hessen Trade & Invest GmbH)
헤센주 산업 시장 정보를 제공하고 창업과 관련해 전반적인 컨설팅, 세금, 거주 및 노동법 관련 정보, 기업 네트워크 등을 지원한다.
🌐 www.hessen-trade-and-invest-com

- **프랑크푸르트 상공회의소(Industrie-und Handelskammer Frankfurt am Main)**

창업 지원 부서에서 담당하며 사업계획서 작성, 창업 개설(법률 상담), 코칭, 자금 조달 상담 등을 지원한다.

🌐 www.frankfurt-main.ihk.de/existenzgruendung

- **프랑크푸르트 경제개발청(Wirtschaftsforerderung Frankfurt)**

창업 관련 네트워크와 코워킹 스페이스를 소개하고 프랑크푸르트 창업자 펀드 대출을 지원한다. 창업 지원 부서에서 담당한다.

🌐 frankfurt-business.net/en/for-startups

- **독일연방 경제에너지부(Bundesministerium für Wirtschaft und Energie)**

스타트업 지원을 담당하는 연방정부 부처로 창업, 중소기업 지원 등 정책을 결정하는 주체다. 스타트업과 창업을 지원하는 이그지스트 (EXIST)를 운영한다. 이그지스트 창업 보조금은 혁신 기술 또는 지식 기반 사업 아이디어를 사업화하고자 하는 대학생, 연구소의 학생, 과학자를 대상으로 지원한다. 'EXIST Transfer of Research' 프로그램은 창업할 가능성이 큰 연구 결과에 대해 실행하는 펀딩이다. 'EXIST-Potentials'은 대학생 대상 기업가 정신 함양 프로그램을 진행한다.

🌐 www.exist.de/EN/Home/home_node.html,
🌐 www.foerderdatenbank.de/FDB/DE/Home/home.html

- **베를린 투자은행 (Investment Bank of Berlin)**

베를린 주정부의 개발은행으로 대출·투자·지원 프로그램과 벤처캐피털 파이낸싱 등을 제공한다. 또한 중소 규모와 신생 스타트업을 위해 통화 및 컨설팅 서비스도 제공한다. 스타트업에 부합하는 각각 다른 유형의 캐피털, 예를 들어 베를린 인프라(Berlin Infra), 이노버이티브(Innovativ) 등을 운영하고 있어 베를린에 스타트업을 창업하고자 한다면 상담을 받아볼 만하다.

스타트업 육성 주요 대학 및 연구기관

● 스타트 팩토리(Start-A-Factory)

베를린에 위치한 프라운호퍼연구소에서 운영하는 스타트업 인큐베이팅 프로그램이다. 프라운호퍼연구소는 독일연방으로부터 재정 지원을 받는 국립연구소로서 대표적인 응용과학 연구소다. 분야별로 독일 전역에 자리해 있다. 하드웨어 스타트업 전용이며, 스타트업들은 컨테이너의 사무공간과 프로토타입 생산에 필요한 기계를 사용할 수 있다. 연구원들의 코칭도 받을 수 있다.

🌐 www.izm.fraunhofer.de/en/institut/wege_der_zusammenarbeit/start-a-factory/SAF_for_startups.html

● 스타트업 인큐베이터 베를린(Startup Incubator Berlin)

BSEL(Berlin School of Economic and Law)대학교에서 운영하는 스타트업 지원 캠퍼스다. 괴테대학교 재학생뿐 아니라 외부인에게도 열려 있다. 1,500㎡의 사무·이벤트 공간이 마련되어 있으며 45명의 코치와 멘토의 컨설팅을 받을 수 있다. 110개 스타트업을 대상으로 멘토링을 진행한 바 있다.

🌐 www.startup-incubator.berlin/?lang=en

● 괴테대학교 유니베이터(Goethe University Unibator)

헤센주에 위치한 괴테대학교는 최대 18개월간 지원하는 장기 프로그램을 운영한다. 셀렉션데이(Selection day)에는 성공적인 피칭 방법에 대한 교육과 훈련을 실시한다. 부트캠프에서는 엄선된 멘토와 전문가들로부터 비즈니스모델, 자금 조달, 영업, 마케팅 등 전반적인 피드백

워크숍을 받는다. 이벨루에이션데이(Evaluation Day)에는 사업이 어떻게 진행되고 있는지를 지속적으로 모니터링하고 평가한다. 데모데이에는 투자자 앞에서 첫 번째로 파이낸싱할 기회를 제공한다.

🌐 goetheunibator.de

현지 투자자 인터뷰
VC Interview

루크리온(Lucrion) GmbH의 김동승 대표

독일 마케팅 전문기업인 루크리온 GmbH는 한국 기업 특히 스타트업을 대상으로 유럽에 진출할 때 필요한 멘토링, 네트워킹 투자자 소개, 판로 개척과 직접 투자 등의 다양한 서비스를 제공하는 종합 컨설팅과 투자회사다.

Q 앞으로 어떤 스타트업이 유망할까요?

코로나 사태 이후 유럽 산업계에도 다양한 변화가 있으리라 예상됩니다. 특히, 다양한 온라인 서비스, 의료 및 헬스케어 분야에 관심이 집중될 것입니다.

Q 투자할 때 중요하게 보는 부분은 무엇인가요?

일단 해당 스타트업이 가지고 있는 제품과 서비스의 경쟁력, 진출하려는 현지 시장에 적합한지, 필요한 허가는 다 획득했는지, 장기적으로 시장 진출에 대한 노력과 서비스가 지속 가능한지, 파트너와의 커뮤니케이션 태도 등을 관심 있게 봅니다.

Q 한국 스타트업이 현지에 진출할 때 흔히 저지르는 실수나 간과하는 부분이 있나요?

현지 시장을 충분히 공부하지 않고 사전 준비도 없이 한국 제품을 출시하려는 시도는 매우 위험합니다. 현지 시장에 진출하기 위해서는 현지 언어를 통한 홍보와 안내, 사전과 사후 서비스 등이 중요합니다. 또한 현지 파트너와 장기적으로 신뢰 관계를 구축하는 것이 필요합니다. 급하게 매출만 올리려고 하는 조급함은 피해야 합니다.

Q 현지 투자자와 만날 때 무엇을 가장 신경 써야 하나요?

일단 현지 시장에 대한 충분한 이해가 우선입니다. 진출하려는 시장에 대한 데이터와 자신의 제품과 서비스가 왜 적합한지 설명할 수 있어야 합니다. 초반 미팅에서는 투자자의 의견을 경청하는 태도가 중요합니다.

Q 현지 진출을 희망하는 한국 스타트업에 조언을 한다면요?

해외 투자자를 만나거나 판매를 시작하기 전에 현지의 적절한 컨설턴트, 가이드 회사와 협의를 거쳐 준비를 잘하기 바랍니다. 현지어로 된 웹사이트는 기본이며, 현지 법규, 현지 마케팅에 대한 조사, 시장 크기 등에 대해 이해가 있어야 현실적인 사업계획서를 작성할 수 있습니다. 또한 판매할 경우 현지 유통업체와 접촉해 첫 번째 성공 사례를 만드는 것이 필요합니다. 전시회 참가를 위해서도 사전 준비를 철저히 해야 합니다. 해외 진출 스타트업을 위한 정부 지원금도 잘 활용하면 좋습니다.

현지 투자자 인터뷰
VC Interview

도이치반의 마인드박스

도이치반의 스타트업 지원 유닛인 마인드박스는 2015년 도이치반의 디지털화 프로젝트의 일환으로 개설됐다. 도이치반은 2019년까지 디지털화 프로젝트를 위해 10억 유로를 지원했으며, 1억 유로 규모의 벤처캐피털(DB Digital Ventures)을 조성해 운영하고 있다. 마인드 박스는 1년에 20~25개의 스타트업을 지원한다.

Q 스타트업 지원에서 도이치반만의 차별성이 있다면요?

비교적 높은 협업률을 꼽고 싶습니다. 프로그램을 수료한 약 65%의 스타트업과 독일 철도가 협업하고 있습니다. 프로그램 수료 혹은 챌린지 우승으로 끝이 아닌 직접적인 활용, 사업화하는 것이 우리의 목표입니다. 1년에 한 번 포트폴리오데이(Portfolio Day)를 열어 전년도의 졸업생 스타트업의 발표(피칭) 행사를 열고 있습니다.

Q 도이치반과 구체적으로 협업한 사례를 들려주세요

여러 분야에서 협업한 사례가 있는데요. 봇(bot)과 인공지능(AI)이라는 화제가 되는 2가지 요소를 결합한 'E-Bot7'이라는 스타트업에서 만든 챗봇이 현재 도이치반의 온라인 챗봇 '카이(Kai)'로 활용됩니다. 금융 서비스 분야의 방대한 지식을 갖춘 대화형 챗봇인 카이가 여러분의 질문을 기다리고 있으니 언제든지 bahn.de에서 이용해보면 좋을 것 같습니다. 또 도이치반 열차의 식당칸에서 '하퍼카터(Haferkater)'의 포리지(오트밀에 우유나 물을 부어 걸쭉하게 죽처럼 끓인 음식)를 판매합니다. '아웃스마트(Outsmart.ai)'의 프로세스 자동화 역시 큰 프로젝트를 관리할 때 활용합니다.

Q 지원에서 선발 가능성을 높일 수 있는 팁이 있다면요?

어디에나 보내도 무방한 일반적인 소개 자료나 지원서는 절대 피해야 합니다. 도이치반과 협업할 수 있는 부분을 강조하고, 도이치반만을 위해 특색 있게 준비하는 것이 매우 중요합니다. 제품이 아직 완성되지 않은 초기 단계의 스타트업도 지원합니다. 지원에 기술적인 팁을 드린다면 동영상을 적극적으로 활용할 것을 추천합니다. 수많은 지원 서류를 보다 보면 팀원들이 직접 자기소개를 하고, 제품과 사업 아이디어를 영상으로 짧게 보여주는 것이 인상적으로 남을 때가 많기 때문입니다. 솔직히 우리도 검토 단계에서 지원한 스타트업의 영상을 기다립니다.

현지 진출에 성공한 국내 스타트업

이지쿡아시아
EASY COOKASIA

품목(업종)
아시아 음식 밀키트

설립연도
2019년

대표자
이민철(CEO), 양창연(대만, CTO), 이유리(CPO)

소재지
베를린

홈페이지
easycookasia.de

종업원 수
3명

Q. 이지쿡아시아는 어떤 기업인가요?

한국, 일본, 중국, 싱가포르, 인도네시아 등 아시아 음식의 레시피와 식재료를 배달하는 B2C서비스를 제공하는 기업입니다. 이지쿡아시아의 이민철 대표는 2019년 베를린에서 MBA를 하던 중 아시아음식 마켓에서 아시아 음식에 관심이 있지만 재료를 못 찾아 우왕좌왕하는 현지 사람들을 보며 사업 아이디어를 떠올렸습니다. '현지인들에게 아시아 요리 레시피를 알려주고 재료를 함께 보내주면 좋아하지 않을까? 음식과 관련된 문화 이야기를 같이 전달하면 어떨까?' 하는 생각으로 European Social Fund(ESF) 프로그램에 지원한 결과, 선발되어 베를린에서 2명의 공동창업자와 함께 이지쿡아시아(EasyCookAsia)를 세웠습니다. 서비스를 론칭한 초기에는 1달에 10박스 정도 팔리던 것이 현재는 한 달에 500박스 이상 판매되고 있습니다.

Q. 법인 설립 후 현지 고객은 어떻게 유치했나요?

2019년 말 베를린에서 법인 설립 후 2020년 1월 서비스를 시작했을 때 코로나19가 터지면서 아시아 음식에 대한 인식이 나빠져서 마케팅이 전혀 되지 않았던 때라 매출이 일어나기 힘든 구조였습니다. 그 이후 주변의 피드백을 받으며 서비스도 수정하고 코로나19로 집에서 요리하는 사람들이 늘어나면서 결과적으로 주문량이 급격하게 늘었습니다. 고무적인 부분은 재구매도 많이 일어나고 있다는 점입니다.

처음에는 밀키트계의 대표 기업 '헬로프레쉬'와 '말레이스푼'과 같이 레시피와 함께 모든 식재료를 넣어 배달했지만 의외로 주문하는 고객의 다수는 아시아 식품점이 없을 법한 도심 외곽에 거주하는 분들이어서 신선품을 배달하기에 무리가 있었습니다. 그래서 신선품을 빼고, 양념과 건조식품 등을 넣어 서비스를 개시했습니다. 또한 당사만의 차별점으로 요리 레시피와 재료뿐만이 아니라 음식이 담고 있는 문화 이야기와 메시지를 전달하고 있습니다. 예를 들어 가장 인기 있는 비빔밥의 경우, 조화로움과 협업의 의미를 담고 있으므로 '어려운 코로나19 상황 속에서도 비빔밥처럼 서로 화합하며 이해하는 것이 중요하다'와 같은 메시지도 전달합니다. 추후에는 매월 박스 한두 개를 정기 배송하는 서비스를 계획하고 있습니다.

Q. 현지에서 파트너는 어떻게 발굴했나요?

최근 독일 주방용품, 웍 프라이팬(중국식 프라이팬) 생산 기업에서 협업을 제안해와 마케팅 협업을 논의 중입니다. 독일기업은 아시아로 수출을 많이 하고 있지만, 독일 내수시장에서는 판매가 부진하여 이지쿡아시아의 레시피와 스토리텔링을 활용하여 독일 시장에서 판매를 늘리는 것을 목적으로 협업을 제안해왔습니다. 독일기업의 웍 프라이팬을 이용하고 이지쿡아시아의 레시피로 요리하는 장면을 촬영하여 마케팅에 활용하는 것으로 서로에 윈윈 전략이 될 것으로 예상됩니다.

또한 독일의 대표적인 슈퍼마켓 에데카(Edeka)의 스타트업 협업 프로그램에 참가하여 협업을 추진하고 있습니다. 에데카의 신선재료 옆에 이지쿡아시아의 레시피를 세워두고 판매를 촉진하는 방향으로 협의하고 있습니다.

Q. 현지 시장 진입 과정이 궁금해요

European Social Fund (ESF) 프로그램에 선정되고, 스타트 업 액셀러레이터 캠퍼스에 들어가게 된 것이 현지 시장에 진 입하는 데 가장 큰 도움이 되었습니다. 처음에는 재정적으로 도 어려웠지만, 특히 분야가 식품 쪽이다 보니 현지의 위생 관 련 규제와 절차 등이 매우 까다로웠습니다. 포장, 레이블링, 성분 검사 등을 모두 신경 써야 하는데, 액셀러레이터 코치들 과 많이 상의하고 컨설팅을 받으며 문제를 해결했습니다.

ESF 프로그램에 대해 간단히 설명해드리면 유럽 펀드로 운 영되는 프로그램으로 지원 자격에 차별은 없으므로 독일어를 잘하지 못하는 외국인도 지원 자체는 가능합니다. 하지만 지 원 서류, IR피칭, 인터뷰는 독일어로 진행되므로 독일어가 가 능한 저희 회사 공동 창업자인 대만인 멤버가 참가했습니다. 당시 50 대 1의 경쟁을 뚫고 선발됐으며, 1년 동안 액셀러레 이터 스타트업 캠퍼스를 활용할 수 있었고, 5만 유로를 지원 받았습니다. ESF에는 다양한 프로그램이 있으니 적합한 프 로그램을 찾아보는 것을 추천드립니다.

저희는 아시아 음식과 문화를 스토리텔링 방식으로 함께 제 공하는 B2C 서비스 기업이므로 무엇보다 독일어가 매우 중 요했습니다. 독일어가 가능한 창업 멤버와 지금은 프리랜서 로 일하고 있는 독일 학생이 레시피와 마케팅에 필요한 문구 들을 독일어로 작성하고 있습니다. 분야에 따라 다르겠지만, 테크 분야를 제외하고는 독일어는 사업을 하는 데 매우 중요 한 부분이라고 생각합니다.

Q. 비자 등 현지 체류 자격은 어떻게 얻었나요?

베를린에서 MBA를 졸업하고 구직 비자로 전환한 후 ESF 프로그램에 선정되어 투자를 받아 창업했고, 구직 비자를 비즈니스 비자로 변경했습니다. 현재는 3년 비즈니스 비자로 체류하고 있습니다. 비자 신청에는 베를린 파트너의 이미그레이션 서비스를 받았으며, 이를 활용하시기를 적극 추천드립니다.

베를린 파트너에서 신청에 필요한 서류 목록을 보내주고, 서류를 준비해서 다시 베를린 파트너 담당자에게 보내주면 검토 후, 직접 독일 비자청으로 서류를 전달해줍니다. 그 후 비자청에서 비자를 받는 순서로 진행됩니다.

비자 발급은 비자청의 직원에 따라 다르게 처리되는 경우도 있고, 직원들이 불친절하기로 유명하니 꼭 베를린 파트너처럼 각 도시의 경제진흥청의 지원을 받는 것이 좋습니다.

Q. 노무나 세무 등 관리 업무는 어떻게 해결하나요?

노무나 세무와 관련한 어려움은 창업 전부터 지금까지 지속적으로 존재합니다. 창업 절차에 대한 ESF 프로그램에 선정되어 스타트업 캠퍼스에 참가하면서 얻은 노무·세무 관련 정보로 변호사의 도움 없이 직접 진행했습니다. 사실 절차가 그렇게 까다로운 편은 아니어서 충분히 스스로도 해결 가능합니다.

베를린 상공회의소(IHK), 베를린 파트너 등 유관 기관을 적극 활용하고 있는데, IHK에서는 스타트업 스쿨을 운영하고 있습니다. 스타트업 스쿨에서는 법인 설립, 노무, 세무에 관한 개략적인 정보를 알려줍니다. 이전에 인큐베이터 캠퍼스에 입주해 있을 때도 세무 법률 상담을 받는 곳이 있어 적극 활용했습니다. 최근 코로나19로 데일리 뉴스레터를 받아보고 있는데, 30분 세무 관련 상담 세션이 있다는 소식을 듣고 신청했습니다. 세무 관련 사항은 운이 좋게도 MBA를 같이하던 친구의 지인이 세무사여서 매우 합리적인 비용으로 세무 관련 업무를 해결하고 있습니다.

Q. 현지에 진출하면서 KOTRA 사업 참가 또는 지원을 받은 경험이 있나요?

ESF 프로그램 지원 당시에는 너무 바빠서 KOTRA에 지원을 요청할 수 없었습니다. KOTRA 함부르크 무역관과 인연이 닿은 것은 2019년 11월 테크크런치 디스럽트 행사를 통해서였습니다. 사전 간담회에서 베를린 창업 경험을 참가 스타트업과 공유한 것이 시작이었습니다. 지금은 큰 지원 요청 사항이 없지만, 2020년 9월 IFA NEXT 한국관에 참여할 예정입니다. 해외 마케팅과 현지 시장 조사에 큰 도움이 될 것으로 기대합니다.

Q. 현지에 진출할 때 가장 중점을 둔 부분이 있나요? 혹시 팁이나 조언을 한다면요?

우선 적극성을 강조하고 싶습니다. 독일은 특히 말하지 않으면 도와주는 문화가 아닙니다. 먼저 나서지 않으면 아무도 모릅니다. 스스로 조력자를 찾아 도움을 요청하는 것이 무엇보다 중요합니다. 예를 들어 대학교, 상공회의소, 경제진흥청(베를린 파트너), KOTRA 등 현지 유관 기관에 적극적으로 연락을 취해 지원 받으시는 걸 추천드립니다!

해외 진출을 계획 중이라면 현지에 직접 와서 부딪히며 계획을 짜는 것도 나쁘지 않습니다. 한국인들은 대부분 현지의 한국인 에이전시, 한국인 변호사 등을 통해 일을 처리하는데 현지에서 직접 부딪혀보면 스스로 해결할 수 있는 일이 생각보다 많습니다. 물론 자본을 충분히 보유하고 있다면 변호사, 세무사를 통해 법인을 설립해도 괜찮지만 스타트업은 보통 자금 상황이 좋지 않으므로 쉽지 않은 것이 현실입니다.

독일에서 창업하는 사람들의 대부분은 변호사를 통하지 않고 현지 법인을 설립하는 경우가 많습니다. 앞서 말한 기관, 프로그램의 도움을 받으면 직접 할 수 있는 일들이 많아지니 적극적으로 관련 기관에 문을 두드려보길 바랍니다.

SPAIN

스페인

지금 스페인 스타트업 상황

중남미 시장 진출의 교두보이자 창업하기 좋은 환경

스페인은 대외경제협력 예산의 3분의 2 이상을 중남미 국가들에 사용하고 있을 정도로 중남미 지역의 종주국으로서 역할을 하고 있다. 또한 언어, 사회, 문화, 역사적인 부분에서도 중남미와 유대관계가 깊어 스페인을 통한 중남미 시장 진출이 쉬워 교두보 역할을 한다.

해외 창업 시 비용 문제를 고려하지 않을 수 없는데, 스페인은 타 유럽 국가에 비해 물가가 저렴해 창업하기 좋은 환경이다. 세계 도시별 물가조사 사이트인 액스패티스탄닷컴(www.expatistan.com)에 따르면 마드리드와 바르셀로나는 유럽 도시별 생계비 지수 순위에서 각각 43위, 40위를 기록해 런던(6위)이나 파리(12위) 등과 같은 주요 스타트업 허브보다 사업비용이나 생활비가 저렴한 편이다.

대형 IT 이벤트가 다양하게 열리는 점도 장점이다. 세계 최대 모바일 전시회인 MWC(Mobile World Congress, 바르셀로나)를 비롯해, 4YFN(바르셀로나), 사우스 서밋(South Summit, 마드리드), 웹 서밋

(Web Summit, 포르투갈) 등과 같은 스타트업 전문 콘퍼런스가 매년 열리고 있다.

무엇보다 스페인의 마드리드는 개발자가 선호하는 도시다. 2019년 크런치 베이스(Crunch Base) 자료에 따르면 스페인은 영국, 독일에 이어 유럽에서 개발자들이 선호하는 도시 3위를 기록했다. 그리고 사내 벤처캐피털 활동이 활발하다. 통신 분야의 텔레포니카(Telefonica), 에너지 분야의 이베르드롤라(Iberdrola), 보안 분야의 프로서거(Prosegur) 등 다양한 분야의 다국적 기업들이 스타트업과 오픈 이노베이션을 적극적으로 추진하고 있다.

유럽 5대 스타트업 허브 중 하나

스페인의 2015~2019년 누적 스타트업 투자 규모는 총 49억 8,200만 유로로 영국, 독일, 프랑스, 스웨덴에 이어 유럽 5위 수준이다.

유럽 주요 국가별 스타트업 투자액(2015~2019)

(단위: 백만 달러)

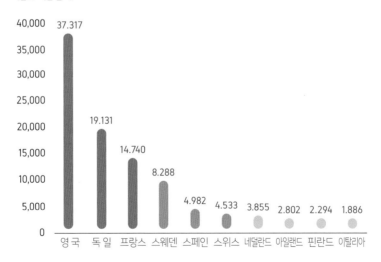

출처: 아토미코(atomico)

스타트업 상당수가 스케일업으로 성장

2019년 SEP Monitor 연례보고서에 따르면 스페인의 스케일업(투자가치 1천만 달러 이상의 스타트업) 수는 317개 사로 유럽 국가 중 5위를 기록했다. 같은 해, 스페인 스케일업 기업의 투자 유치액은 400억 달러로 유럽 국가 중 7위였다.

유럽 주요 국가별 스케일업 기업 현황(2019)		
구 분	스케일업 기업 수(개)	스케일업 투자 유치액(10억 달러)
영 국	2,217	395
프랑스	859	127
독 일	649	187
스웨덴	542	175
스위스	317	55
스페인	317	40
네덜란드	277	76
핀란드	256	25
아일랜드	222	36
이탈리아	208	18

출처: SEP Monitor

02 주요 도시별 스타트업 생태계의 특징

바르셀로나 | 남유럽 최대 스타트업 허브

바르셀로나는 유수의 유럽 도시 중에서도 창업가들이 특히 선호하는 도시로 부상했다. 2019년 스타트업 게놈은 바르셀로나를 남유럽 최대 스타트업 허브로 선정했다. 바르셀로나의 스타트업 생태계 가치는 서울(24억 달러)보다 약 2.5배 높은 64억 달러에 달하며 글로벌 연결지수는 서울(2.1)보다 약 3배(6.4) 높다. 스타트업 히트맵 유럽(Startup Heatmap Europe)에 따르면 창업가들이 스타트업 창업을 시작하고 싶은 유럽 도시 중 바르셀로나가 3위에 올랐다.

바르셀로나는 우수한 인적 자원이 풍부한 것이 특징이다. 2020년 세계 인적 자원 경쟁력지수(Global Talent Competitiveness Index)에 따르면, 바르셀로나는 조사 대상 155개 도시 중 28위를 기록했다.

● **활발한 투자 유치**

바르셀로나는 카탈루냐주의 수도다. 2019년 기준, 카탈루냐 지역 내에는 약 1,500여 개의 스타트업이 등록되어 있다. 2016~2019년 사이 같은 지역 내 스타트업 수가 약 38% 증가했다. 영국 벤처캐피털 회사인 아토미코(Atomico)에 따르면 2019년 투자 유치에 성공한 바르셀로나 스타트업 수는 437개로 유럽 도시 중 6위를 기록했다.

유럽 주요 도시별 투자 유치에 성공한 스타트업 수(2015~2019)
(단위 : 개 사)

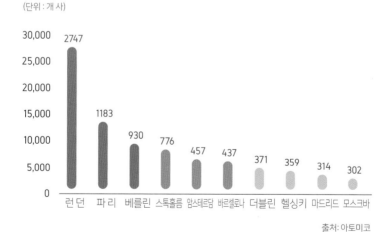

출처: 아토미코

바르셀로나 소재 스타트업의 투자 유치액은 2015년 3억 4,800만 달러에서 2018년 9억 200만 달러로 3년 사이 270% 대폭 증가했다. 그러나 2019년부터 국가 경제성장률이 둔화하며 경기침체와 맞물려 스타트업에 대한 투자도 전년 대비 23.7% 감소한 6억 8,800만 달러를 기록했다.

바르셀로나 스타트업 투자 유치액 추이(2015~2019)

(단위: 백만 달러)

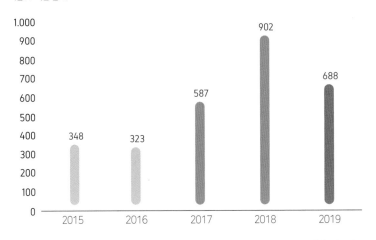

출처: 아토미코

● B2B 서비스와 의료 분야가 많은 편

카탈루냐 스타트업 기업이 가장 많이 종사하는 분야는 2019년 기준 비즈니스·생산성 제고 분야로 전체 기업의 9.6%가 종사한다. 또한 건강 및 의료 관련 분야 비중도 9.3%를 기록했다. 그 밖에 바이오·제약(6.6%), 디지털콘텐츠·미디어(6.2%), 여행·레저(5.8%), ICT·전자통신(5.6%) 등 순이다.

카탈루냐 주요 산업별 스타트업 분포 비중(2019)

출처: 카탈루냐 주정부 무역투자청(Accio)

4.6%	Adtech & Marketing
6.3%	Biotech & Pharma
9.6%	Business & Productivity
6.2%	Digital Content & Media
3.8%	Foodtech & Drinks
4.4%	Greentech
5.3%	Hardware & Wearables
9.3%	Healthtech & Medtech
5.6%	ICT & Telecom
4.4%	Mobile
4.4%	Mobility
5.8%	Traveltech & Leisure
30.3%	Others

● 바르셀로나 대표적인 스타트업

스타트업명	분야	비고
Badi	전자상거래	유저 맞춤형 주택 검색 서비스
Glovo	전자상거래	도심 배달 서비스
Letgo	전자상거래	중고거래 플랫폼
Red Points	리걸테크(Legal Tech)	브랜드, 저작권 보호
TravelPerks	여행, 레저, IT	출장자 대상 여행상품 예약
Wallapop	전자상거래	중고거래 플랫폼
Typeform	애드테크, 마케팅	온라인 설문 서비스
Anaconda BioMed	e-헬스	의료용 카테터(catheter) 개발
Drivy by Getaround	모빌리티	차량 공유
IdFinance	핀테크	금융기업용 소프트웨어 개발

출처: 카탈루냐 주정부 무역투자청

마드리드 | 우수한 스타트업 인프라

마드리드는 창업가들에게 스타트업을 창업하고 싶은 도시로 손꼽힌다. 2020년 세계 인적 자원 경쟁력지수에서도 전 세계 155개 도시 중 24위를 기록했다. 스타트업 인프라가 우수한 마드리드는 구글 캠퍼스, 위워크 등 세계적인 코워킹 스페이스를 보유하고 있으며 다수의 다국적 기업들이 오픈 이노베이션을 추진하고 있다. 아토미코에 따르면 2015~2019년 중 마드리드 소재 스타트업 314개 사가 투자를 유치하는 데 성공했다.

국가 경제성장률 둔화에도 마드리드 스타트업의 투자 유치 규모는 확대됐다. 마드리드 소재 스타트업의 투자 유치액은 2019년 기준 5억 900만 달러로 2015년(약 1억 5천만 달러)에 비해 4년 만에 3배 이상 늘어났다.

마드리드 스타트업 투자 유치액 추이(2015~2019)

(단위: 백만 달러)

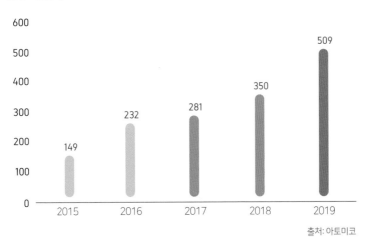

출처: 아토미코

● 스타트업 창업 추이

마드리드 소재 스타트업 수는 2018년 기준 1,235개로 전년 대비
20.4% 증가했다. 투자 유치 금액은 2018년 기준 총 3억 5천만 달러
로 전년 대비 10% 증가했다.

마드리드 스타트업 기업 수

(단위 : 개 사)

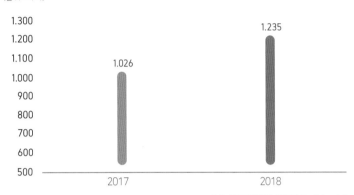

출처: 엘콘피덴시알 신문(El Confidencial)

● 마드리드 대표적인 스타트업

스타트업명	분야	비고
Spotahome	전자상거래	주택, 방 임대 중개 플랫폼
Cabify	모빌리티	차량 공유
fintonic	핀테크	은행 통장, 카드 관리 앱
Pagantis	핀테크	온라인 결제
Ironhack	교육	SW 부트캠프
Citibox	모빌리티	온라인 운송, 배달 서비스
ElTenedor	전자상거래	식당 예약 및 주문
Packlink	전자상거래	업체 간 택배 비용 검색 사이트
fon	온라인 연결	와이파이 네트워크
OnTruck	모빌리티	온라인 운송, 배달 서비스

출처: 시드테이블(Seedtable) 선정

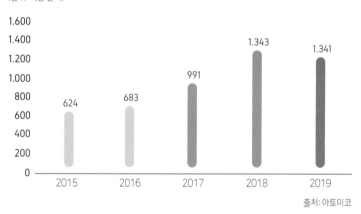

스타트업에 대한 투자 규모와 트렌드

최근 5년 사이 투자 유치 규모 확대

스페인 스타트업 투자 유치 총액은 2015년 6억 2,400만 달러에서 2019년 13억 4,100만 달러로 4년 만에 2배 이상 증가했다. 다만, 스페인 경제성장률이 다소 둔화하며 2018년과 2019년 사이 투자 유치액이 0.1% 소폭 감소했다.

스페인 연간 스타트업 투자 규모 추이

(단위: 백만 달러)

출처: 아토미코

스타트업 생태계가 성숙기에 접어들며 스케일업 기업 수가 대폭 증가했다. 2011년을 기점으로 신규 스케일업 기업 수가 두 자릿수를 넘기 시작했다. 2018년 신규 스케일업 기업 수는 총 83개 사로 전년 대비 약 2배 증가했다.

스페인 연간 신규 스케일업 기업 수 추이

(단위: 개 사)

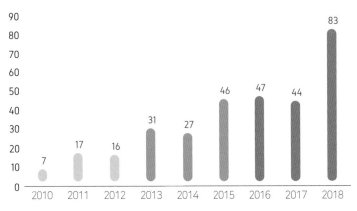

출처: 스타트업 유럽 파트너십(Startup Europe Partnership)

다양한 분야가 고르게 성공적

스케일업 기업에서 유망 분야를 분석한 결과 전자상거래가 19.2%를 차지했다. 핀테크(13.7%), 여행 관련 IT(11.1%), AI와 빅데이터(9.8%) 등이 그 뒤를 따른다. 전자상거래 산업과의 격차가 크지 않으며 그 외에도 다양한 분야가 고루 성공을 거두고 있는 것으로 나타났다.

스페인 산업별 스케일업 스타트업 비중

(단위: %)

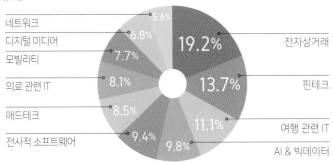

출처: 스타트업 유럽 파트너십

스타트업 투자 규모 추이

최근 5년간 스페인 내 벤처캐피털 투자가 확대되는 추세다. 스페인 내 벤처캐피털 투자 규모는 2013년 1억 9,450만 유로에서 2018년 5억 500만 유로로 259.6% 증가했다. 다만, 2018년부터 국가 경제성장이 다소 둔화하며 투자액이 2017년 5억 3,770만 유로에서 2018년 5억 500만 유로로 6.1% 소폭 감소했다.

스페인 내 벤처캐피털 투자액 추이

(단위 : 백만 유로)

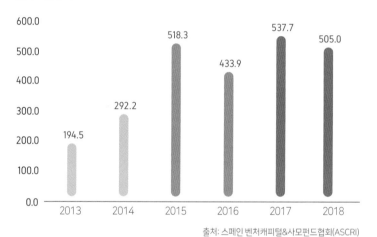

출처: 스페인 벤처캐피털&사모펀드협회(ASCRI)

해외 투자자가 국내 투자자보다 더 많은 금액을 스페인 스타트업에 투자했다. 2018년 기준, 해외 투자자의 스페인 스타트업 투자액은 총 2억 5,990만 유로로 전체 투자의 51.5%를 차지했다. 반면, 스페인 투자자의 스타트업 투자 건수는 총 504건으로 84건을 기록한 해외 투자자보다 월등히 앞섰다. 즉, 해외 투자자들은 유망 스타트업 위주로 대규모 자금을 투자한 것이다.

구분	스페인 투자자	해외 투자자
사내 벤처캐피털(백만 유로)	12.2	18.5
민간 벤처캐피털(백만 유로)	215.6	241.4
공공 벤처캐피털(백만 유로)	17.8	-
총 투자액(백만 유로)	245.6	259.9
총 투자가 수(개 사)	79	67
총 투자 건(건)	504	84
투자 대상 스타트업(개 사)	435	44

스페인 내 벤처캐피털 투자 현황(2018)

출처: 스페인 벤처캐피털&사모펀드협회

카탈루냐와 마드리드 지역에 투자 집중

2018년 기준, 스페인 전체 벤처캐피털 투자 중 카탈루냐(바르셀로나)와 마드리드에 각각 45.3%, 33.6%의 투자가 이루어졌다. 전체 벤처캐피털 투자 중 48.1%는 디지털과 소비재 분야에 집중됐다. 그 밖에 IT(23.1%), 제조 및 기타(15.5%), 생명과학(13.4%) 순으로 투자가 이루어졌다.

한국 스타트업에 대한 투자 동향을 살펴보면 스페인 벤처캐피털의 투자는 전무하거나 매우 미미하다.

스페인 주요 지역별 벤처캐피털 투자 비중(2018)

(단위: %)

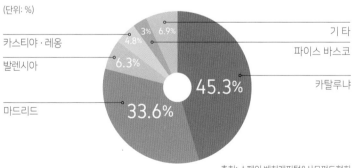

카스티야·레옹 3% 6.9%
4.8%
발렌시아 6.3%
기 타
파이스 바스코
카탈루냐 45.3%
마드리드 33.6%

출처: 스페인 벤처캐피털&사모펀드협회

산업 분야별 투자 유치(2018 투자액 기준)

(단위: %)

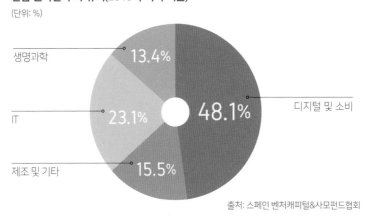

생명과학	13.4%
IT	23.1%
	48.1% 디지털 및 소비
제조 및 기타	15.5%

출처: 스페인 벤처캐피털&사모펀드협회

현지 주요 벤처캐피털, 액셀러레이터, 기업형 벤처캐피털

● **카이사 캐피털 릭(Caixa Capital Risc)**

스페인 금융업계 3위 은행으로, 본사는 바르셀로나(카탈루냐)에 있다. 현재 약 2억 유로가량의 벤처캐피털 포트폴리오를 보유 중이다. 주로 지분투자를 하며 기업용 소프트웨어, 인터넷과 모바일 비즈니스, 생명과학, 산업용 기술 등의 분야에 주력한다.

🌐 www.caixacapitalrisc.es/en/envianos-tu-consulta-propuesta

● **나우타 캐피털(Nauta Capital)**

영국계 벤처캐피털 기업으로 바르셀로나에 사무실을 운영 중이다. 지분투자를 하며 B2B 소프트웨어가 전문 분야다.

🌐 www.nautacapital.com

● **인버레디 캐피털 컴퍼니(Inveready Capital Company SL)**

기술 관련 투자그룹으로 벤처캐피털 및 컨설팅 서비스를 제공한다. 지분투자를 하며 초기 단계 스타트업에 주로 투자한다.

🌐 inveready.com

● 사바델 벤처캐피털(Sabadell Venture Capital)

스페인 금융업계 5위 은행으로, 스타트업을 대상으로 서비스를 제공한다. 지분투자를 통해 투자가 이루어지며 e-헬스, SaaS, 모바일 앱, 마켓 플레이스, 전자상거래, 빅데이터, 사물인터넷 등에 관심이 많다.

🌐 bstartup.bancsabadell.com

● 이시오스 캐피털(Ysios Capital)

스페인 토종 벤처캐피털 기업으로 약 2억 유로가량의 투자 자본을 관리한다. 지분투자를 통해 투자가 이루어지며 전문 분야는 건강 및 생명공학 관련 솔루션이다.

🌐 www.ysioscapital.com

● ISDI

ISDI는 2009년 설립된 디지털 비즈니스 전문 교육기관이며, 스타트업 지원을 위한 액셀러레이터 프로그램 및 투자자 클럽(Investors Club) 등을 운영한다. 현재 마드리드, 바르셀로나, 멕시코시티, 실리콘밸리, 파리 등에 소재한다. 주요 관심 분야는 모빌리티, 로봇공학, 커넥티드 카, 스마트시티 등이다. 157개의 스타트업을 육성해 1억 8,300만 유로의 투자를 유치했다. 2019년 UBI 어워즈에서 세계 5대 액셀러레이터에 선정됐다.

ISDI는 기업 및 공공기관과의 협력 아래 특정 산업 맞춤형 프로그램을 제공한다. 각 프로그램에 따라 신청 시기나 지원은 다르다.

'IMPACT Connected Car' 프로그램은 커넥티드 카 분야에 최첨단 기술을 보유한 스타트업 39개 사를 선정한다. 지원금(6만 유로), 멘토링, 투자자 및 대기업과의 네트워킹 등을 제공한다. PSA그룹, 페로비알(ferrovial), 보쉬(Bosch) 등 다수의 기업이 파트너사로 등록되어 있다. 'IMPACT RobotUnion' 프로그램은 로봇공학 분야에 최첨단 기술을 보유한 스타트업 40개 사를 선정한다. 선정된 스타트업에 22만 3천 유로 지원, 멘토링, MWC 참가, 유럽 주요 R&D 연구기관, 투자자, 대기업과의 네트워킹 등을 지원한다.

'Toyota Startup Awards' 프로그램은 모빌리티 분야에 최첨단 기술을 보유한 스타트업 8개 사를 선정한다. 선정된 스타트업에 2만 5천 유로 지원금 및 트레이닝, 멘토링 등을 지원한다. 또한 도요타 자동차와 비즈니스 관계 형성 및 투자를 유치할 수 있다.

'Unicef LAB' 프로그램은 사회적 임팩트(Social Impact)에 기여할 수 있는 스타트업 5개 사를 선정한다. 1만 5천 유로의 지원금 및 멘토링, 투자 유치, 스페인 유니세프와 협업 관계 구축을 지원한다.

🌐 www.isdi.education

● 웨이라(Wayra)

세계 3대 통신사인 텔레포니카(Telefonica)가 운영하는 투자 부문 자회사다. 스페인, 독일, 영국, 아르헨티나, 브라질, 칠레, 콜롬비아, 멕시코, 페루, 베네수엘라 등 총 10개 국가에서 액셀러레이터를 운영하고 있다. 주요 관심 분야는 사이버보안, 사물인터넷, 데이터 분석, 에지컴퓨팅, 동영상 기술 등이다. 2020년 기준 400여 개의 스타트업을 육성 중이며, 이 중 20%의 스타트업과 협업하고 있다. 2019년 스페인 웨이라 육성 기업들의 총 매출은 약 3,200만 유로를 기록했다.

웨이라에서 운영하는 프로그램 참가자는 수시로 모집하며 스타트업 프로젝트에 대해 이메일로 보내면 끝난다. 또한 수시로 개최하는 각종 이벤트를 통해서도 참가가 가능하다. 코워킹 사무실 제공, 텔레포니카 또는 국내외 주요 투자자들로부터 투자 유치 지원, 텔레포니카 혁신 비즈니스와 협업 기회, 텔레포니카의 국내외 파트너사와의 네트워킹 등을 지원한다.

🌐 www.wayra.es, spain@wayra.org

● 시드로켓(Seed Rocket)

바르셀로나 주요 액셀러레이터 중 하나다. 또한 마드리드 구글캠퍼스의 협력사다. 구글의 창업 지원 프로그램인 'Google for Entrepreneur'의 협력사로 2015년부터 마드리드 캠퍼스에 입주해 액셀러레이터 역할을 하고 있다. 주요 관심 분야는 특정 분야에 우선순위를 두지 않으나, 대체로 구글의 혁신 정책 방향에 맞는 기술을 선호하는 경향이 있다. 지금까지 약 20여 개 업체가 엑시트에 성공했다.

시드로켓에서 운영하는 프로그램에 참여하고 싶다면 스타트업 대상 워크숍이나 이벤트를 통해 신청하면 된다. 구글캠퍼스에서 운영하는 코워킹 사무실 제공(6~12개월), 맞춤형 멘토링, 국내외 투자가와의 네트워킹 등을 주로 지원한다.

🌐 www.seedrocket.com

스타트업 협업 프로그램 보유 현지 대기업

● 텔레포니카 오픈 퓨처(Telefonica Open Future)

텔레포니카는 1924년에 설립됐으며 본사는 스페인 마드리드에 위치해 있다. 주요 사업은 유무선통신 서비스, 인터넷, IPTV 등이며 2019년 기준 연 매출은 492억 유로, 고객 수는 3.4억 명에 달한다. 유럽 및 중남미 17개국에 서비스를 제공한다. 구체적으로 스페인, 독일, 영국, 아르헨티나, 브라질, 칠레, 콜롬비아, 코스타리카, 에콰도르, 엘살바도르, 과테말라, 멕시코, 니카라과, 파나마, 페루, 우루과이, 베네수엘라 등에 서비스를 제공하고 있다. 고객 수 기준 스페인 1위, 전 세계 3위의 유무선 통신기업이다.

텔레포니카 오픈 퓨처는 텔레포니카의 사내 액셀러레이터이며 단계별로 6개 프로그램을 운영한다. 지금까지 약 1,700개의 스타트업을 지원한 바 있다. 초기 단계 스타트업을 대상으로 하는 싱크빅(Think

Big) 프로그램은 아이디어를 구체화할 수 있게 멘토링한다. 탤런텀 스타트업(Talentum Startup) 프로그램은 대학생과 사회초년생 대상으로 3~6개월간 코워킹 스페이스와 멘토링 등을 제공한다. 성장 단계 스타트업을 위한 크라우드워킹(Crowdworking) 프로그램은 여러 공공기관 및 민간 기업과 파트너십을 체결해 인큐베이터를 운영한다. 유럽, 남미, 아시아에서 50개 이상이 진행되고 있다.

🌐 www.telefonica.com

* Telefonica Open Future 프로그램 참가 신청

🌐 www.wayra.co

단계	프로그램명	세부내용
초기 단계	Think Big	아이디어를 구체적인 프로젝트로 전환할 수 있도록 멘토링 제공
	Talentum Startup	대학생 및 사회초년생 대상. 3-6개월의 기간 동안 코워킹 스페이스 및 멘토링 제공
성장 단계	Crowdworking	여러 공공기관 및 민간 기업과 파트너십을 체결해 운영중인 인큐베이터로 유럽, 남미, 아시아에 50개 이상 운영 중
	Wayra	유럽 및 중남미에 11개 허브를 두고 있는 액셀러레이팅 프로그램. 4만 유로 현금, 6만 유로 상당 액셀러레이팅 비용, 코워킹 스페이스, 전문가 멘토링 * 진출국 : 스페인, 아르헨티나, 브라질, 칠레, 콜롬비아, 멕시코, 페루, 베네수엘라, 독일, 영국
투자 단계	Fondos Amerigo	공공 및 민간 투자사가 함께 운영하는 벤처캐피털
	Telefonica Ventures	텔레포니카 사내 펀드로 유럽, 미국, 이스라엘 통신기업의 글로벌 전략에 부합하는 22개 회사에 투자

텔레포니카 오픈 퓨처 프로그램

● 이베르드롤라 페르세오(Iberdrola Perseo)

전기, 가스 등을 생산하고 보급하는 스페인의 다국적 국영 전기 회사로 1840년에 설립됐다. 스페인 북부 빌바오(Bilbao)에 본사가 위치한다. 주요 사업은 발전, 송전, 배전, 전력시장 내 전력 매매, 에너지 산업 서비스 등이며 2019년 기준 연 매출은 약 364억 유로, 발전용량은 약 52,082MW다. 스페인을 비롯해 영국, 미국, 브라질, 멕시코 5대 시장에 진출해 있다. 세계 최고 수준 신재생 에너지기업으로 특히 풍력 프로젝트에서 강세를 띠고 있다.

이베르드롤라는 사내 벤처캐피털 프로그램으로 페르세오를 운영한다. 미래를 위한 주요 트렌드를 조기에 파악하고, 혁신 기술과 비즈니스모델에 대한 접근, 혁신 문화와 창업 활동을 장려하는 목표를 가지고 있다.

기술, 노하우, 데이터 전수, 파일럿 프로젝트 기회, 지분투자 등을 지원한다. 이베르드롤라의 사업 모델에 부합해 가까운 미래에 수익을 창출할 가능성이 높고, 프로토타입 론칭 단계 이후의 기업을 대상으로 한다. 이베르드롤라는 연 250여 개 스타트업을 검토하며, 스타트업 프로필을 접수하면 몇 주 안에 검토 결과를 알려준다.

2016~2020년까지 7천만 유로를 투자할 예정이다. 2020년까지 약 2천여 개의 스타트업을 지원했다. 투자액은 퍼스트 라운드에 최소 50만 유로에서 최대 300만 유로까지 투자한다. 3~20%의 지분을 요구하며 5년 후 지분 매각을 추진한다.

관심 기술은 일반 가정 또는 산업용 스마트 솔루션, 신재생 에너지 통합 기술, 파워그리드 솔루션, 에너지원 유통 관리, 전기 모빌리티 등이다.

🌐 www.iberdrola.com

* Iberdrola Perseo 프로그램 참가 신청

🌐 www.iberdrola.com/sustainability/innovation/international-startup-program-perseo

● 프로서거 '컴인(Come In)'

프로서거(Prosegur)는 1976년에 설립됐으며 본사는 스페인 마드리드에 소재한다. 주요 사업은 가정 보안, 기업 보안, 검색대 운영, 현금 수송 등 보안 산업 전반이다. 2017년 기준 연 매출은 약 42억 유로, 종업원 수는 17만 명이다. 프랑스, 독일, 포르투갈, 미국, 멕시코, 칠레, 브라질 등 25개국에 진출해 있다. 세계 3대 사설 보안 기업 중 하나다.

컴인은 프로서거와 해외 스타트업이 오픈 이노베이션을 추진하는 것을 목표로 하는 사내 벤처캐피털 프로그램이다. 선정된 기업에 다양한 혜택을 제공한다. 프로서거가 제시하는 5가지 과제에 대한 솔루션을 제공할 수 있는 기업을 대상으로 하며, 과제는 사이버보안, 행사장 보안, 현금 보안, 알람 시스템, 데이터 활용 등이다. 선정된 기업은 프로서거와의 파일럿 프로젝트 추진 기회, 최대 3만 유로 이내의 파일럿 프로젝트 추진 비용, 코워킹 스페이스, 멘토링 서비스 등을 제공받는다. 과제에 대한 해결 적합성, 기술력, 혁신성, 팀 구성, 확장성, 재정 건전성, 신속한 실행 가능 여부 등을 중점적으로 심사한다. 해외 기업에 투자한 사례는 구체적으로 공개되어 있지 않다. 2019년 브라질의 핀테크 기업 콘실(Concil), 이탈리아의 사이버보안 기업 옥토퍼스(Octopus), 코그니고(Cognigo), 독일의 MR(혼합현실) 솔루션 제공업체 리플렉트(Re'flekt) 등에 투자했다.

🌐 www.prosegur.com

* Come In 프로그램 참가 신청

🌐 www.prosegur.com/comein/

정부의 스타트업 지원 정책

2013년부터 창업진흥법 시행

스페인 정부는 창업문화 발전과 손쉬운 기업 활동 및 일자리 창출 등을 목적으로 2013년부터 창업진흥법을 시행했다. 주요 지원 방안은 창업 후 최대 30개월간 사회보장세를 감면한다. 구체적으로는 기간별로 1~6개월 80%(또는 75유로 고정세액), 7~12개월 50%, 13~30개월 30% 감면 등의 혜택을 부여한다.

기업 활동으로 부채가 발생하면 30만 유로 미만의 거주용 부동산에 한해 개인 자산을 보호해준다. 사업 부도 시 채권단과 합의를 통해 최대 3년간 부채를 지불유예하고, 25%를 탕감해준다. 또 기업 설립의 절차를 간소화했다.

창업비자 발급

만18세 이상의 외국인 중 스페인 경제발전에 도움이 된다고 판단되는 분야에서 창업을 희망하는 기업가들에게 창업비자를 발급해준다. 최근 5년간 스페인과 주재국에서 범죄 사실이 없고 스페인과 각종 협약이 체결된 국가에서 추방된 적이 없는 사람이어야 한다. 또 체류 기간 중 단독 혹은 가족과 함께 살아갈 만한 경제력이 입증되어야 한다. 절차는 주한 스페인 대사관 상무관실에 창업비자를 신청하고 스페인에 입국한 후 고용부에 체류 허가증을 요구하면 된다.

유효기간은 1년이며 종료 전에 스페인에 입국, 체류 허가증을 신청해야 한다. 체류 허가증은 2년간 유효하며 이후 심사를 통해 갱신할 수 있다. 필요한 서류는 신분증, 신청서, 전문성을 입증할 수 있는 경력 증명서, 재무계획을 포함한 사업계획서 등이다. 이외 신청 내역에 따라 여러 구체적인 추가 서류를 요청할 수도 있다.

보통 10일 이내에 심사한다. 참고로 취업비자 발급 여부를 결정하는 기간은 통상 3~6개월이 소요된다. 창업비자 취득 후 스페인 현지에서 신청하는 체류 허가증 심사 기간은 통상 20일이 걸린다.

(05) 주요 콘퍼런스와 프로그램

스타트업 관련 주요 콘퍼런스

● 바로셀로나의 4YFN

매년 바르셀로나에서 개최되는 세계 최대 규모의 이동통신 산업 전시회인 MWC의 부대행사로 열리는 스타트업 전문 콘퍼런스다. 스타트업과 투자자 간의 네트워킹을 통한 새로운 비즈니스를 창출하고 창업 생태계를 강화하는 것이 목적이다. 매년 2월 마지막 주에 열린다. 2019년에는 760여 개 스타트업이 참여했으며 참가 투자자는 950여 명, 방문객은 2만 3천여 명이었다. 세부 프로그램에는 개별 또는 단체 부스를 통해 제품을 시연하는 부스 전시, 대기업, 투자자, 언론 상대로 제품 및 사업 계획을 발표하는 스타트업 피칭, 투자 자금 유치와 더불어 비즈니스 전략, 마케팅, 해외 시장 진출 등과 관련된 조언을 얻을 수 있는 멘토링 등이 있다.

● 마드리드의 사우스 서밋(South Summit)

남유럽 최대 스타트업 박람회로 창업 생태계를 주도하는 스타트업과 투자자들에게 비즈니스 창출 기회를 발굴해주는 것이 목표다. 박람회 개최 전 TOP 100 스타트업을 선정해, 투자자 대상 피칭 및 참관객 대상 제품 홍보, 전문가 멘토링 기회 등을 제공한다. 매년 10월 초에 개최된다.

2019년에는 3,700여 개 스타트업이 참여했으며 참가 투자자는 1,100여 명, 방문객은 2만여 명이었다. 투자 유치액은 350억 달러에 달했다. 세부 프로그램에는 투자자 및 일반 방문객 등을 대상으로 제품을 시연하는 부스 전시, 스타트업과 투자자 간의 비즈니스 상담 공간을 제공하는 네트워킹 등이 있고 웰빙, 커넥티비티, 모빌리티, 교육, 핀테크, 환경 등의 산업별 프로젝트 경연 대회를 개최한다. 우승자는 투자자 및 대기업 등을 대상으로 피칭 기회를 얻는다.

스타트업 관련 정부 부처나 유관 기관의 프로그램

● 카탈루냐 무역투자진흥청(Accio)

카탈루냐 지역 내 스타트업 경쟁력 강화 및 창업 생태계 구축을 지원하는 것이 목적이다. 심사를 통해 경쟁력을 갖춘 초기 단계 스타트업을 선정해 45,000~75,000유로의 보조금을 지급한다. 카탈루냐 스타트업 허브 디렉토리에 등록된 스타트업이 대상이다. 매년 9~10월경 무역투자진흥청 홈페이지를 통해 모집한다.

🌐 www.accio.gencat.cat/ca/serveis/innovacio/startups-i-innovacio-disruptiva/startup-capital

● 마드리드 주정부

지역 내 스타트업과 최첨단 기술을 보유한 중소기업의 기술 개발을 지원하는 것을 목표로 한다. 나노기술, 첨단 소재, 우주과학, e-헬스, 바이오기술, 첨단 농업기술, 에너지·환경·모빌리티, 전자통신 관련 기술 개발 프로젝트를 주로 지원한다. 마드리드에 소재한 신규 설립 기업 (기업 활동 1년 미만), 스타트업(기업 활동 1년 6개월~5년), 첨단 기술 중소기업(기업 활동 5년~ 15년) 등이 지원 대상이다. 심사를 통해 기업당 최대 43만 5천 유로를 지원한다. 매년 6~7월경 마드리드 주정부 홈페이지를 통해 모집한다.

🌐 www.comunidad.madrid/inversion/innova/ayudas-startups-pymes-alta-intensidad-innovadora

● 스페인 중소기업 혁신지원공단(ENISA)

스페인 산업통상관광부 산하 공기업으로, 스페인 중소기업의 혁신 프로젝트를 수행하기 위해 금융 서비스를 지원한다. 청년 창업가, 일반 창업가, 중소기업 등을 대상으로 혁신 프로젝트를 위한 저금리 융자 서비스를 지원한다. 신청 대상자는 각종 혁신 프로젝트 수행 희망 청년 창업가, 일반 창업가 및 중소기업 등이다. 융자를 해주는데 상환기한은 최대 7년이고 상환 유예기간은 최대 5년이다. 지원액은 25,000~75,000유로다.

🌐 www.enisa.es

● 스페인 무역투자진흥청(ICEX)

스페인 중소기업의 해외 진출 및 해외 기업의 스페인 시장 진출을 지원한다. 과거에는 중소기업의 무역진흥을 전담했으나, 2013년 스페인 투자유치청(Invest in Spain)과 통합해 해외 기업 대상 투자 유치 업무를 겸업한다.

무역투자진흥청에서 운영하는 'Rising up in Spain' 프로그램은 해외 스타트업이 스페인 시장에 진출할 수 있도록 지원한다. 대상 기업은 스페인에 법인을 설립, 프로젝트를 진행하고자 하는 해외 스타트업이며, 6개월까지 이용 가능한 코워킹 스페이스, 비자 취득, 맞춤형 액셀러레이팅 프로그램, 투자자 소개, 법인 설립 소프트랜딩을 위한 각종 자문, 미디어 홍보 등을 지원한다. 2019년에는 186개 사가 신청해 15

개 스타트업이 선정됐다. 매년 6~7월경 ICEX 홈페이지를 통해 모집한다.

🌐 www.icex.es

스타트업 육성 주요 대학 및 연구기관

● 주니어 어치브먼트(Junior Achievement) 재단

1919년 미국에서 설립되어 전 세계 123개국에서 청소년들에게 무료로 경제교육을 진행하는 비영리 국제 교육재단이다. 학생들을 대상으로 창업, 금융, 취업 관련 교육을 제공한다. 122개국에 564개 교육기관이 등록되어 있다.

이곳에서 스타트업 프로그램을 지원한다. 유럽 대학생들의 스타트업 창업 활동을 지원하는 것이 목적이다. 대학생들을 대상으로 매년 심사를 통해 유망 스타트업 프로젝트를 선정한다. 선정된 스타트업에는 상금 또는 인큐베이팅 프로그램 참가 기회 등을 제공한다. 각 유럽 국가에서 선정된 유망 스타트업 프로젝트는 JA Europe Enterprise Challenge에 출전할 기회를 얻는다. 2018년과 2019년에는 스페인 21개 대학에서 263명의 학생이 86개의 스타트업 프로젝트를 출품한 바 있다.

🌐 fundacionjaes.org

● 바르셀로나주립대학(UAB)

바르셀로나주립대학은 학생들의 창업 활동을 진흥하기 위해 창업 지원 프로그램(Programa UAB Empren)을 운영한다. 스타트업 창업 관련 워크숍 개최, 개별 멘토링, 스타트업 관련 정규 과정 도입(온라인·오프라인), 자체 스타트업 프로젝트 경연대회 개최, 코워킹 사무실 등을 지원한다.

🌐 www.uab.cat

현지 투자자 인터뷰
VC Interview

ISDI

2009년에 설립된 회사로 초창기에는 디지털 비즈니스 분야에 특화된 교육과정을 제공하는 교육기관이었다. 2014년부터 액셀러레이터로서도 활동하며 총 14개의 액셀러레이션 프로젝트를 운영해 157개의 스타트업을 육성했다. 2019년에는 UBI 어워즈에서 세계 5대 공공 비즈니스 액셀러레이터로 선정된 바 있다.

Q ISDI에서 운영하는 투자 지원 프로그램에 무엇이 있나요?

투자자 클럽을 운영해 육성 중인 스타트업과 국내외 투자자들의 네트워킹을 지원하고 있습니다. 투자자들의 활동을 돕기 위해 사전 심사를 거쳐 우수 스타트업을 선별하며, 자사 데이터베이스에 등록된 투자자들에게 해당 스타트업에 대한 정보를 제공합니다. 또한 연간 4~5회 피칭대회를 개최해 스타트업과 투자자 간의 연결을 지원합니다. 그간 ISDI가 육성한 스타트업 중 약 70% 이상은 투자 유치에 성공했으며, 각 스타트업당 평균 투자액은 100만 유로가량입니다.

Q 앞으로 어떤 스타트업이 유망할까요?

스페인은 금융업이 고도로 발달해 많은 스페인 은행들은 국내뿐만 아니라 유럽, 중남미 시장에서 두각을 드러내고 있습니다. 또한 이들은 금융업에 적용될 수 있는 최첨단 기술에 관한 관심과 이해도가 커서 그간 핀테크 관련 여러 스타트업이 성공을 거두었고, 이러한 추세는 앞으로도 계속될 것으로 보입니다.

특히, 최근 코로나19 사태로 스페인은 물론 전 세계의 경제나 산업 기반, 소비자 트렌드 등에서 큰 지각변동이 있을 것으로 보입니다. 구체적으로 어떻게 변할지는 시간을 갖고 지켜봐야 합니다. 다만, 교육과 IT가 접목된 에듀테크나 건강과 IT가 접목된 e-헬스 분야에서 최첨단 혁신 기술에 대한 수요가 더욱 많이 일어날 것으로 기대됩니다.

Q 투자할 때 중요하게 보는 부분은 무엇인가요?

제품의 시장성과 팀 능력이 가장 중요합니다. 아무리 우수한 기술이어도 소비자들이 필요로 하지 않거나 관심이 없다면 투자 지원 대상에서 제외될 수밖에 없습니다. 또한 시장성이 우수한 제품이어도, 실제 개발할 능력이 부족하거나 기업을 운영할 능력이 부족하면 스타트업이 스케일업으로 성장할 가능성이 매우 적습니다.

Q 한국 스타트업이 현지에 진출할 때 흔히 저지르는 실수나 간과하는 부분이 있나요?

지금까지 한국 스타트업이 스페인 시장에 진출한 사례가 매우 적어 아직은 지켜봐야 할 것 같습니다. 다만, 한국 스타트업뿐만 아니라 아시아계 스타트업이 스페인이나 유럽 시장에 진출하려면, 자신들의 상품이나 기술이 유럽 시장에 적합한지에 대한 검토가 필요합니다. 세계화가 됐지만, 특정 상품에 대한 전망은 지역에 따라 다르게 평가될 수 있기 때문입니다.

Q 현지 진출을 희망하는 한국 스타트업에 조언을 한다면요?

현지 액셀러레이터 기관의 도움을 받는 것을 권합니다. 자력으로 진출하려면 기업 설립부터 투자가 물색까지 시간이 너무 많이 걸리고 큰 비용도 감수해야 합니다. 또한 가급적 팀원 중에서 스페인어가 가능한 인력이 있다면 좋습니다. 영어로도 충분히 스페인에서 기업을 운영할 수는 있지만, 스페인어를 구사하는 인력이 없으면 타 기업과의 경쟁에서 불리할 수 있습니다.

현지 진출에 성공한 국내 스타트업

원투씨엠㈜
FORETHINK Ltd.

품목(업종)
소프트웨어, 인터넷 서비스

설립연도
2013년 3월 8일

대표자
한정균

소재지
경기도 성남시 분당구 판교로 255번길 35, A동 501호

홈페이지
www.12cm.co.kr

사업 규모 (연 매출액)
한국 본사 **130**억 원
해외 법인 **260**만 US 달러

Q. 원투씨엠은 어떤 기업인가요?

스마트폰 사용이 일반화되면서 온라인과 오프라인이 결합한 O2O(Online to Offline) 서비스가 다양하게 나오고 있습니다. 이런 상황에 걸맞게 '스마트폰에 찍는 스탬프'라는 아이디어를 구체화한 스마트 스탬프(제품명은 에코스 스마트 스탬프) 시스템을 개발했습니다. 원투씨엠은 오프라인에 새로운 시스템 인프라(단말기 또는 기존 POS 시스템과의 통합이 필요함)를 둬야 하는 문제를 극복하고자 노력하는 가운데 탄생했습니다.

스마트 스탬프는 누구나 직관적으로 사용법을 이해할 수 있고 현장에서 직원들이 관리하기에도 쉬운 장점이 있습니다. 또한 로열티 서비스, 바우처·티케팅 서비스, 모바일 결제 등 다양한 모바일 서비스와 접목해 사용할 수 있어 활용성이 매우 높습니다.

원투씨엠은 클라우드 인프라와 SDK(Software Development Kit)를 현지의 파트너사에 제공해서 사업을 전개하는 파트너십 비즈니스모델을 기반으로 2020년 초 현재까지 총 22개국에 서비스를 제공했습니다.

한국 HP 핀테크 시스템 컨설턴트로 10여 년간 재직 중이던 한정균 대표와 외국계 전략 컨설팅기업인 커니(A. T. Kearney)에서 전략 컨설팅을 담당하던 신성원 부사장이 그간 각자 자신의 사업체를 운영하던 중 두 회사가 공동으로 추진하던 모바일 애플리케이션 기반의 O2O 서비스가 실패하면서 이를 극복하고자 새로운 기술 체제를 준비했습니다. 초기 프로젝트로 스마트 스탬프 시스템을 개발했으며 이를 기반으로 기존 사업을 정리하고 2013년에 원투씨엠을 창업하게 됐습니다.

Q. 법인 설립 과정을 들려주세요. 고객과 투자는 어떻게 유치했나요?

원투씨엠은 2013년에 설립된 이래 2014년부터 2018년까지 캡스톤 파트너스(중국 대표 플랫폼 기업인 텐센트가 90% 출자한 펀드), 아주 IB투자, BSK 인베스트먼트, LB 인베스트먼트, 산업은행, SL 인베스트먼트, SJ 파트너스 등 국내 대표 벤처투자 기관으로부터 191억 원의 투자를 유치했으며, 해외 법인의 경우 대만 미디어그룹 오티가(Otiga), 미국 비자카드(Visa card) 파트너사인 네이비지브라(Navyzebra) 및 SK 텔레콤으로부터 1,490만 달러의 투자를 유치했습니다. 원투씨엠은 본사 이외에 일본, 중국, 싱가포르에 자회사를 설립한 바 있으며 대만, 미국에서는 합작 법인을 운영하고 있습니다. 스마트 스탬프는 22개국에서 총 62개 해외 파트너들을 통해 서비스되고 1일 약 600~1,200만 건의 스탬프 승인 데이터를 처리하고 있습니다.

Q. 현지에서 파트너는 어떻게 발굴했나요?

국내 사업을 추진하던 중, 2014년 일본의 대표적인 IT·전자 기업인 NEC 그룹의 자회사인 NESIC으로부터 해당 제품의 기술 제공을 요청받아 첫 해외 진출을 하게 됐습니다. 일본 외에도 해외 전시회 참가, KOTRA 지사화 프로그램 등 다양한 정부 기관 프로그램에도 참여하고, 해외 법인 설립을 통한 직접 사업화를 하는 등 다양한 방식으로 파트너를 발굴해오고 있습니다. 현재는 텐센트 등 투자 관계의 네트워크와 해외 제휴 네트워크를 통해서도 다양한 사업을 전개하고 있습니다.

스페인 스타트업 창업 연수 프로그램 참가 　　웨이라에서 운영하는 창업 연수 프로그램 참가

Q. 현지 시장 진입 과정이 궁금해요

모든 시스템을 클라우드 서비스(전 세계 총 7개 지역에 설치된 플랫폼을 통해 제공)에 설치해 제공하는 방식을 도입해 해외 시장에 진입했습니다. 해당 국가에 맞는 현지 조직 또는 해외 마케팅을 전담할 수 있는 전문 조직을 구성해 사업을 추진하고 있습니다. 특히 기술적으로는 사업 자산이 되는 소프트웨어의 경우 다국어 지원이 가능한 멀티 플랫폼으로 개발했으며, 철저하게 현지화 전략을 세워 사업을 추진하고 있습니다.

Q. 비자 등 현지 체류 자격은 어떻게 얻었나요?

해외 현지 법인의 경우, 채용 인력에 대한 체류 자격을 확보해 줍니다. 본사의 해외 사업 전담 조직은 출장을 통해 사업을 추진하는 등 이원적 방식으로 운영합니다.

Q. 노무나 세무 등 관리 업무는 어떻게 해결하나요?

현지 법인은 노무와 세무 그리고 사업과 관련된 법률적 자문 등이 필요한데, 이는 KOTRA, KIC 등의 지원을 받고 있습니

다. 또한 현지 한국 상무관, 무역투자청 등과 네트워크와 현지
정부 기관에서 제공하는 서비스를 적극적으로 활용합니다.

Q. 현지에 진출하면서 KOTRA 사업 참가 또는 지원을 받은 경험이 있나요?

원투씨엠은 KOTRA 해외전시팀에서 주최하는 전시회의 한국
관에 참가해 자사 기술을 해외 다양한 기업에 꾸준하게 선보
이고 있습니다. 또한 지사화 사업 등과 같은 KOTRA의 현지
무역관으로부터 서비스를 통해 당사가 희망하는 기업 또는
계약 체결 가능성이 큰 현지 기업을 발굴해 직접 제품을 소개
하며 심도 있게 파트너십 방안을 논의할 기회를 많이 가졌습
니다.

특히 스페인 바르셀로나에서 매년 개최되는 MWC의 경우 당
사가 다년간 참가하며 유럽의 유망한 기업들에 당사의 기술
을 선보일 기회를 많이 가져 실제 사업 계약 체결까지 이어졌
습니다.

Q. 현지에 진출할 때 가장 중점을 둔 부분이 있나요? 혹시 팁이나 조언을 한다면요?

파리 리테일 전시회에서 피칭 중

전 세계 대부분 나라에서 스
마트폰을 사용하고 있어 스
마트폰 애플리케이션을 활
용한 다양한 사업이 각국에
서 진행되고 있습니다. 하지
만 현지의 문화, 환경 및 사
용자들의 습관에 따라 제공되는 서비스의 내용은 무척 다르

기 때문에 이러한 상황에서 모바일 서비스를 실제 사업화하려면 각 국가 산업, 비즈니스 등에 대한 전반적인 이해가 매우 중요합니다.

현지 사업을 운영할 수 있는 우수한 인력을 채용하거나 파견해 현지에서 원활한 사업 활동을 할 수 있도록 준비해야 합니다. 당사도 현지 법인 설립을 통해 각국에 맞춘 사업·운영 팀을 운영하거나, 본사의 글로벌사업본부에서 현지 시장에 대한 이해도가 높은 인재나 외국인 등을 채용하는 등의 노력을 하고 있습니다. 시장 진출 이전에 해당 국가의 사업 환경에 대해 사전에 충분히 이해해야 시행착오를 줄일 수 있습니다.

FINLAND

FINLAND

핀란드

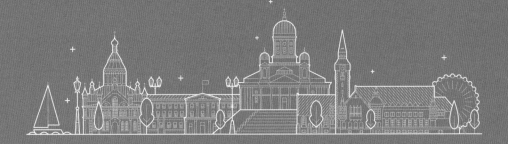

01

지금 핀란드 스타트업 상황

강소국가 중 가장 발달한 스타트업 생태계

핀란드는 전 세계에서 열두 번째로 활발한 스타트업 생태계를 보유하고 있다. 스타트업 생태계 순위 2019(Startup Blink)에 따르면 554만 명의 인구를 보유한 핀란드는 인구 1천만 명 이하 국가 중 이스라엘 (865만 명), 스웨덴(1,009만 명), 스위스(865만 명)에 이어 네 번째로 스타트업 생태계가 발달했다. 2017년 대비 7계단 상승했다. 핀란드는 유럽에서도 가장 활발한 스타트업 투자가 일어나는 곳 중 하나로 핀란드 벤처캐피털협회(FVCA)에 따르면 2018년 GDP 대비 스타트업 투자액은 0.098%로 덴마크(0.095%), 아일랜드(0.088%) 등과 함께 가장 높은 수준을 유지하고 있다.

산학연을 뒷받침해주는 정부

산학연 문화를 기반으로 한 학생 중심의 창업 생태계가 활성화되어 있다. 통신·조선·의료·산림업 등 주요 산업과 연관된 신기술 개발과 스타트업이 중심이며 2000년대부터 알토에스(Aalto ES), 스타트업사우나(Startup Sauna) 등 대학 창업 동아리에서 창업 생태계가 확산됐다.

핀란드 정부는 스타트업 생태계 활성화를 위한 제도와 인프라를 지원하기 위해 민간 부문과 경쟁하지 않는다는 원칙 아래 스타트업 비자·펀딩에 집중한다. 디지털경제와 사회 지수 2019(Digital Economy and Society Index 2019)와 EF 영어능력지수(EF English Proficiency Index 2019)에 따르면 핀란드는 유럽연합 내 IT 전문 인력 비중이 가장 높고 전 세계에서 여덟 번째로 영어가 유창한 비영어권 국가다.

창업이 기회가 되는 나라

휴대폰 판매 세계 1위를 차지하던 노키아가 쇠퇴한 후 핀란드 정부는 스타트업 인큐베이터로 나서 창업을 장려했다. 그중에서도 알토대학은 중심에 있다. 매년 알토대학 출신이 만든 스타트업이 70~100여 개에 달한다. 핀란드 스타트업의 절반 이상이 알토대학 재학생이거나 졸업생이 창업했다. 유럽의 실리콘밸리라 불리는 오타니에미(Otaniemi) 혁신 단지에 위치한 이 대학은 입학 때부터 창업이 목표일 정도로 창업과 경영을 주제로 공부하고 지원을 받는다.

02
주요 도시별 스타트업 생태계의 특징

헬싱키 | 초기 단계 스타트업에 최적화된 핀란드 최대의 창업 클러스터

핀란드의 주요 스타트업 정책은 핀란드 무역대표부(Business Finland)에서 주관하며 주요 대학·기업·벤처캐피털·스타트업 지원 기관이 헬싱키(Helsinki)와 에스포(Espoo) 등에 밀집되어 있다. 헬싱키는 글로벌 연결성(Global Connectedness)이 가장 높은 창업 생태계이며 멜버른, 예루살렘, 코펜하겐, 몬트리올과 함께 Top 5에 들어간다. 초기 단계 스타트업의 투자 환경이 가장 발달한 도시다. 평균 투자 액수가 30만 5천 달러로 몬트리올, 도쿄 다음으로 높다.

순위	1	2	3	4	5
글로벌 연결성 상위 5개 도시					
글로벌 연결성	**헬싱키**	멜버른	예루살렘	코펜하겐	몬트리올
초기 단계 투자액 (평균 금액)	몬트리올 ($374,000)	도쿄 ($336,000)	**헬싱키 ($306,000)**	바르셀로나 ($292,000)	예루살렘 ($267,000)

출처: 글로벌 스타트업 생태계 보고서 2019, 스타트업 게놈

● 인공지능, 빅데이터, 통계분석, 게임 등이 주도

민관이 공동으로 인공지능 스타트업을 지원하기 위해 프로그램을 운영한다. 핀테크, 스마트 모빌리티·인공지능 산업에 2018~2022년까지 4년간 3억 유로를 투자할 계획이다. 오로라(Aurora) 프로젝트(행정에 인공지능 도입), 인공지능 비즈니스 프로그램(AI Business Program) 등을 추진하고 있다. 또 인공지능의 첫걸음(Elements of AI) 등 민간이 주도하는 무료 인공지능 교육 프로그램도 진행한다. 2018년부터 헬싱키대학과 레악토르(Reaktor) 사가 운영하는 온라인 프로그램으로 2020년 3월까지 37만 명이 참가했다.

수퍼셀(Supercell), 로비오(Rovio) 등 세계적 게임업체를 바탕으로 한 게임 생태계 역시 발달했다. 100개 이상의 게임회사와 수퍼셀, 노르딕게임벤처(Nordic Game Ventures) 등 게임에 특화된 CVC와 VC가 운영 중이다.

● 광역헬싱키에서의 창업이 핀란드 스타트업의 절반 이상

2014~2018년 5년간 핀란드 전체 창업의 57.9%가 헬싱키와 에스포(Espoo)에 집중됐다. 모빌리티(Wolt·MaaS Global), 가상현실(Varjo,

Dispelix), 게임(Dodreams, Kuu Hubb), 우주항공(Iceye) 등이 주축을 이룬다.

연도별 광역헬싱키 창업 스타트업 수						
분야	2014	2015	2016	2017	2018	합계
스타트업	151	205	250	196	126	928

(단위: 개 사)   출처: 핀란드 무역대표부

● 헬싱키 대표적인 스타트업

회사명	분야	상세 정보	홈페이지
Small Giant Games	게임	• 설립연도 : 2013년 • 제품 : 모바일 게임 • 매출액 : 1억 6,600만 유로(2018년) • 2018년 소셜미디어 인기 게임 업체인 징가(Zynga)에 지분 80% 매각($5억6천만)	www.smallgiantgames.com
Swappie	기타	• 설립연도 : 2015년 • 제품 : 리퍼비쉬 모바일 단말기 • 매출액 : 3,110만 유로(2019년)	swappie.com
Wolt	모빌리티	• 설립연도 : 2014년 • 제품 : 배달서비스 • 매출액 : 2천만 유로(2018년) • 유럽에서 가장 빠르게 성장하는 스타트업 2위(영국 《파이낸스 타임스》)	wolt.com
Maas Global	모빌리티	• 설립연도 : 2015년 • 제품 : 모빌리티 서비스 • 매출액 : 470만 유로(2018년)	whimapp.com
Varjo	가상현실	• 설립연도 : 2016년 • 제품 : 가상현실 기기 • 매출액 : 90만 유로(2018년)	varjo.com
Kuu Hubb	게임	• 설립연도 : 2014년 • 제품 : 여성 타깃 모바일 게임 • 매출액 : 190만 유로(2018년)	kuuhubb.com
Iceye	우주항공	• 설립연도 : 2014년 • 제품 : 소형 위성 • 매출액 : 80만 유로(2018년)	www.iceye.com

탐페레 | 2030년까지 스마트시티 구축

헬싱키, 에스포에 이어 핀란드에서 세 번째로 큰 도시인 탐페레
(Tampere)는 스마트시티에 필요한 인공지능·의료바이오·모빌리티 등
스타트업을 육성한다. 탐페레는 2030년까지 스마트시티를 구축하는
데 최대 100억 유로를 투자하겠다고 밝혔다. 인공지능 탐페레 생태계
프로그램(AI Tampere Ecosystem Program)을 통해 인공지능 허브,
인공지능 모닝(AI Mornings), 스마트 탐페레(Smart Tampere) 등의
인공지능 프로그램을 추진하고 있다. 2017~2021년까지 대학·기업·
연구소가 공동으로 스마트시티 프로젝트를 추진한다.

ITS Factory(모빌리티)·Imaging Ecosystem을 통해 자율주행·전기
차 기술 개발을 위한 테스트베드 및 공공데이터를 제공하고 모빌리티·
보안·5G·원격의료·사물인터넷 등에 필요한 스타트업을 육성한다.

2018년 기준 탐페레에서는 약 200개의 스타트업이 활동하고 있고 의
료바이오, 미디어(게임·콘텐츠·증강현실과 가상현실), 모빌리티·클린
테크 산업의 창업이 활발하다.

또 '스타트업 탐페레' 정책을 통해 통합 지원을 한다. 단계별 무료 투
자 실무 교육 및 투자자 매칭 제도를 운영해 2017년 탐페레 지역 스타
트업은 4천만 유로의 투자금을 유치했다.

연도별 광역헬싱키 창업 스타트업 수							
분야	의료	미디어	산업	소프트웨어	교육	기타	합계
스타트업	39	34	33	21	16	56	199

(단위: 개 사) 　　　　　　　　　　　　　　　　　　　출처: 스타트업 탐페레

● 탐페레 대표적인 스타트업

회사명	분야	상세 정보	홈페이지
Framery Oy	기타	• 설립연도 : 2010년 • 제품 : 이동식 개인 사무공간 • 매출액 : 6,320만 유로(2018년)	www. frameryacoustics. com
Unikie Oy	모빌리티 인공지능	• 설립연도 : 2015년 • 제품 　- 자율주행차 솔루션 　- 기업용 메시징 　- 데이터 분석 및 모니터링 • 매출액 : 1,410만 유로(2018년)	www.vnikie.com
Greener Grass	모바일 게임	• 설립연도 : 2015년 • 제품 : Dice Hunter • 매출액 : 120만 유로(2017년)	www.greenergrass. company

03

스타트업에 대한 투자 규모와 트렌드

2010년 이후 4배 증가한 투자액

총 투자액은 2010년 1억 2,200만 유로에서 2018년 4억 7,900만 유로로 상승했다. 해외 투자자의 비중은 2010년 15.5%에서 2018년 60.8%로 급증했다.

연도별 스타트업 투자 유치 금액

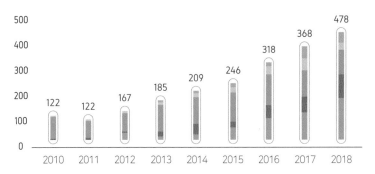

(단위: 백만 유로) ○기타 해외 투자 ○해외 VC ○핀 VC ○핀 엔젤 ○기타(크라우드&AC)

출처: 핀란드 벤처캐피털협회(FVCA)

후기 단계 스타트업에 대한 투자 증가

2016년 이후 전체 투자 건수는 큰 변화가 없으나, 총 투자액은 58%
증가했다. 후기 단계(성장 단계) 스타트업에 대한 투자는 2016년
3,400만 유로에서 2018년 9,200만 유로로 3년간 170% 증가했다.

연도별 스타트업 투자 건수 및 투자액

	2016		2017		2018	
	금액	건수	금액	건수	금액	건수
시 드	13	50	19	46	14	49
스타트업	85	95	83	77	98	87
후기 단계	34	28	40	14	92	21
합 계	**132**	**173**	**142**	**137**	**204**	**157**

(단위: 백만 유로, 건) 출처: 핀란드 벤처캐피털협회

투자가 활발한 ICT, B2B 서비스 및 바이오·헬스 산업

2014년 이후 플랫폼·인공지능·머신러닝 분야가 지속해서 성장하고 있
다. 매년 전 세계 약 3천 개 이상의 스타트업이 참가하는 유럽 최대 스

타트업 발굴행사인 '슬러시(Slush)'에서 2019년 참가 기업 중 플랫폼 비즈니스(30.0%), 인공지능(10.9%), 머신러닝(4%)을 언급한 스타트업이 증가했다.

핀란드 벤처캐피털협회에 따르면 2019년 상반기 핀란드의 스타트업은 ICT(50%), B2B 서비스(20%), 바이오·헬스(15%), 에너지(7%) 순으로 투자를 유치했다. 2010년 이후 성장 중인 게임 산업에 대한 투자 역시 계속되고 있다.

주요 게임회사 투자 유치 현황			
기업명	Small Giant Games	Armada Interactive	Futureplay
투자 유치액 (연도)	5억 6천만 달러 (2018년, 엑시트)	1천만 달러 (2017년)	250만 달러 (2016년)

현지 주요 벤처캐피털, 액셀러레이터, 기업형 벤처캐피털

● TESI(Finnish Industry Investment)

1995년에 설립된 TESI는 핀란드 정부가 운영하는 벤처캐피털이다. 주요 투자 분야는 클린테크, 소프트웨어, 건설, 산업기술, 의료바이오 등이다. 직접 투자 및 간접 투자를 병행하며 총 운용자산은 13억 유로다. 2019년에는 1억 3천만 유로를 투자했다. 투자한 곳은 아이스아이(ICEYE), 업클라우드(UpCloud), 에네보(enevo) 등 63개 사에 달하며 지금까지 엑시트한 기업은 19개 사에 이른다. 투자 펀드는 VC펀드, 바이아웃 펀드 등 88개이며 엑시트 펀드는 70개다.

🌐 www.industryinvestment.com

● 인벤처(Inventure)

2005년에 설립됐으며 총 운용자산은 2억 3천만 유로다. 주요 투자 분야는 모빌리티, UX플랫폼, 연결성(Connectivity), 의료바이오, 기업용 솔루션(Enterprise) 등이다. 투자한 스타트업에는 볼트(Wolt), 업클라우드, 스와피(Swappie) 등 60개 사가 있으며 블루프린트 제네틱스(Blueprint Genetics) 등 17개 사를 엑시트하는 성과를 이뤘다.

🌐 inventure.fi

● Maki VC

2018년 슬러시 이사회장을 역임한 일카 키비마키(Ilkka Kivimäki) 등이 설립했다. 주요 투자 분야는 인공지능, 머신러닝(ML), 신소재, 핀테크 등이며 투자 규모는 시드 단계의 스타트업에 20만~75만 유로, 시리즈 A 단계에 75만~500만 유로 수준이다. 총 운용자산은 8천만 유로에 달하며 리스토 실라스마(Risto Siilasmaa), 일카 파나넨(Ilkka Paananen), 린게(Ling Ge) 등이 참여했다. 투자한 스타트업으로는 디시오르(DISIOR), 스피노바(SPINNOVA) 등 19개 사가 있다.

🌐 maki.vc

● 라이프라인 벤처(Lifeline Ventures)

2009년에 설립됐으며 투자 규모는 시드 단계에 20~200만 유로다. 주요 투자 분야는 환경, 핀테크, 게임, 의료바이오 등이며 총 운용자산은 1,300만 유로 정도로 추정된다. 투자한 스타트업으로는 볼트, 바르요(Varjo), 발키(Valkee), 아이스아이 등 79개 사가 있으며 수퍼셀 등 24개 사가 엑시트했다.

🌐 www.lifelineventures.com

● 버터플라이 벤처(Butterfly Ventures)

2012년에 설립됐으며 주요 투자 분야는 딥테크 하드웨어, 인터페이스 등이다. 주로 시드 단계 스타트업에 투자하며, 투자 스타트업의 80% 이상에서 6개월 내 매출이 발생했다. 총 운용자산은 3천만 유로이며 투자한 스타트업에는 나바(Naava), 발로사(Valossa), 레본테(Revonte) 등 60여 개 회사가 있다.

🌐 butterfly.vc

● 아첼레란도(Accelerando)

2010년에 설립됐으며 주요 투자 분야는 테크, 게임 등이다. 특징은 벤처캐피털과 스타트업 코치들이 함께 운영하며 직접 투자 외에도 컨설팅 등을 제공한다. 지금까지 투자한 스타트업 기업으로 AC2SG Software 등 50개 사가 있다.

🌐 accelerando.fi

● 아반토 벤처(Avanto Ventures)

2000년에 설립됐으며 투자 분야는 조선, 핀테크, 에너지, 교통, 식품 등이다. 주요 파트너사에는 페이저(Fazer), DNA, 헬렌(HELEN) 등 25개 사가 있다.

🌐 avantoventures.com

● 키우아스

2010년에 설립됐으며 투자 분야는 에너지, 미디어, 핀테크·e-커머스, 의료바이오, 통신 등이다. 알토대학 창업 동아리에서 시작됐으며 주요 파트너사에는 노르디아(Nordea), 에스포, 아마존, IBM 등 16개 기업이 있고 30여 명의 코치가 활동한다.

🌐 www.kiuas.com

● 헬싱키 싱크 컴퍼니(Helsinki Think Company)

2016년에 설립된 헬싱키 싱크 컴퍼니는 의료바이오, 에너지 등에 주로 투자한다. 헬싱키대학의 창업 지원 프로그램이라는 점이 특징이며 코워킹 공간, 해커톤, AC 등을 운영한다.

🌐 www.thinkcompany.fi

● 엑스에듀(xEdu)

2015년에 설립된 엑스에듀는 미래교육 기술에 집중한다. 주로 교육 분야에 투자하며 에듀테크 분야에 특화된 액셀러레이터라는 점이 특징이다.

🌐 www.xedu.co

주요 AC 프로그램

● Kiuas Start(KIUAS)

매년 3주에 걸쳐 3~4월, 10~11월 2회 개최되며 참가비는 무료다. 스타트업에 지분을 요구하지 않는다. 초기 스타트업을 대상으로 하며 전문가 워크숍, 일대일 멘토링, 주간회의, 데모데이 같은 프로그램을 진행한다. 15개 사 정도가 참여한다.

🌐 www.kiuas.com/start

● MUTINY(Helsinki Think Company)

매년 6주에 걸쳐 3~5월 1회 개최된다. 전문가 워크숍, 멘토링, PR·마케팅 지원 등이 이루어지며 상금은 우승팀에게 2,500유로로, 슬러시 입장표 4매가 주어진다. 결선 진출팀에게도 슬러시 입장표 2매가 주어진다. 참가 규모는 10개 사다.

🌐 mutiny.fi

● Maritime Accelerator(Avanto Ventures)

매년 8주에 걸쳐 3~5월 1회 개최된다. 로열 캐리비언(Royal Caribbean), RMC, 메이어 투르쿠(Meyer Turku) 등 조선기업 3개 사가 스타트업을 선발하는 것이 특징이다. 선발된 스타트업은 해당 기업과 공동 프로젝트를 수행한다. 참가 규모는 15개 사다.

🌐 maritime.turkubusinessregion.com

스타트업 협업 프로그램 보유 현지 대기업

● 노키아(Nokia)

통신(5G) 업종 회사로서 스타트업과 협업을 도모하려는 분야는 5G 기술 활용 및 네트워크 구축을 위한 ML, AI 기술 그리고 5G 무선자동화, 다중접속기술, 머신러닝과 AI 가속기, 소프트웨어 스택, 딥러닝 애플리케이션별 통합 회로(ASIC) 등이다.

● 엘리사(Elisa)

통신(5G) 업종 회사로서 스타트업과 협업을 도모하려는 분야는 5G 기반 가상현실과 증강현실, 애플리케이션 및 콘텐츠, 협대역 사물인터넷 애플리케이션, 코어네크워크와 무선네트워크를 위한 네트워크 자동화 알고리즘, 협대역 사물인터넷 기반의 스마트 공장 솔루션 등이다.

● 바르질라(Wärtsilä)

조선업 회사로서 스타트업과 협업을 도모하려는 분야는 자율운항 선박용 디지털 서비스, Power to x 에너지 저장 솔루션, 선박 내 통신 솔루션, 선박→지상 통신 솔루션, 선박(크루즈 등)이나 에너지 분야에 특화된 솔루션 등이다.

● 카고텍(Cargotec)

물류 솔루션 업종 회사로서 스타트업과 협업을 도모하려는 분야는 인공지능 기반 화물 적재 솔루션이다. 화물 배치 및 용량 최적화·효율적 운영을 위한 과정 최소화·안전수칙을 강화하는 방안과 자동화·예측 분석·모니터링 등 터미널 운영 효율화 솔루션, 능률적이고 지속 가능한 화물 운송, 인공지능·사물인터넷·빅데이터·드론 등의 기술을 조선 및 항만에 적용할 수 있는 솔루션 등이다.

● 노르디아(Nordea)

핀테크 업종 회사로서 스타트업과 협업을 도모하려는 분야는 핀테크와 그 외 스타트업 전체이며 스타트업에 노르디아 서비스를 제공하는 것도 가능하다.

● 오리온(Orion)

의료바이오 회사로서 스타트업과 협업을 도모하려는 분야는 천식·만성 폐쇄성 폐질환·관상 동맥질환·신경 통증·근위축성 측색 경화증·파킨슨병 등의 신약 개발을 위한 인공지능·압타머솔루션, 암 환자의 생활과 치료 향상을 위한 솔루션, 종양학(전립선암과 유방암)에 대한 솔루션, 디지털 치료를 위한 가상현실 및 모니터링 기기 등이며 솔루션 관련 데이터 보유 스타트업을 선호한다. 그리고 임상연구 중인 스타트업 역시 지원한다.

주요 CVC 프로그램

핀란드 주요 기업은 상시 운영하는 오픈 이노베이션 형태의 협력을 선호한다.

● 노키아 이노베이션 챌린지

5G 분야를 대상으로 하는 프로그램으로, 참가 신청은 4~6월, 1차 심사는 7~8월, 2차 피칭은 8~9월, 2차 심사는 9월, 결선은 11월로 이뤄진다. 2013년부터 매년 열렸으며 200개 사가 참가한다. 부상으로 우승팀은 10만 달러, 2위 팀은 5만 달러의 상금을 시상하며, 결선에 진출한 5개 팀에게 노키아와의 협업 기회가 제공된다. 2019년에는

캐나다의 스타트업 하일라(HaiLa)가 우승했다. 캐나다 몬트리올에 위치한 하일라는 사물인터넷(IoT) 디바이스 데이터가 주변 파장(wave)을 히치하이킹해 사물인터넷 전력 소비를 크게 줄이는 기술을 보유한 기업이다. 한국 기업으로는 맥스트가 가상현실의 핵심 기술인 SLAM 등으로 결선에 진출했다.

🌐 www.nokia.com/innovation/open-innovation-challenge-2019

● 엘리사 업(Elisa Up)

5G 분야를 대상으로 상시 모집한다. 2016년부터 운영됐으며 2020년 3월 기준 100개 사가 참가했다. 맞춤형 지원으로 시장 분석, 아이디어 검증(validation), 시제품 개발, 스케일 업 등을 지원한다. 연 1회 5G Co-Creation Challenge를 개최한다. 참가한 주요 스타트업으로는 바르요, 도모스(DOMOS), 원플러스(OnePlus) 등이 있다.

🌐 up.elisa.com

04 정부의 스타트업 지원 정책

민간 부분의 스타트업 활성화에 중점

핀란드 중앙·지방정부가 지역별 주요 생태계 구성원들과 협력 체계를 구축한다. 핀란드 무역대표부(Business Finland)가 스타트업의 펀딩과 프로그램을 주도한다. 지역별 경제개발·교통·환경센터(ELY Keskus)와 공기업이 지역별 프로그램을 수행한다. 전국 15개 ELY Keskus(Center for Economic Development, Transport and Environment)에서 창업 지원 서비스를 제공한다. 헬싱키 비즈니스 허브, 에스포 마케팅, 비즈니스 탐페레 등 도시별 공기업을 통해 스타트업을 지원한다.

제도 완화를 통한 해외 스타트업 유치

해외 스타트업 유치를 위해 2018년 4월부터 스타트업 비자 지원 제도를 시행하고 있다. 핀란드에서 창업을 희망하는 2인 이상으로 구성된 스타트업 구성원에 2년 기한의 체류허가증을 발급해주는 제도다. 또한 2020년 1월부터 소득세법(Income Tax Act)을 개정하여 해외 벤처캐피털은 세금 감면 혜택을 받을 수 있다. 핀란드 벤처캐피털 투자의 30%에 불과한 해외 벤처캐피털 투자 확대를 위해 핀란드 사모펀드 등에 참여하는 해외 벤처캐피털의 투자소득에 소득세 감면 혜택을 준다.

🌐 www.businessfinland.fi/en/do-business-with-finland/startup-in-finland/startup-permit

민간 중심의 창업 생태계 적극 지원

지자체에 있는 민간기관들과 연계해 창업 지원 프로그램을 운영한다. 헬싱키, 스타트업재단 등과 북유럽 최대 스타트업 커뮤니티인 마리아01(Maria01)을 공동 운영하고 있다. 에스포, 25개의 연구소와 대학, 주요 기업들의 창업 관련 활동 또한 지원한다.

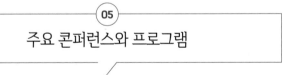

05
주요 콘퍼런스와 프로그램

스타트업 관련 주요 콘퍼런스

● 슬러시

2008년부터 시작해서 매해 11월 말에 개최되는 슬러시는 세계적인 스타트업 페스티벌이다. 스타트업 3,500여 개, 투자자 2천여 명, 참가 인원은 2만 5천여 명에 달한다. 슬러시 공식 피칭 경진대회 '슬러시100 피칭대회'와 벤처캐피털과의 일대일 상담이 진행되고, 부스 전시, 세미나 등이 열린다. 심지어 현장 채용이 이루어지기도 한다.

🌐 www.slush.org

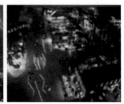

슬러시 2019 행사장 풍경

● 아틱15(Arctic15)

2019년 6월 5~6일에 개최됐다. 아틱스타트업 미디어(ArcticStartup Media Oy) 주최로 2012년부터 매해 개최되는 행사로 스타트업 570개 사, 투자자 300명, 참가 인원 1,400명 규모다. 벤처캐피털 일대일 상담이 진행되고 부스 전시, 세미나 등이 열린다.

🌐 arctic15.com

아틱15 행사장 풍경

● 스트림페스티벌(Streamfestival)

스트림페스티벌 주최로 2018년부터 매해 개최되고 있다. 2020년은 11월 19~20일 열릴 예정이다. 스타트업 320개 사, 투자자 75명, 참가 인원 750명 규모다. 벤처캐피털 일대일 상담, 부스 전시, 세미나 등의 프로그램이 진행된다.

🌐 streamfestival.org

스트림페스티벌 행사장 풍경

스타트업 관련 정부 부처나 유관 기관의 프로그램

● 핀란드 무역대표부

• 핀란드의 스타트업 지원 정책 총괄

스타트업 지원 프로그램을 총괄하는 정부 기관이다. 스타트업 육성, 펀딩, 해외 스타트업 유치 프로그램을 기획하고 지역별 기관과 공동 추진한다. 스타트업 비자 1차 심사도 담당한다.

🌐 www.businessfinland.fi

• 스타트업에 필요한 원스톱 서비스 제공

스타트업 키트, 15개 파트너사와 함께 핀란드 창업에 필요한 비자·입지·도시별 생활환경·회사 설립 절차 등의 정보를 제공한다. 핀란드 스타트업과 전 세계 주요 도시의 1,370개 투자자를 연결한다. 핀란드 외 런던·스톡홀름·두바이·도쿄·서울·팔로알토·싱가포르·상하이 등의 투자자와 네트워크를 구축한다.

• 3단계 펀딩 프로그램 운영

스타트업, 창업·제품 개발·성장 단계에 따른 펀딩 신청이 가능하다. 최대 55만 유로 지원금과 75만 유로 이상의 특별 대출을 제공한다.

무역대표부의 주요 스타트업 프로그램		
지원 프로그램	단 계	상세 정보
TEMPO	창업	• 대상 기업 : 스타트업 • 지원 규모 - 최대 5만 유로(총 비용의 75% 이내) • 지원 기간 : 6~12개월 • 지원 서류 : 사업계획서, 재무제표

R&D Piloting	제품 개발	• 대상 기업 : 제품 개발, 파일럿 단계 스타트업
		• 지원 기간 : 7~10년
		• 지원 규모
		  - 비용의 65%까지 지원금 지원
		  - 비용의 50%까지 연리 1% 대출
		• 지원 서류
		  - 사업계획서, 재무제표, 현금흐름예상표, 재무예
		    산성과표

YOUNG
INNOVATIVE
COMPANY
	성장	• 대상 기업: 창업 5년 이하 기업
		• 지원 규모
		  - 지원금 50만, 대출 75만 유로
		• 3단계 지원
		  - 1단계 25만 유로 지원
		  - 2단계 25만 유로 지원
		  - 3단계 75만 유로 대출(연리 1%, 10년 거치)
		• 지원 서류
		  - 사업계획서, 재무제표, 감사서류, 현금흐름예상
		    표, 재무예산성과표

● 헬싱키 비즈니스 허브

헬싱키에서 운영하는 기업지원센터 공기업이다. 스타트업 창업 지원,
네트워킹 지원 등의 업무를 담당한다.

🌐 www.businessfinland.fi

● 에스포 마케팅

에스포에서 운영하는 기업지원센터 공기업이다. 스타트업 창업 지원, 네트워킹 지원 등의 업무를 담당한다.

🌐 www.espooinnovationgarden.fi

● 마리아01

북유럽 최대 스타트업 커뮤니티다. 스타트업·벤처캐피털·액셀러레이터 등 160개의 구성원들이 입주해 있다. 입주 기관 및 마리아01의 자체 행사를 통해 스타트업 생태계 활성화를 추구한다.

🌐 maria.io

● 비즈니스 탐페레

탐페레에서 운영하는 기업지원센터로서 공기업에 속한다. 스타트업 창업 지원, 네트워킹 지원 등의 프로그램을 진행한다.

🌐 businesstampere.com

스타트업 육성 주요 대학 및 연구기관

● 알토대학

핀란드의 창업 생태계를 선도하는 대학으로 다수의 스타트업 기관을 운영하고 학생 활동을 지원한다.

• 알토벤처 프로그램(Aalto Ventures Program)

AVP Course를 통해 핀란드 대학생을 교육하는 기관이다. Startup Trips는 알토대학 학생들에게 선진 스타트업 생태계를 경험할 기회를 제공한다. 또 Thought Leaders Talk·AVP Masterclass 등은 강연이나 워크숍을 개최한다. 여름학교를 열어 전 세계 대학생을 위한 스타트업 교육을 8월 3~21일 개최한다.

🌐 avp.aalto.fi

• 알토스타트업센터(Aalto Startup Center)

코워킹 공간·코칭·벤처캐피털 매칭·데모데이 등 스타트업 맞춤형 프로그램을 운영하는 인큐베이터 겸 액셀러레이터다. 전기 엔지니어링·우주항공·사물인터넷·의료바이오 등 32개 스타트업을 지원했다.

⊕ startupcenter.aalto.fi

• 그리드(A Grid)

60여 개의 스타트업·액셀러레이터·사내 벤처캐피털 등이 입주한 스타트업 커뮤니티다.

⊕ agrid.fi

• 알토즈(Aaltoes)

2009년에 시작된 알토대학교의 스타트업 창업 동아리로 스타트업 사우나, 슬러시, 키우아스, JUNCTION 등 핀란드 대표 스타트업 생태계의 출발점이다. FallUp(콘퍼런스)·DASH(해커톤, 팀을 이뤄 마라톤을 하듯 긴 시간 동안 시제품 단계의 결과물을 완성하는 대회)·REVIVE(세미나)·Talk the Talk(연간 이벤트) 등을 개최한다.

⊕ www.aaltoes.com

• Junction

2015년 학생들이 시작한 해커톤이다. 4개의 오프라인과 1개의 온라인 해커톤을 운영한다. 매월 첫 번째 월요일 헬테크(Hel Tech)라는 네트워킹 행사를 개최한다.

⊕ www.hackjunction.com

● **탐페레대학**

• 뉴팩토리(New Factory)

탐페레대학 등이 공동 출자한 Tamlink에서 운영하는 인큐베이터다. 스핀아웃 랩에서 탐페레대학의 50여 개 스핀오프 기업을 지원하고 스타트업·기업·연구기관 간 공동 프로젝트를 운영한다.

⊕ www.newfactory.fi

현지 투자자 인터뷰
VC Interview

인벤처의 사미 램피넨

인벤처는 공동 설립자 사미 램피넨(Sami Lampinen)이 2005년에 초기 스타트업을 투자하기 위해 세운 벤처캐피털이다. 펀드의 20%를 초기 단계와 첫 라운드에 투자하고, 나머지는 스타트업의 성장에 따라 투자한다. 2007년 4천만 유로, 2013년 7천만 유로 등 총 2억 3천만 유로의 펀드를 조성해 스타트업에 투자하고 있다. 핀란드, 북유럽과 발트3국의 스타트업이 글로벌 스타트업이 될 수 있도록 돕고 있다.

Q 인벤처가 관심 있게 보는 분야가 있나요?

모빌리티, UX플랫폼, 연결성(Connectivity), 헬스케어와 기업용 솔루션(Enterprise) 등 5가지 분야에 집중합니다. 항상 엑시트와 신규 투자할 스타트업을 계획하며 포트폴리오를 관리하고 있습니다. 물론 최근의 코로나19 사태가 스타트업과 우리에게 많은 어려움을 주고 있지만 해당 분야는 더욱 성장할 것으로 기대합니다.

Q 투자할 때 무엇을 중요하게 보나요?

스타트업의 성장성을 가장 중요하게 생각합니다. 매년 2배 이상의 성장 잠재력이 있는 테크 스타트업이라면 인벤처와 함께할 수 있습니다. 최근 들어서는 실시간 진단이 가능한 모바일 앱 또는 기기를 개발하는 헬스케어 스타트업의 성장성이 높다고 생각합니다.

Q 현지 투자자와 만날 때 무엇을 가장 신경 써야 하나요?

스타트업들은 제품이나 전략에 대해 명확히 설명하지 못하는 경우가 많습니다. 투자자들은 스타트업과 비즈니스모델에 대한 신뢰성과 명확성을 중요시합니다. 개인적으로 자신의 팀, 시장, 기술력과 성장 계획 그리고 얼마나 많은 투자를 원하는지, 어떤 성장 단계에 있는지를 효과적으로 설명하는 스타트업에 관심이 많이 갑니다.

Q 현지 진출을 희망하는 한국 스타트업에 조언을 한다면요?

한국 스타트업은 기술과 엔지니어링에 강점이 있습니다. 하지만 그들의 아이디어와 비즈니스모델을 효과적으로 전달하지 못하는 경우가 많습니다. 또한 한국 스타트업이 글로벌 시장을 목표로 하는지도 불확실합니다. 한국과 다르게 핀란드의 많은 스타트업은 국제 창립자 팀(International Founder Team)이 창업하기 때문에 자연스럽게 글로벌 시장을 위한 솔루션을 개발합니다.

핀란드 진출을 희망한다면 '왜 핀란드인가?'에 대한 확실한 답이 있어야 합니다. 한국 스타트업들은 현지에 진출하기 전에 잘 갖춰진 핀란드의 창업 생태계를 경험해볼 것을 권합니다.

현지 투자자 인터뷰
VC Interview

아첼레란도의 요시 헤이닐라(Jussi Heinilä)

아첼레란도는 2010년에 벤처캐피털 투자자와 스타트업 코치들이 함께 창업한 단순 투자사가 아닌 종합 스타트업 지원 회사다. 200개의 벤처캐피털과 300개의 엔젤 네트워크를 바탕으로 스타트업을 돕고 있다. 지난 10년간 100개 이상의 스타트업이 엔젤투자자·벤처캐피털로부터 투자를 받을 수 있게 지원하고, 50개 이상의 스타트업에 직접 투자를 했다. 그 외에도 300개 이상의 스타트업이 핀란드와 EU의 공공 펀딩을 받았다. 아첼레란도는 스타트업에 온라인 서비스와 시장 조사도 제공한다.

Q 아첼레란도가 관심 있게 보는 분야가 있나요?

우리는 바이오와 제약 분야를 제외한 모든 테크 스타트업에 관심이 있습니다. 바이오와 제약 분야는 투자에 실패한 경험도 있고, 다른 벤처캐피털들이 투자를 선호하지 않는 경향이 있어 되도록 피하고 있습니다.

Q 투자할 때 중요하게 보는 부분이 있나요?

우리는 스타트업 솔루션이 얼마나 틈새시장을 공략할 수 있는가를 중요하게 여깁니다. 틈새시장은 특정 분야에서 특정한 타깃을 위한 제품과 서비스를 의미합니다. 우리는 모든 이에게 필요한 솔루션은 원하지 않으며, 명확한 틈새시장을 공략할 수 있는 'Go-To-Market' 스타트업을 찾고 있습니다. 우리는 과거의 실패로부터 얻은 경험을 바탕으로 스타트업을 평가하고 지원합니다.

Q 현지 투자자와 만날 때 무엇을 가장 신경 써야 하나요?

스타트업의 솔루션이 어떤 틈새시장을 어떻게 공략할 수 있는지 명확히 제시해야 합니다. 누가 경쟁자이고 그들과 어떻게 경쟁하고 어떻게 기술을 보호할 수 있는지도 알려줘야 합니다. 생각하고 있는 문제(Challenge)를 극복할 수 있는 자원이 있습니까? 당신의 스타트업은 어떤 팀이고, CEO는 얼마나 유능한가요? 저는 '실행이 전부(Execution is Everything)'라고 믿기 때문에, 스타트업이 투자자들 앞에서 그렇게 할 수 있다는 것을 증명해야 합니다.

Q 현지 진출을 희망하는 한국 스타트업에 조언을 한다면요?

지금까지 만난 한국 스타트업들은 종종 내수시장에 집중하다가 더 큰 성장이 필요할 때에서야 글로벌 시장을 고민했습니다. 이런 접근 방식은 스타트업의 문화와 마인드셋을 글로벌 시장에 맞추는 데 너무 많은 시간과 자원을 요구합니다. 우리는 '본 글로벌(Born Global, 창업 초기 단계부터 해외 시장을 목표로 하는 기업)' 스타트업을 원합니다. 핀란드와 유럽에 진출하고자 하는 한국 스타트업은 DNA에 글로벌 시장을 위한 솔루션이 있어야 합니다.

한국 스타트업이 핀란드 공공기관에 펀딩을 신청할 때, 고객사의 의견을 듣고 싶을 때, 회계·법률 등 전문적인 조언이 필요할 때 도움이 될 수 있는 현지 파트너를 찾으라고 권하고 싶습니다.

현지 진출에 성공한 국내 스타트업

포어싱크
FORETHINK Ltd.

품목(업종)
모바일 커머스 솔루션

설립연도
2018년

대표자
배동훈

소재지
핀란드 에스포

홈페이지
www.forethink.net

종업원 수
3명

Q. 포어싱크는 어떤 기업인가요?

포어싱크는 모바일 커머스 솔루션을 제공하는 스타트업으로, 2018년 한국인 배동훈, 박솔잎 그리고 핀란드인 마르티 메리(Martti Meri) 3명이 핀란드 에스포에 있는 과학혁신단지 오타니에미에서 창업한 회사입니다. 중소상공인들에게 스마트한 모바일 앱 개발 서비스를 제공하고 있습니다.

고객을 위해 모바일 카탈로그 앱을 개발하고 퍼블리싱합니다. 쉽고 빠르게 앱 개발 및 배포가 가능한 데일리 앱(Daily App), 그리고 상품 목록 개인화 및 최적화 서비스가 포함된 프리미엄 앱(Exclusive App) 서비스를 제공합니다. 포어싱크가 개발하는 앱에는 푸시알림, 관리자용 툴, 앱 데이터 분석 등 다양한 기능이 포함되어 있습니다.

프리미엄 앱에는 이용자가 제품 목록을 브라우징하면 자동으로 상품 목록을 개인 맞춤으로 최적화해주는 인공지능 시스템이 탑재될 예정입니다. 모바일쇼핑 고객은 작은 화면에서 무수히 많은 제품을 관찰해야 하므로 피로도가 높습니다. 따라서 짧은 시간 안에 최적화해 제품을 보여주는 것이 구매 전환율 유지와 상승에 매우 중요합니다. 포어싱크의 프리미엄 앱은 사용자경험(UX)과 인공지능의 쌍방향 혁신으로 모바일 고객의 피로도를 낮추고, 이머커스 사업자에게는 전략적인 상품 판매를 가능케 합니다.

저희는 핀란드 스타트업 진흥기관인 핀란드 무역대표부에서 5만 유로 펀딩을 유치했습니다. 2019년 초 파일럿 서비스를 출시한 이래 한국과 핀란드에 고객이 있습니다.

Q. 창업자들의 이력은 어떻게 되나요?

포어싱크 공동 창립자들

CEO 배동훈은 LG전자, 모토로라, 필립스 디자인센터에서 UX 디자이너 및 개발자로 일했고 그 과정에서 RAZR폰, 모토롤라 글로벌 UX 디자인 전략을 수립했습니다. 서울과 홍콩, 독일 등 전 세계를 누비며 스마트폰 UX 발전에 기여하다가 2011년부터는 핀란드 노키아 본사의 시니어 디자이너 겸 개발자로 근무했습니다. 이때 포어싱크 솔루션의 핵심이 되는 상품목록 개인 최적화 모델의 초기 구상을 완성했습니다. 노키아가 모바일 사업을 매각한 후 한국에 돌아오는 대신 핀란드의 창업 지원 프로그램을 이수하고 창업가로 거듭났습니다.

COO 박솔잎은 미국 카네기멜론대학에서 ETC(Entertainment Technology Center) 석사를 마치고 넥슨 아메리카와 넥슨 컴퓨터 박물관에서 근무했습니다. 핀란드 스타트업 생태계와 인연을 맺으며 '핀란드 실패 파티', '슬러시, 핀란드라는 빙산의 일각' 등 핀란드에 대한 여러 글을 집필했으며 2018년 국제 비즈니스 및 프로젝트 매니징 전문가로서 경력과 포어싱크의 사업 가능성을 인정받아 핀란드에서 스타트업 비자를 받았습니다.

CIO 마르티 메리는 핀란드 알토대학 컴퓨터공학과 석사를 졸업한 머신러닝 연구 및 개발 전문가입니다. 핀란드의 유명 에너지회사인 포텀(Fortum)에서 연구 엔지니어를 거쳐 알토대학 컴퓨터공학연구소에서 머신러닝 연구 엔지니어로 오랫동안 일했습니다.

Q. 현지에서 파트너는 어떻게 찾았나요?

키우아스(KIUAS), 알토스타트업센터(Aalto Startup Center) 를 비롯한 핀란드 내 다양한 창업 생태계를 통해 필요한 정보를 접하고 있습니다. 나아가 우리는 핀란드에서 창업했기 때문에 한국의 고객사와 파트너 확보에도 노력을 기울이고 있습니다. 이를 위해 한국의 지자체별 창업진흥센터와 민간 스타트업 기관, 협회들과 네트워크를 꾸준히 시도하고 있습니다. 2019년 문재인 대통령이 핀란드를 방문할 때 함께한 한국의 창업가와 스타트업, 투자자들과 파트너십을 이어가고 있습니다.

Q. 현지 시장 진입 과정이 궁금해요

핀란드 스타트업 생태계는 영어를 공용어로 사용하고, 외국인 창업가에게 열린 환경으로 빠르게 변화하고 있습니다. 다만 금융, 행정절차 등은 여전히 고리타분한 부분이 남아 있어 살짝 아쉬움이 남습니다.

핀란드가 다문화 사회로 나아가고 있음에도 불구하고, 핀란드의 은행들은 여전히 외국인 창업가들에게 보수적인 잣대를 들이대는 편입니다. 포어싱크도 창업 당시 은행 계좌를 개설하는 데 3개월이 걸렸습니다. 핀란드 은행들이 이런저런 이유로 심사를 반려하거나 추가 서류를 요구했기 때문이지요. 다행히 핀란드 스타트업 업계와 정책 관계자들도 문제를 인식하고 규제와 문제점들을 개선해 나가는 중입니다. 2020년부터 핀란드는 유한법인(Oy) 등록 시 필요한 최소 자본금 증명 절차를 전격적으로 없앴습니다. 이에 법인 계좌 심사 중인 스타트업도 (자본금 및 법인 계좌 증빙 없이도) 법인번호를 받아 각종 정부 지원 프로그램에 지원할 수 있게 됐습니다. 스타트업을 운영해온 지난 2년간 많은 부분이 긍정적으로 변화했음을 체감하고 있습니다.

Q. 비자 등 현지 체류 자격은 어떻게 얻었나요?

핀란드는 외국인 신분으로 법인을 등록하는 것이 비교적 쉬운 나라 중 하나입니다. 영주권이나 시민권이 없더라도 체류허가증(Residence Permit)을 가지고 있다면 자유롭게 창업할 수 있습니다. 실제로도 많은 외국인 청년 창업가들이 학생비자(Study Permit)로 창업을 하고 있습니다. 취업이민(Work Permit)으로 오시는 분들도 다니는 회사와 별도로 자유롭게 창업할 수 있습니다. 두 경우 모두 개인사업장(TMI) 또는 유한법인(Oy) 형태로 창업할 수 있습니다.

핀란드는 외국인 고급 인력 유치 및 혁신 산업 증진을 위해 2018년 '스타트업 비자(Startup Permit)'를 신설했습니다. 핀란드에서 창업을 희망하는 외국인들은 누구나 스타트업 진흥기관인 핀란드 무역대표부를 통해 사업계획서를 승인받은 후, 이민국에서 스타트업 비자를 받을 수 있습니다. 스타트업 비자는 2년간 유효하며, 가족 동반이 가능합니다. 자녀를 동반할 경우 현지인 자녀들과 같은 공교육과 복지 혜택도 받을 수 있습니다.

Q. 노무나 세무 등 관리 업무는 어떻게 해결하나요?

핀란드 지자체들은 창업가와 프리랜서들에게 법인 설립 및 채용 관련 법률상담 서비스를 무상으로 제공합니다. 그리고 이 서비스는 핀란드어 외에도 영어, 러시아어, 독일어, 아랍어 등으로도 지원됩니다. 헬싱키는 뉴코 헬싱키(NewCo Helsinki)가, 우리 포어싱크가 위치한 에스포는 엔터프라이즈 에스포(Enterprise Espoo)가 관련 서비스를 제공합니다. 이들 기관에는 법인 설립과 관련된 법률, 비자 정책, 세무 기준, 채용 및 핀란드 노동정책, 고용 관련 비자 제도에 박식한 전문가들이 상주하고 있습니다. 핀란드에 거주하는 이라면 누구나 횟수 제한 없이 원하는 만큼 일대일 자문 상담을 받을 수 있습니다. 이뿐만 아니라 미래 창업가들을 위한 규제, 법률, 회계 관련 무료 강연도 상시로 제공됩니다. 이곳에서 현지 법률사무소, 세무사 등을 소개받을 수도 있습니다. 포어싱크 또한 창업 과정에서 엔터프라이즈 에스포의 서비스를 십분 활용했습니다.

Q. 현지에 진출하면서 KOTRA 사업 참가 또는 지원을 받은 경험이 있나요?

포어싱크는 핀란드에서 창업한 스타트업으로 KOTRA 사업을 통해 한국 스타트업 및 중소기업들을 도울 수 있는 핀란드 파트너사로서 소개되고 있습니다. 우리처럼 해외에서 한국 교민이 창업한 스타트업은 한국이라는 인구 5천만의 시장으로의 진출 혹은 고객사를 유치한다는 점에서 큰 의미가 있습니다.

매년 연말 헬싱키에서 개최되는 슬러시에서 KOTRA가 운영하는 한국관은 포어싱크가 한국 스타트업과의 만남 및 네트워킹을 하는 데 매우 중요한 역할을 했습니다. 슬러시는 핀란드 최대 스타트업 행사로, 유럽 전역의 스타트업과 투자사들을 끌어모으는 거대한 축제입니다. 이곳에서 우리는 한국관에 참여한 한국 스타트업들과 많이 만났습니다.

한국 스타트업들도 해가 갈수록 유럽 진출에 대한 준비가 잘되어가는 것 같습니다. 포어싱크 사업 초기만 하더라도 (국가 지원금을 목표로) 핀란드에 대해 전혀 모르는 한국 창업가 분들께서 무작정 우리를 찾아와서 아쉬운 점이 있었습니다. 그러나 최근 들어 진지하게 유럽 진출을 고민하거나 파트너사를 물색하는 분들이 점차 늘어나고 있습니다. 이제 본격적으로 한국-유럽 스타트업 간 교류가 활발해지지 않을까 기대됩니다.

Q. 현지에 진출할 때 가장 중점을 둔 부분이 있나요? 혹시 팁이나 조언을 한다면요?

유럽의 혁신 산업 진흥 및 산업 규제는 유럽연합(EU)이 대동소이한 편입니다. 제품 인증, 통관 등이 유럽연합 단위로 움직이기에, 핀란드에서 절차를 거치면 그 외 다른 유럽 국가로 수출을 모색하는 것도 상당히 수월해집니다. 하지만 유럽의 나라마다 시장 동향, 트렌드, 문화가 상당히 다르다는 점은 잊지 말아야 합니다. 특히 핀란드가 위치한 북유럽과 이탈리아와 스페인 등이 위치한 남유럽은 전혀 다른 문화권이라는 생각이 들 정도로 서로 다른 비즈니스 에티켓을 요구합니다.

핀란드 및 유럽 진출을 고려한다면 한국만이 가진 독특한 강점, 혹은 기술적 우위가 있는 분야에 속하고 있는지를 확인해 볼 것을 조언드립니다. 최근 유럽에서 한국은 통신 관련 기

포어싱크 화면

술, IT, 소프트웨어, 게임, 전자상거래(특히 모바일 이커머스) 등 디지털 관련 기술력을 인정받고 있습니다. 반면 패션, 라이프스타일, 식품, 친환경기술, 디자인 등 아날로그 감성이 요구되는 분야는 문화 차이와 유럽 내 축적된 역량을 지닌 경쟁사들을 극복해야만 합니다.

핀란드를 비롯해 북유럽의 스타트업은 특히 디자인, 라이프스타일, 사용자경험(UX), 소프트웨어가 강한 편입니다. 북유럽 국가는 내수시장이 작기 때문에, 북유럽의 스타트업은 사업 초기부터 독일, 영국, 미국, 중국 등 해외 진출 전략을 짜는 데 익숙합니다. 그러므로 회사 규모가 작다고 결코 해외 수출 경험이나 글로벌 사업 경험이 적을 것이라 예단할 수 없습니다. 나아가 핀란드 사람들은 비즈니스 관계에서도 단기적 성과보다는 중장기적인 관계와 대화를 통해 '신뢰'를 쌓는 것을 매우 중요하게 여기는 편입니다. 미국 실리콘밸리 방식의 대화법, 즉 외향적인 접근, 초면부터 성과 중심적인 자기 PR 등은 오히려 핀란드에서는 부정적으로 인식될 수도 있으니 주의하세요.

3 Oceania

오세아니아

01 | 호주   263

AUSTRALIA

AUSTRALIA

호 주

지금 호주 스타트업 상황

시드니와 멜버른, 두 도시에 집중

호주는 땅덩어리는 넓지만, 인구는 우리의 절반 수준이다. 국가별 인당 GDP 규모를 보면 우리나라가 3만 1,838달러인 데 비해 호주는 5만 3천 달러로 높은 편이다. 주요 산업으로는 관광, 파이낸스, 광업, 서비스에 집중되어 있다. 스타트업 게놈에서 발표한 2019년 글로벌 스타트업 생태계 보고서에 따르면 호주의 경제도시 시드니는 글로벌 생태계 순위에서 23위를 차지했다. 여전히 주요 도시로 이름을 올리고는 있으나 전년도와 비교하면 6계단 하락했다. 멜버른은 스타트업 환경 글로벌 순위에서 시드니에 비해 뒤처져 있지만 향후 5년 내 상위 30위에 포함될 수 있는 생태계의 '도전자'로서 잠재력이 높다고 평가받았다.

글로벌과 로컬 모두 뛰어난 연결성

호주는 영어권 국가로서 미국이나 유럽과의 교류가 활발하다. 지리적으로는 아시아와도 가까워 해외 진출을 꿈꾸는 스타트업에 전초기지이자 좋은 테스트 환경을 갖췄다. 이처럼 국제적 연결성이 뛰어나 국내외 창업자 간의 네트워킹이 수월하다. 정부의 해외 진출 프로그램 및 스타트업 인센티브 등 풍부한 지원 정책을 활용해 글로벌 스타트업의 중심이 될 수 있으며 이를 통한 해외 진출까지 연결될 수 있다.

미국 실리콘밸리가 주목한 멜버른

미국 실리콘밸리 등지 벤처캐피털들이 호주 기업에 대한 투자에 관심이 높고, 투자 사례도 많다. 현지 바이오테크협회, 핀테크협회, 주정부 등 미국 투자가들과 정기 네트워킹 및 협력 플랫폼 등을 강화한 결과다.

실리콘밸리 벤처캐피털의 멜버른 투자 사례			
기업명	분야	투자가(미국)	투자 규모 / 해당 연도

엔보더
(Enboarder)
	HR
	테크놀로지
		• 그레이크로프(Greycroft)
		• 넥스트 코스트 벤처
		  (Next Coast Ventures)
		• 스테이지 2 캐피털
		  (Stage 2 Capital)
			시리즈 A,
			1,160만 달러/2019

어시그나 (Assignar)	서비스용 소프트웨어	• 토라 캐피털(Tola Capital)	시리즈 A, 870만 달러/2018
플루언트 커머스 (Fluent Commerce)	주문용 소프트웨어	• 애로루트 캐피털 (Arrowroot Capital)	시리즈 B, 3,300만 달러/2018
고1(GO1)	교육용 소프트웨어	• M12	시리즈 B, 3천만 달러/2019
세이프티컬처 (SafetyCulture)	산업용 소프트웨어	• 타이거 글로벌 매니지먼트 (Tiger Global Management)	시리즈 C, 6천만 달러/2018

글로벌 대기업의 진출과 매각 등 엑시트에 유리

호주의 스타트업은 기업가치를 높게 평가받아 성공적으로 엑시트한 사례가 많다. 이는 호주 스타트업 생태계의 가치를 높이는 데도 기여한다. 호주 경제는 미국과 유럽 등지 외국인의 직접 투자 비중이 커서 글로벌 대기업과 네트워킹이 유리하며 접촉 기회 또한 많아 엑시트가 유리하다.

스타트업 주요 엑시트 사례				
연도	엑시트 기업	업종	계약 규모	
2006	코간(Kogan)	전자상거래	1억 3,100만 달러	기업공개
2006	레드버블 (RedBubble)	디지털	2억 2,500만 달러	기업공개
2015	스피니펙스 파마 (Spinifex Pharma)	제약	2억 달러	M&A(by Novartis)
2015	터치코프 (TouchCorp)	핀테크	1억 4,300만 달러	M&A(with Afterpay)
2017	아코넥스(Aconex)	건설 클라우드	12억 달러	M&A(by Oracle)

출처: 론치빅 2018

대표적인 스타트업

● 아틀라시안(Atlassian, 소프트웨어)

2013년 설립된 스타트업으로 연 매출이 12억 달러에 달한다. 지라(Jira), 트렐로(Trello)를 포함한 소프트웨어 툴을 개발하는 회사로, 고객사가 15만 곳 이상이다. 전 세계 7개의 글로벌 지사를 운영하고 있으며 종업원은 4,000여 명이다. 2015년 44억 달러(한화 약 5조 원)의 기업가치를 평가받으며 성공적으로 기업공개를 발표했다.

● 메뉴로그(Menulog, 음식배달 앱/웹사이트)

2006년 설립된 스타트업으로 연 매출이 6,200만 호주 달러다. 주문 가능한 로컬 레스토랑은 1만 6천 개, 이용 고객 수는 3백만 명 이상이다. 호주 내 배달 가능한 레스토랑의 92%가 메뉴로그에 가입되어 있다. 2015년 메뉴로그의 세전 이익보다 약 371배의 기업가치를 인정

받으며 영국 배달앱 저스트잇(Just Eat)에 한화 7,500억 원대에 인수됐다.

● 캔바(Canva, 그래픽디자인 플랫폼)

2012년 설립된 스타트업으로 연 매출이 1,700만 호주 달러 규모다. 소셜미디어, 프레젠테이션, 포스터 같은 시각콘텐츠 디자인을 할 수 있는 온라인 플랫폼으로 2019년 기업가치가 32억 달러로 평가받았다. 이용 고객은 전 세계 190개국, 2천만 명 이상이다.

(02)

주요 도시별 스타트업 생태계의 특징

시드니 | 스타트업 하기 좋은 도시

2019년 글로벌 스타트업 생태계 보고서에 따르면, 시드니의 국제적 연결성(Connectedness) 부문은 상위 10대 도시, 핀테크 분야는 상위 우수 15개 도시로 선정됐다. 글로벌 스타트업의 생태계 가치가 평균 50억 달러인 데 비해 시드니는 67억 달러로 평균 이상이다. 스타트업 창업하기 좋은 도시로 손꼽히는 시드니가 강세를 보이는 부문은 아웃풋과 펀딩 성장지수로 10점 만점에 각 8점, 9점을 기록했다.

시드니에는 어떤 장점이 있을까? 무엇보다 스타트업 창업자들이 다양한 채널을 통해 네트워킹할 수 있다. 스타트업 네트워크 채널에는 하이브 마인드(Hive Mind), 노스 시드니 이노베이션 네트워크 라운드테이블(North Sydney Innovation Network's roundtables) 등이 있다. 게다가 적극적인 스타트업 지원 인프라가 구축되어 있다. 뉴사우스웨일스 주정부에서 운영하는 스타트업 지원 기관인 시드니 스타트업 허브(Sydney Startup Hub)는 스타트업 인큐베이터, 액셀러레이터 역할을 하며 정부 지원(Building partnership grants)을 동반한 코워킹 스페이스를 운영한다.

시드니 스타트업 생태계 관련 지수

출처: 스타트업 게놈, 2019년 글로벌 스타트업 생태계 보고서

멜버른 | 집중 육성 분야는 헬스테크

낭만적인 역사의 도시 멜버른은 호주의 문화수도라고 불린다. 멜버른이 있는 빅토리아주는 2,700개가 넘는 스타트업이 운영되는데, 매년 23%의 높은 성장률을 자랑하며 유니콘 기업도 다수 배출했다. 2018년 론치빅 보고서(Launchvic Report)에 따르면, 스타트업 수

가 2,771개로 집계되나 통계 추이를 고려할 때 2020년 1월까지는 3,100~3,400개로 증가할 것으로 예상된다. 2016년 이후 빅토리아주에서만 10개 이상의 유니콘 기업이 탄생했다. 시가총액이 350억 달러 이상으로 호주의 경제발전에 큰 역할을 담당했다.

스타트업 초기엔 부동산 거래, 중고차 거래, 구인구직 등의 플랫폼이 성장을 주도했으나 최근엔 금융대출 서비스, 디지털 콘텐츠 제작과 거래, 국제금융거래, 헬스테크 등의 분야로 투자가 다변화되고 있다. 주정부는 스타트업 집중 육성 분야로 헬스테크를 선정했다. 바이오, 의료 상장사의 50% 이상이 멜버른에 본사를 두고 있다. 5억 달러 규모 'Biomedical Translation Fund'를 조성해 바이오 벤처를 적극적으로 지원하고 있다. 메소블라스트(Mesoblast), 클리누벨 파마(Clinuvel Pharma), 폴리노보(Polynovo) 등 생명공학 분야에서 유니콘 기업 3개 사를 배출했다.

빅토리아주 주요 유니콘 기업	
연도	내용
2016	리얼에스테이트그룹(REA, 부동산 디지털 광고), 카세일즈(Carsales, 온라인 자동차 매매), 시크(Seek, 구인구직), MYOB(소프트웨어)
2017	아코넥스(Aconex, 협업플랫폼), 엔바토(Envato, 디지털 웹마켓)
2018	펙사(Pexa, 바이오)
2019	에어월렉스(Airwallex, 해외 결제 솔루션), 주도뱅크(Judobank, 핀테크)

주요 바이오테크 스타트업 엑시트 사례			
스타트업명	구분	투자회사	투자 규모(시기)
스피니펙스 파마 (Spinifex Pharma)	인수	노바티스(Novartis, 스위스 제약회사)	2억 달러 (2015)
해치테크(Hatchtech)	라이선싱	닥터 레디(Dr. Reddy's, 미국 제약그룹)	2억 8천만 달러 (2015)
멜버른대학교 연구소(Canceer Therapeutics CRC)	라이선싱	머크(Merck)	5억 달러 (2016)

출처: 론치빅 2018

● 스포츠테크 육성

빅토리아주에서 개최되는 세계 스포츠대회인 호주오픈, F1 그랑프리,
호주식 축구리그 등과 연계해 시너지를 창출하는 데 유리한 스포츠테
크 스타트업을 집중적으로 육성할 계획이다. 스포츠 시장은 호주 가구
총지출의 1% 규모를 차지한다. 144개국에 회원사를 둔 글로벌 종합
회계·재무·자문 그룹 KPMG는 호주 스포츠테크 시장이 2029년 30억
달러에 이를 것으로 내다본다.

주로 엘리트 스포츠를 위한 분석 훈련기술 솔루션 같은 스타트업이 많
은 편이며 웨어러블 테크, 스포츠클럽을 위한 오거나이징 소프트웨어
등도 다수다.

• 캐터펄트 스포츠(Catapult Sports)

  2014년 호주 증권거래소에 상장된 스포츠 성과분석업체로 137개
  국가에 39개 종목 2,970개 팀에게 성과기술을 제공했다. 캐터펄트
  는 2013년 초 뉴욕 자이언츠(NFL), 댈러스 매버릭스(NBA)와 파트
  너십을 맺고 북미 시장에도 진출했다.

• 챔피온 데이터(Champion Data)

  1995년 창립된 스포츠 데이터 및 분석 회사로 방송사, 디지털미디
  어, 스포츠 베팅 등을 실시간 지원하는 플랫폼이다.

- 지니어스 테크(Genius Tech)

  2012년 설립됐으며 스포츠 통계와 오락 기술을 개발해 B2C와 B2B 시장에 공급한다. 주력 제품인 'iSport Genius'는 수조 개에 달하는 데이터의 혁신적 통계 분석법을 적용해 결과 예측을 돕는 스포츠 데이터 플랫폼이다.

● **여성과 이민자의 높은 창업 비율**

스타트업 창업자의 25%가 여성이며 34%가 외국 출생자로 이민자와 여성 스타트업 창업 비율이 높다.

- 헬스매치(HealthMatch)

  의대 출신인 마누리 구나와르데나(Manuri Gunawardena)가 2017년에 설립한 디지털 헬스 플랫폼 기업이다. 임상시험의 효율성을 높이기 위해 테스트를 받을 지원자를 모집하는 플랫폼이다. 2018년 초기 자본 130만 달러로 시작해서 스위스 로슈(Roche) 사로부터 2019년 600만 달러 규모의 시리즈 A 투자를 유치했다.

- 엔바토

  호주의 유명 블로거 콜리스 타에드(Collis Ta'eed)가 2006년 설립해 멜버른에 소재한 인터넷 콘텐츠 거래 플랫폼이다. CEO인 콜리스 타에드는 영국 출신 이민자로, 그리스계 어머니와 프랑스 국적의 아버지 사이에 태어났다. 연 매출 1억 1,500만 달러의 매출을 기록하는 호주를 대표하는 유니콘 기업으로 성장했다.

● **미디어 콘텐츠 등 애드테크 성장세 뚜렷**

애드테크 분야는 리타깃팅, 실시간 입찰 등의 기술이 적용되면서 불과 몇 년 사이 수십억 달러 이상 큰 폭의 성장세를 기록했다. 2011년 호주 최초로 멜버른에서 애드테크 전문 콘퍼런스가 개최됐다. 멜버른이 애드테크 분야 성장을 주도하고 있는 셈이다.

- 루메리(Lumery)

  2017년 라잔 쿠마르(Rajan Kumar)가 멜버른에 설립한 '데이터'와 '고객' 기반의 마케팅 플랫폼 기업이다. 마케팅 기술과 광고 기술의 전문가들로 구성된 스타트업으로 브랜드 마케팅을 위한 자문, 전략, 실행 서비스를 제공한다. 급속한 성장으로 6개월 만에 오스트레일리아 포스트(Australia Post)와 젯스타(Jetstar)와 같은 호주 대형 기업을 고객으로 유치해 주목받았다.

  🌐 www.thelumery.com

● 헬스케어, 에듀테크, 전자상거래 분야 성장세

헬스케어, 에듀테크, 전자상거래 분야가 전체 스타트업 창업 비율의 8% 이상을 차지하며 성장세도 연 15% 이상을 기록하고 있다.

- 폴리액티바(PolyActiva)

  2009년 설립되어 멜버른에 소재한 바이오기술 스타트업이다. 창립 이후, 총 1천만 달러 이상의 투자를 확보했다. 2011년 1월 시리즈 A 투자 확보, 2013년 1월 920만 달러에 달하는 시리즈 B 투자를 유치했다. 최대 12개월 동안 약물 전달 속도를 조절해 체내 특정 부위에 전달하는 기술을 가졌다.

  🌐 polyactiva.com

- 베르소(Verso)

  2014년 콜린 우드(Colin Wood)가 설립한 스타트업으로 교육용 소프트웨어 플랫폼이다. 데이터 애플리케이션을 통해 교실 내 교사의 수업을 지원한다. 2015년 빅토리아 주정부로부터 약 20만 달러의 초기 자금을 투자받았으며, 18개월간 협업 프로젝트를 진행했다. 2017년 '캔버라 데이터 센터(Canberra Date Centres)'로부터 시리즈 A로 200만 달러 투자를 유치했다. 오스트레일리아 포스트와 젯스타와 같은 호주 대형 기업을 고객으로 유치하며 주목받았다.

스타트업 창업 추이

CAGR(2010-2018)

Percent of firms in 2018

⦾ Health	⦿ Media & Entertainment	⦾ Enterprisse	⦾ Commerce	⦾ Education
⦾ Consumer Goods and Manufacturing	⦾ Financial Services	⦾ Data & Analytics	⦾ Transport, Logistics and Travel	⦾ Sports & Recreation
⦾ Food & Fibre and Consumption	⦾ Energy	⦾ Professional Services	⦾ Real Eatate	⦾ Safety & Public Service
⦾ Other	⦿ Social enterprise			

출처: 론치빅 2019

● 멜버른 주요 스타트업

• 트라이브(Tribe)

2015년 줄스 런드(Jules Lund)가 설립한 콘텐츠 분야 스타트업이다. SNS 제품 홍보 콘텐츠 제작자와 판매자를 연결, 콘텐츠 홍보 마켓플레이스를 구축한다. 2,600개가 넘는 세계 유명 브랜드가 사용 중이다. 콘텐츠 산업에 혁신을 불러일으켰다고 평가받는다.

- 99디자인(99Designs)

  2008년 매트 미키비츠(Matt Mickiewicz)가 설립한 디자인 분야 스타트업이다. 그래픽 디자이너를 위한 마켓플레이스다. 190여 개국 2만 2천여 명의 디자이너가 프로젝트 발주자에게 서비스를 제공한다.

- 타블로(Tablo)

  2013년 Ash Davies에 의해 설립된 출판 분야 스타트업이다. 자본금 40만 달러로 시작한 온라인 책 출판 플랫폼으로 100개 이상의 국가에서 1만여 명의 작가가 참여 중이다.

- 클리니클라우드(CliniCloud)

  헬스케어 분야 스타트업으로 클라우드 기반의 모바일 온도계와 청진기 등 의료기기로 모바일을 통해 건강진단을 할 수 있다. 500만 달러가 넘는 시리즈 A 투자를 유치했다.

- 큐로(CURO)

  헬스케어 분야 스타트업으로 양로원 등 환자나 노약자 활동을 감지 및 분석해 잠재적 위험 상황을 예방한다. 호주 의료보험사 HCF가 100만 달러를 투자했다.

스타트업에 대한 투자 규모와 트렌드

역대 최고액의 펀딩

스타트업 정보를 제공하는 크런치베이스(Crunchbase)에 따르면 호주 스타트업 산업에는 1,300여 개 기업이 활동하고 있으며 2020년 3월까지 약 2천 개의 펀딩 라운드에서 총 50억 달러 펀딩이 이뤄졌다. KPMG가 발표한 벤처 펄스(Venture Pulse) Q2 2019에 따르면, 2018/19 회계연도 호주 스타트업에 대한 벤처캐피털의 투자총액은 12억 3천만 달러로, 이는 역대 최고액이다.

강세인 인공지능 분야와 다른 분야 트렌드

인공지능 산업은 가장 빠르게 성장하는 호주 스타트업 분야 중 하나다. 호주 정부 역시 이 분야에 큰 비중을 두고 있으며, 3천만 호주 달러(한화 약 256억 3,170만 원)를 4년간 지원하기로 했다. 사물인터넷, 핀테크, 생명공학, 농업 분야도 스타트업 상위 산업으로 지속해서 성장하고 있다.

● 핀테크(Fintech)

시드니의 금융업은 호주 GDP의 9% 이상을 차지한다. 이는 홍콩, 싱가포르보다 높은 수준으로 호주 국가경쟁력에 큰 비중을 차지한다. 무이자 주택개선 플랫폼인 브라이트(Brighte)는 2018년 2,900만 달러 규모의 시리즈 B 벤처 펀딩에 성공했다. 주택개선 프로그램에는 태양열에너지 시설, 바닥, 상하수도 배관, 지붕, 스마트홈, 보안시스템, 차고문 시공 등이 포함됐다. 홈론 매칭 플랫폼인 렌디(Lendi)는 2019년

ANZ(Australia and New Zealand Banking Group, 오스트레일리아 뉴질랜드 은행)로부터 4천만 달러 규모의 펀딩에 성공했다.

● 에듀테크(Edutech)

매년 수많은 유학생이 시드니를 포함해 호주의 대도시를 찾고 있다. 이는 에듀테크 스타트업의 테스트베드로 최적의 환경이다. 온라인 디자인교육 플랫폼인 스마트스패로(SmartSparrow)는 2018년 1,150만 달러의 시리즈 C 펀딩에 성공했다. 소셜 러닝 플랫폼인 오픈러닝(OpenLearning)은 2018년 640만 달러의 벤처 펀딩에 성공했다.

● 생명과학(Life Science)

호주 생명과학 육성에 중추적인 역할을 하는 바이오 도시 멜버른의 글로벌한 네트워크 환경과 정부의 BTF(Biomedical Translation Fund) 지원 덕분에 생명과학 스타트업의 활동이 활발하다. 스핀펙스 파마(Spinfex Pharma)는 2015년 스위스 제약사 노바티스(Novartis)가 2억 달러에 인수했다. 텔릭스 파마슈티컬스(Telix Pharmaceuticals)는 2017년 9,800만 달러에 상장됐다.

벤처캐피털의 투자 규모와 특징

호주 벤처캐피털 시장은 2015년부터 2018년 중순까지 매해 전년도 신규 펀드 금액의 2배 규모를 유치하며 급성장했다. 이 시기에 조성된 신규 펀드 규모는 40억 달러가 넘는다. 2018년 호주 벤처캐피털, 사모펀드 시장 강세로 투자가 급증했고 이로 인해 투자 대기 자금이 충분히 확보됐다. 국내외 투자 유입도 증가하며 안전한 투자 환경이 조성됐다. 특히 벤처캐피털은 2018년 한 해 동안 총 22억 달러 투자를 기록하며 강세를 띠었다. 이는 전년도인 2017년에 비해 2배 이상 증가한 수치다. AIC(Australian Investment Council)이 발표한 2019년 연간 보고서에 따르면 호주 벤처캐피털들은 20억 달러 이상의 투자 대기 자금(dry powder)을 보유하고 있다.

2018년 6월, 호주 벤처캐피털, 사모펀드 분야 운용 자산은 300억 달러를 넘어서며 사상 최고기록을 경신했다. 호주 내 바이아웃 펀드(buyout fund)가 200억 달러로 가장 큰 비중을 차지했고 투자 대기 자금은 110억 달러를 기록했다.

호주 벤처캐피털과 사모펀드의 투자 운용 자산

출처: AIC 연간 보고서 2019

IT 분야가 초강세

전체 투자 중 IT 분야가 76%를 차지하며 초강세를 보이고 있다. 2018년 기준, IT 중 소프트웨어 외 분야가 39%로 벤처캐피털 투자 분야 1위를 기록했다. 이는 전년에 비해 14%, 2년 전인 2016년보다 35% 증가한 수치다. 소프트웨어 분야가 24%로 2위에 랭크, 역시 전년 대비 3% 상승했다. 인터넷 분야가 13%로 3위를 차지했다.

호주 벤처캐피털과 사모펀드의 투자 운용 자산

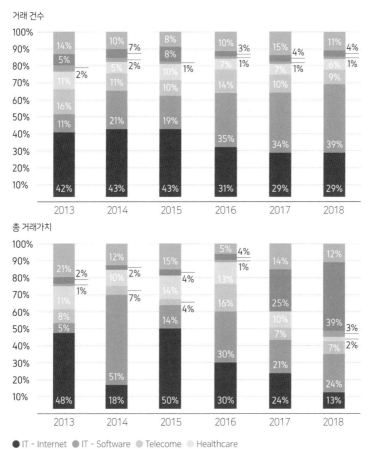

출처: AIC 연간 보고서 2019

한국 스타트업에 대한 투자 동향

호주 벤처캐피털 아테시안 벤처 파트너스(Artesian Venture Partners)가 서울로보틱스라는 국내 스타트업에 첫 투자를 진행했다. 서울로보틱스는 인공지능, 3D 컴퓨터, 소프트웨어 개발테크 스타트업으로 최근 자율주행 라이다 소프트웨어 프로젝트로 65억 원 규모의 시리즈 A 투자 유치에 성공했다. 동 투자 프로젝트는 KB인베스트먼트, 산업은행, 퓨처플레이, KDB캐피털, 액세스 벤처스와 함께 아테시안 벤처 파트너스가 공동 투자자로 참여했다.

빅토리아주, 벤처캐피털이 스타트업 투자에 주도적 역할

주정부 자료에 따르면 2017년 빅토리아주 벤처캐피털 투자 규모는 5억 달러 규모였는데 2012년 이후 매년 100% 이상 성장했다. 평균 투자 금액은 건당 200만 달러인데 총 투자액 기준 시드, 엔젤, 사모펀드 대비 월등히 높은 비율로 스타트업 지원에 주도적 역할을 했다.
주요 투자 분야는 전자상거래(23.4%), 헬스케어(18%), 핀테크(11.7%) 기업 소프트웨어 (11.6%) 순이다.

빅토리아주 벤처캐피털 투자액

단위: 백만 달러

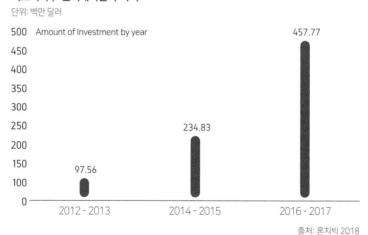

출처: 론치빅 2018

	Total amount ralsed	Median amount raised per Investment deal
Seed	$ 19, 676, 000	$ 100, 000
Angel	$ 38, 494, 000	$ 250,000
Venture Capital	$ 552, 543, 000	$ 2,000,000
Private Equity	$ 114, 560, 000	$ 2,760,000

투자 사이즈 대형화, 후기 단계 비율 증가세

회계회사 윌리엄 벅(William Buck)은 2018년 벤처캐피털 투자액이
전년 대비 120% 이상 성장했다면서 개별 투자 사이즈가 대형화되는
추세라고 발표했다. 벤처캐피털의 후기 단계 스타트업 선호 현상이
뚜렷해졌고, 2017년 평균 투자 금액이 800만 달러에서 2018년 평균
2천만 달러로 증가했다.

호주 벤처캐피털 투자액 추이

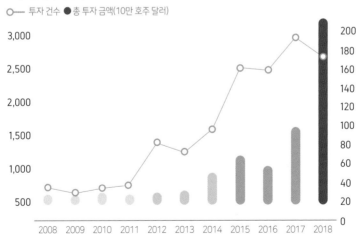

자료원: William Buck, 2019

대형 투자, 소프트웨어와 헬스케어에 집중

대형 투자거래의 39%가 헬스케어와 바이오테크 분야에 투자됐으며 32%는 IT 소프트웨어에 투자되어 2개 산업 분야에 집중되는 현상을 보인다. 2018년 IT 소프트웨어 분야 디퓨티(Deputy) 사가 111억 달러 규모의 시리즈 B 투자를 진행했고, 2017년 바이오테크 분야 바이오닉 비전 테크놀로지(Bionic Vision Technologies) 사가 1,800만 달러 투자를 진행했다.

현지 주요 벤처캐피털, 액셀러레이터, 기업형 벤처캐피털

● 텔스트라 벤처스(Telstra Ventures)

2011년 마크 셔먼(Mark Sherman)이 설립한 사내 벤처캐피털로, 시드니와 샌프란시스코, 상하이에 있다. 펀드 규모는 알려지지 않았다. 주요 투자 분야는 사물인터넷, 모바일 비디오 및 앱, 차세대 네트워킹, 정보보안 등이며 주로 초기 단계, 후기 단계, 사모펀드 단계의 스타트업에 투자한다. 지금까지 투자한 주요 스타트업에는 붐타운(Boomtown), 오스제로(Auth0), 나수니(Nasuni), 어택아이큐(AttackIQ), 트리팩타(Trifacta), 코르버스 인슈런스(Corvus Insurance) 등이 있다. 현재 투자 중인 기업 수는 59개 사이며 엑시트한 기업 수는 16개 사다. 기업공개를 한 기업 수는 5개 사이며 피인수(Acquired)된 기업 수는 11개 사다.

🌐 www.telstraventures.com

● GBS 벤처 파트너스

1996년 멜버른에 소재한 마이크로 벤처캐피털 기업으로 펀드 규모는 알려지지 않았다. 주요 투자 분야는 제약, 생명공학 등이며 주로 초기, 중기 단계의 스타트업에 투자하며 4억 달러 이상을 운용한다. 지금까지 투자한 주요 스타트업에는 해치테크(hatchtech), 에어엑스팬

더스(AirXpanders), 하이드렉시아(hydrexia), 모시메드(moximed), 누로반스(Neurovance), 파마시스(pharmaxis) 등이 있다. 엑시트한 기업 수는 11개 사다.

🌐 www.gbsventures.com.au

주요 투자 기업		
기업명		**사업 분야**
Cogstate	코그스테이트	진단용 의료기기 및 소프트웨어
moximed	모시메드	신약 개발(골다공증)
hydrexia	하이드렉시아	의료기기 제조업
IVANTIS	이반티스	신약 개발(녹내장)

● 아테시안 벤처 파트너스(ARTESIAN VENTURE PARTNERS)

2004년 설립되어 멜버른에 소재한 벤처캐피털로 펀드 규모는 알려지지 않았다. 주요 투자 분야는 농식품, 의학기술, 클린에너지 등이며 주로 초기 단계의 스타트업에 투자한다. 지금까지 투자한 주요 스타트업에는 서울로보틱스, 헤이유(Hey You), 이지 콜렉트(Ezy Collect), 큐페이(QPay), 클래리티 파마서티컬스(Clarity Pharmaceuticals) 등이 있고, 보유한 스타트업 포트폴리오 수는 400개 이상이다.

🌐 www.artesianinvest.com

● 블루칠리(BlueChilli)

2012년에 설립되어 시드니에 소재한 액셀러레이터로 펀드 규모는 알려지지 않았다. 주요 투자 분야는 의학기술, 테크 등이며 주로 초기 단계의 스타트업에 투자한다. 지금까지 투자한 주요 스타트업에는 커런시 부(Currency Vue), 겟 스위프트(Get Swift), 스페이스 커넥트(Space Connect), 런던 라이즈(London Rides) 등이 있으며 현재 보유한 포트폴리오 수가 100개 이상, 스케일업한 스타트업 수가 150개 사, 엑시트한 기업 수가 5개 사, 기업공개한 기업 수가 1개 사, 피인수된 기업 수가 4개 사다.

🌐 www.bluechilli.com

● 스퀘어 페그 캐피털(Square Peg Capital)

주로 바이오테크, 핀테크, 애그테크, IT 소프트웨어 등의 분야에 투자하며 3억 달러 이상을 운용한다. 호주 주요 연기금이 유한책임투자자(LP)로 참여 중이다. 글로벌 핀테크 에어월렉스 등 유니콘 기업을 배출했다.

🌐 www.squarepegcap.com

주요 투자 기업	
기업명	사업 분야
AgriDigital 애그리디지털 (AgriDigital)	상품 트레이딩 플랫폼
DA DOCTOR ANYWHERE 닥터 애니웨어 (Doctor Anywhere)	디지털 헬스케어 서비스
lightbits 라이트비츠	클라우드, IT
ROKT 록트 (Rokt)	전자상거래, 마케팅
stripe 스트라이프 (Stripe)	핀테크

● BMYG 벤처캐피털

주로 핀테크, 서비스, 고도제조업 등에 투자하며 중국 기관 및 전문 투자자로부터 펀드를 조성한다. 주요 투자 기업으로 온라인 주식 거래 플랫폼인 오픈마켓(Open Market), 핀테크 분야의 인베스트핏(investfit), 모바일 서비스 마켓 분야의 에어태스커(Airtasker)등이 있다.

🌐 www.bmyg.com.au

주요 투자 기업	
기업명	사업 분야
OpenMarkets 오픈마켓 (Open Market)	온라인 주식 거래 플랫폼
investfit 인베스트핏 (investfit)	투자설계 핀테크
#ashChing 애쉬칭 (Ash Ching)	모기지 마켓
S 에 스 (S)	서비스형 소프트웨어(SaaS) 기반 프레젠테이션
Airtasker 에어태스커 (Air Tasker)	온라인 및 모바일 서비스 마켓

● 스타트메이트 멜버른(Startmate Melbourne)

2011년 설립된 액셀러레이터로 멜버른에 소재한다. 펀드 규모는 8억 달러다. 주요 투자 분야는 바이오테크, 클라우드 플랫폼 등이며 주로 시드, 시리즈 A 단계의 스타트업에 투자한다. 지금까지 투자한 주요 스타트업에는 누클레오트레이스(Nucleotrace), 나이팅게일(Nightingale) 등이 있다. 현재 110개가 넘는 스타트업에 투자했다.

🌐 www.startmate.com.au

- 라트로베대학교 지역 액셀러레이터 프로그램(La Trobe University Regional Accelerator Program)

2017년에 설립되어 멜버른에 소재하는 액셀러레이터 기업이다. 주요 투자 분야는 헬스, 웰빙, 사이버보안 등이며 주로 시드, 시리즈 A 단계의 스타트업에 투자한다. 현재 32개 사 스타트업에 투자 및 지원하는 성과를 거뒀다.

🌐 www.latrobe.edu.au

- 스프라우트X(SproutX)

2016년 설립된 액셀러레이터로 멜버른에 있다. 1천만 달러 규모의 펀드를 운용한다. 주요 투자 분야는 농업테크이며 주로 시드 단계의 스타트업에 투자한다. 현재 35개 사 스타트업에 투자 및 지원하는 성과를 거뒀다.

🌐 www.sproutx.com.au

- 멜버른 액셀러레이터 프로그램(The Melbourne Accelerator Program)

2012년 설립된 액셀러레이터로 멜버른대학교에서 운영한다. 펀드 규모는 약 7천만 달러다. 주요 투자 분야는 비즈니스 인텔리전스(Business Intelligence: 기업의 합리적 의사결정을 돕는 기술 분야), 기업 소프트웨어(Enterprise software), 마케팅 자동화(marketing automation) 등이며 주로 시드 단계의 스타트업에 투자한다. 현재 100개 사 스타트업에 투자 및 지원하는 성과를 이뤘다.

🌐 www.themap.co

04

정부의 스타트업 지원 정책

국가 혁신 과학 아젠다 운영

호주 정부는 스타트업 지원에 굉장히 적극적이다. 스타트업 성장을 도모하고 혁신과 기업가 정신을 촉진하기 위해 11억 호주 달러(한화 약 9,421억 원) 규모의 선도적 프로그램, 국가 혁신 과학 아젠다(National Innovation Science Agenda, NISA)를 운영한다. 의제로 산업육성센터 설립, 스타트업 고용 지원, 중소기업 세제 혜택, 혁신가 프로그램 운영, 클라우드 기반 펀딩 체계 마련, 규제 개선 및 선진 해외 사례 도입 등이 있다.

투자 촉진을 위한 세제 혜택

호주 정부의 세제 혜택은 스타트업 생태계로 자금을 모으는 역할을 톡톡히 한다. 초기 단계의 적격 스타트업, 성장 가능성이 높은 기업(Early stage innovation companies, ESICs)에 투자 시 연간 투자 금액 20만 호주 달러(한화 약 1억 7,122만 원) 한도로, 20%의 양도소득세를 인하한다. ESICs의 주식을 최소 12개월 보유하는 투자(지분 최대 30% 이하)에 대해 10년간 양도소득세를 면제한다.

스타트업 해외 진출 지원 제도

● 오스트레이드의 랜딩패드 프로그램

KOTRA와 같은 역할을 하는 호주의 무역투자진흥기관 오스트레이드(Austrade)는 호주 스타트업의 해외 시장 진출을 지원한다. 48개 시장에 81개 사무소를 두고 있다. 시장 진출 및 스케일업 준비가 된 스타트업 대상으로 전략적 요충지로 샌프란시스코, 텔아비브, 상하이, 베를린, 싱가포르 등에서 여는 랜딩패드(Landing Pad) 프로그램은 호주 스타트업의 해외 진출과 네트워킹을 적극적으로 돕는다. 프로그램 내용으로는 전담 매니저 지정, 코칭과 교육, 공동 작업공간 제공, 역내 기업 연결, 지역 커뮤니티와의 연결, 오스트레이드 고객과 파트너와의 네트워크 제공 등이 있다. 2019년 랜딩패드 프로그램은 스타트업과 지역 내 기업 간 1,072개의 미팅을 주선했다.

● **수출 지원 보조**(The Export Market Development Grants, EMDG)

스타트업에 한정된 보조금은 아니지만 중소기업이 수출할 때, 수출 관련 해외 대표 채용, 항공운임, 최대 21일간 하루 350호주 달러(한화 약 30만 원)의 마케팅 비용, 해외 지식재산권(IP) 등록 비용 등 제반 비용에 대해 최대 50%까지 환급 보조를 지원하는 제도다. 수출을 하는 스타트업도 EMDG 보조금 수혜 대상이며, 오스트레이드에서 지원 제도를 안내한다.

● **세제 혜택 인센티브**

초기 단계 벤처캐피털 투자를 촉진하기 위해 1천만~2억 호주 달러(한화 약 85억 4,400만~1,708억 7,200만 원) 규모의 펀드를 조성하려는 펀드매니저 및 투자가를 대상으로 펀드 수익에 대해 세제 혜택 인센티브를 제공한다. 인센티브를 받기 위해서는 유한회사이거나 5~15년 기간 존재해온 주식회사로 정부 조건에 부합하고 승인을 받아야 한다. 초기 단계 벤처투자 파트너십(The Early Stage Venture Capital Limited Partnership, ESVCLP)이어야 하고 승인된 투자계획에 따라 투자해야 한다. ESVCLP는 자산이 5천만 호주 달러(한화 약 427억 2,300만 원) 미만인 사업체로서 최소 50% 이상의 자산과 노동자가 호주에 위치한 사업에 투자해야 한다.

투자 촉진을 위한 세제 혜택

빅토리아 주정부는 2016년에 스타트업 전문 지원기관 론치빅 (LaunchVic)을 설립했다. 대표자는 케이트 코닉(Kate Cornick)이다. 매년 6억 호주 달러(한화 약 5,126억 7,600만 원)를 투자해 세계적 스타트업 에코시스템을 구축하는 것이 목표다. 액셀러레이터, 인프라 구축, 역량 강화, 네트워킹 등을 지원한다.

- 액셀러레이터 펀딩 지원

  액셀러레이터 특화 프로그램을 발굴하고 여성 바이오테크 창업가를 위한 프로그램을 지원한다. 호주 오픈 등 지역 내 주요 스포츠대회와 연계한 스포츠테크 분야를 육성한다. 산업별 클러스터화, 역량 강화 프로그램을 추진한다.

- 투자가 교육 및 네트워크 구축

  대학교 등 외부 교육기관과 연계해서 전문 투자가, 엔젤투자가, 벤처펀드, 사내벤처 등 투자 교육을 진행하고 투자가 네트워크를 구축한다.

- 주정부 입찰 스타트업 참여 지원

  의료 및 교통, 복지 프로그램 등 공공 인프라 문제해결을 독려한다. 중장기 단위의 주정부와 스타트업 비즈니스 협력 구조를 형성한다.

- 난민과 원주민 등 소외층 창업 지원

  지방 거주자를 위한 협업 공간을 지원하고 원주민과 난민 전문 창업, 역량 강화 프로그램을 진행한다.

- 빅토리아주 강점 산업과 시너지 창출 유도

  바이오테크, 의료기기, 헬스케어 분야 스타트업을 집중 육성한다.

- 스타트업 창업자 교육과 채널 개발

  수출, 재무, 경영, 투자 유치, 리더십 등 창업자 교육을 지원한다.

또한 스타트업 홍보, 창업 등을 위한 TV쇼, 네트워킹, 이벤트 플랫폼 등을 구축한다.

멜버른이 수립한 12가지 실행계획

멜버른은 빅토리아주의 수도다. 시장인 로버트 도일(Robert Doyle)은 멜버른을 스타트업 도시로 홍보하기 위해 스타트업 지원 12가지 실행계획을 수립했다. 우선 지속 가능한 성장이라는 주제 아래 ①트레이닝, 멘토링, 펀딩 프로그램 구축을 지원하는 스타트업 환경 개선, ② 'Melbourne Knowledge Week, Melbourne Conversation' 등을 통해 스타트업 전문 네트워킹과 교육 이벤트를 지원하는 공공 이벤트와 교육, ③스타트업과 연계 가능한 연구개발 프로젝트 지원을 강화하기 위한 이노베이션과 R&D 프로그램과 스타트업 연계성 강화, ④아시아 지역 사업체, 투자가, 인력과 네트워크 증대를 위한 해외 네트워킹 지원, 그리고 혁신과 창의(Places for innovation)라는 테마 아래 ⑤주요 연구개발, 혁신 발생 지역의 활동을 연결해 네트워킹 및 협업을 통한 시너지 창출을 유도하는 이노베이션 클러스터화, ⑥기존 도서관 등의 '메이커 허브(Maker Hub)'에 설비, 기술, 트레이닝 역량 강화를 위한 커뮤니티 이노베이션 랩 운영, ⑦멜버른 소유 부동산, 건물 등을 활용해 접근성과 합리적 가격대를 갖춘 협업, 미팅, 전시 등의 스타트업 활동 공간 제공, 또 포용적 협력문화 창출(Inclusive and Collaborative culture)이라는 테마 아래 ⑧주요 스타트업 성공 사례를 홍보해 멜버른을 스타트업 도시로 홍보하기 위한 멜버른 쇼케이스, ⑨멜버른의 주요 가치(포용성, 다양성, 접근성)를 공유할 수 있는 역량 강화 프로그램을 추진하기 위한 스타트업 커뮤니티 프로그램, ⑩주요 스타트업 커뮤니티 회원과 정기적으로 회의를 열어 멜버른의 정책과 계획에 대해 피드백을 받고 반영하기 위한 스타트업 피드백 채널 구축, 마지막으로 열린 행정(Adaptive governance)이라는 테마 아래 ⑪개방적 디지털 플랫폼 적용, 공공데이터 접근성 제고를 위한 스타트업 커뮤니티 정보 접근성 제고, ⑫규정 유연화 등을 통해 스타트업의 입찰 편의성을 높이기 위한 멜버른시의 입찰 정보 제공 등을 추진한다.

멜버른의 스타트업 지원 12가지 액션플랜

테마	액션플랜	내용
지속 가능한 성장 (Sustainable Growth)	1. 스타트업 환경 개선	트레이닝, 멘토링, 펀딩 프로그램 구축
	2. 공공 이벤트와 교육	스타트업 전문 네트워킹과 교육 이벤트 지원 • Melbourne Knowledge Week • Melbourne Conversation 등
	3. 이노베이션, R&D 프로그램 스타트업 연계성 강화	스타트업과 연계 가능한 연구개발 프로젝트 지원 강화
	4. 해외 네트워킹 지원	아시아 지역 사업체, 투자가, 인력과 네트워크 증대
혁신과 창의 (Places for innovation)	5. 이노베이션 클러스터화	주요 연구개발, 혁신 발생 지역의 활동을 연결해 네트워킹 및 콜라보레이션을 통한 시너지 창출 유도
	6. 커뮤니티 이노베이션 랩(Lab) 운영	기존 도서관 등의 메이커 허브(Maker Hub)에 설비, 기술 및 트레이닝 역량 강화
	7. 합리적 가격대의 접근성 좋은 스타트업 활동 공간 제공	멜버른시 소유 부동산, 건물 등을 활용해 접근성이 좋고 합리적인 가격대의 코워킹 스페이스 제공
포용적 협력문화 창출 (Inclusive and Collaborative culture)	8. 멜버른 쇼케이스	주요 스타트업 성공사례를 홍보해 멜버른을 스타트업 도시로 홍보
	9. 스타트업 커뮤니티 프로그램	멜버른의 주요 가치(포용성, 다양성, 접근성)를 공유할 수 있는 역량 강화 프로그램 추진
	10. 스타트업 피드백 채널 구축	주요 스타트업 커뮤니티 회원과 정기적 회의를 통해 멜버른시의 정책과 계획에 대해 피드백 청취 및 반영
열린 행정 (Adaptive governance)	11. 스타트업 커뮤니티 정보 접근성 제고	개방적 디지털 플랫폼 적용, 공공데이터 접근성 제고
	12. 멜버른시티 입찰 정보 제공	규정 유연화 등을 통해 스타트업의 입찰 편의성 제고

주요 콘퍼런스와 프로그램

스타트업 관련 주요 콘퍼런스

● 스타트콘(Startcon)

매년 11월 말 시드니에서 개최되는 콘퍼런스로 세미나, 피칭, 전시, 네트워킹 등으로 진행된다. 세미나에는 총 70여 명의 연사가 이틀에 걸쳐 행사에 참석한다. 피칭에는 동남아 대양주를 중심으로 600여 개 스타트업이 투자 금액 100만 호주 달러(한화 약 8억 5,180만 원)를 획득하기 위해 경쟁한다. 스타트업 등 행사 참여 기업 100여 개 사의 부스가 열리며 스타트업 기업, 벤처캐피털, 투자가 등 4천여 명이 참가한다. 스파크 페스티벌(Spark Festival)과 함께 호주에서 2대 스타트업 행사로 손꼽힌다. 스파크 페스티벌은 10월 3주간에 걸쳐 시드니 여러 지역에서 스타트업 세미나를 분산 개최하는 데 반해 스타트콘은 매년 이틀에 걸쳐 대규모 행사를 한곳에서 개최한다. 2019년 기준 10회째 개최됐으며 참가자의 약 20%가 호주 외 지역에서 참여한다. 호주 내에서만 준결승 행사를 개최해오다가 2018년도부터 예선전 및 준결승 개최 지역을 동남아 지역으로 확대했다. 2018~2019년에 걸쳐 2회째 준결승 행사는 서울에서 열렸다.

🌐 www.startcon.com

스타트콘 2019 행사 현장　　　　　　　　　　　　　　출처: KOTRA 시드니무역관

● 인터섹트(Intersekt) 멜버른 핀테크 콘퍼런스

2014년부터 매년 10월경 열리는 연례 핀테크 스타트업 행사로 5회째 콘퍼런스가 2020년 10월 26일부터 2일간 멜버른 전시장에서 개최될 예정이다. 참가 등록은 6월에 신청한다. 핀테크 시장의 잠재력을 점검하고, 액셀러레이터, 정부 유관 기관, 대학, 투자자, 기업 등이 참여하여 피칭, 해커톤, 밋업(meet up) 등을 개최한다. 빅토리아 주정부가 후원한다.

🌐 www.intersektfestival.com

인터섹트 행사 현장

● 스포츠테크 콘퍼런스

2016년 이후 매년 하반기에 멜버른에서 열린다. 2020년은 9월에 개최가 예정되어 있다. 스포츠 산업 전문가, 스타트업 창업자, 투자자 등 1천여 명이 스포츠 기술 분야에서 새롭고 혁신적인 사업 아이디어를 피칭, 멘토링한다. 참가 비용은 277~597달러다.

🌐 sportstechworldseries.com/australia

인터섹트 행사 현장

스타트업 관련 정부 부처나 유관 기관의 프로그램

● Department of Jobs, Precincts and Regions

빅토리아 주정부 소속으로 무역과 투자, 일자리 창출, 농업, 관광, 소상공인, 자원 개발, 지역개발 등 일자리와 지역 개발에 직·간접 영향이 있는 정책을 입안하고 수행한다.

🌐 djpr.vic.gov.au

● 호주 세무서(Australian Taxation Office)

오스트리아 정부 소속으로 R&D 활동에 대해 연구개발 세제 인센티브를 지급한다. 매출액 20만 달러 미만인 R&D 기업의 경우 연구비용에서 43.5%에 대한 환불 가능한 세금 공제(Refundable Tax Credit)를 제공한다.

🌐 www.ato.gov.au

● 오스트레이드(호주무역투자대표부)

호주 외교통상부 산하 기간인 오스트레이드(Austrade)는 글로벌 시장 진출을 원하는 호주 스타트업들의 스케일업을 지원하기 위해 랜딩패드 프로그램을 운영한다. 또한 수출 시장 개발 보조금 제도(EMDG)도 운영한다. 수출 유망기업 해외 전시 마케팅 등 참가비용을 현금으로 준다. 스케일업 및 글로벌 진출 지원의 일환으로 대표적인 스타트업 육성 허브 도시인 샌프란시스코, 텔아비브, 상하이, 싱가포르, 베를린으로의 진출을 지원한다.

🌐 www.austrade.gov.au

● 론치빅

빅토리아 주정부 소속이며 빅토리아주 스타트업 전문 지원기관으로, 2015년에 출범했다. 세계적 스타트업 생태계 시스템 형성과 강화, 개발을 목표로 연간 약 6억 달러를 투자한다.

🌐 launchvic.org

● 스몰비즈니스 빅토리아(Small Business Victoria)

빅토리아 주정부 소속으로 중소기업 비즈니스 분쟁 조정, 컨설팅을 담당한다. 분쟁 해결, 모니터링 및 참여로 스타트업 환경 정비 및 지원 등의 업무를 추진한다.

🌐 www.vsbc.vic.gov.au

● 멜버른시티(City of Melbourne)

빅토리아주의 수도로 멜버른에서 창업한 스타트업을 지원하고 스타트업 인프라 구축, 펀딩 프로그램을 개발한다.

🌐 www.melbourne.vic.gov.au

● Regional Development Australia(RDA)

빅토리아 주정부 소속으로 빅토리아주 교외 지역 개발 및 창업 등의 인프라 구축을 지원한다.

🌐 www.rdv.vic.gov.au

● 시드니 스타트업 허브(Sydney Startup Hub)

2018년 2월 뉴사우스웨일스(NSW) 주정부가 호주 스타트업 생태계 조성 및 발전을 위해 3,500만 호주 달러를 투자해 시드니에 설립한 호주 최대 규모 스타트업 인큐베이팅 센터다. 11층 건물(총 17,000㎡)로 이루어진 시드니 스타트업 허브는 약 2,500명을 수용할 수 있다. 호주의 주요 스타트업, 인큐베이터, 액셀러레이터가 함께 입주해 다양한 혁신 프로그램을 운영하며 NSW 주정부 부처인 혁신부(Innovation NSW)가 입주해서 공공 섹터와 이들 간의 파트너를 연결한다. 이곳에서는 2019년 기준 480개의 스타트업이 입주해 1억 8,200만 호주 달러(한화 약 1,550억 2,760만 원)의 투자 펀딩을 유치했으며 2021~2022년 회계연도에 약 2만여 개 일자리 창출에 기여했다.

🌐 sydneystartuphub.com

스타트업 육성 주요 대학 및 연구기관

● 시드니공과대학교(University of Technology Sydney, UTS)

시드니에 위치한 호주의 대표적인 기술대학교 UTS에서 운영하는 스타트업 육성 프로그램으로 무료 공동 사무공간 제공, 스타트업 파트너 네트워킹 확장, 관련 산업 이벤트 및 온라인 포럼 참가 등의 혜택을 지원한다. 'UTS Startup Awards'라는 이름으로 매년 스타트업 대회를 개최한다.

🌐 www.uts.edu.au/partners-and-community/initiatives/entrepreneurship/
uts-startups

● 스타트업 오스트레일리아(StartupAUS)

호주의 테크 스타트업 산업의 발전을 위해 2013년 50명의 호주 스타트업 리더들이 형성한 비영리 스타트업 단체로 주요 파트너인 구글(Google)과 시드니공과대학교, 그 외 다수의 커뮤니티 파트너로부터 지원을 받아 운영된다. 스타트업 관련 다양한 조사를 진행하며 주기적으로 보고서와 뉴스레터를 제작해 공유한다.

🌐 startupaus.org

● 멜버른대학교(University of Melbourne)

멜버른에 있는 대학교로 멜버른 액셀러레이터 프로그램(MAP)을 통해 본교의 학생, 직원, 동문을 대상으로 스타트업을 지원한다. 2012년 호주 최초의 스타트업 액셀러레이터 중 하나로 출범했으며, 2019년까지 약 8,500만 달러, 150개 이상의 스타트업을 지원했다. 매년 10개의 스타트업을 선정해 5개월간 교육과정을 통해 성장 지원을 추진한다. 2만 달러의 초기 자금과 사무공간 및 네트워크를 지원하고 산업 전문가 멘토링, 네트워킹 기회 등을 제공한다. 심사 절차는 ①홈페이지 통해 기업, 사업소개서 제출, ②검토 후 화상면접으로 진행된다.

🌐 www.unimelb.edu.au

● 모내시대학교(Monash University)

멜버른에 소재한 모내시대학교는 모내시 액셀러레이터 프로그램을 통해 본교의 학생, 직원, 동문을 대상으로 스타트업을 지원한다. 매년 8~12개의 스타트업을 선정, 3개월에 걸쳐 캠퍼스 내 전용 공동 작업 공간 제공, 멘토링과 코칭은 물론 1만 달러의 초기 자금을 지원한다. 프로그램을 성공적으로 끝내면 최대 1만 달러를 추가로 지원받을 수 있다. 심사 절차는 ①홈페이지 통해 기업, 사업소개서 제출, ②검토 후 화상면접으로 진행된다.

🌐 www.monash.edu

● 로열 멜버른공과대학교(RMIT University)

멜버른에 소재한 대학교로 론치허브 프로그램(LaunchHub program)을 통해 본교의 학생, 직원, 동문을 대상으로 스타트업을 지원한다. 1년에 3회 진행되며 회차별로 10여 개의 스타트업을 선정해 12주에 걸쳐 이뤄진다. 대학 내 멘토링, 창업자 교육, 사무공간을 맞춤 지원한다. 또한 최대 2만 5천 달러의 자본금을 무이자로 대출해주는 'Activator Captial Fund' 제도가 있다. 선정된 스타트업은 매주 4시간씩 정식 프로그램 및 월요일 스탠드업 미팅에 필수적으로 참석해야 한다. 심사 절차는 ①홈페이지 통해 기업, 사업소개서 제출, ②검토 후 화상면접으로 진행된다.

🌐 www.rmit.edu.au

AUSTRALIA

현지 투자자 인터뷰
VC Interview

힐레오스 파트너스의 호주 담당 윤준

힐레오스 파트너스는 대한민국의 바이오 투자를 선도한 BNH 출신의 정용수 대표와 바이오 분야 전문가들이 주축이 되어 설립한 유한책임회사(LLC)다. 주로 초기 단계에서 시리즈 A 전후에 있는 스타트업에 관심이 많고 해외 투자 부문에도 높은 관심이 있다. 아직 펀드 결성은 안 한 상태이지만 계속 접수되는 IR(투자자에게 기업의 정보를 제공하기 위한 문서) 자료들을 보면서 파트너들의 직접 투자, 공동 투자, 타 벤처캐피털 연계 등 다양한 투자 활동을 병행하고 있다.

Q 호주 스타트업 생태계의 전망은 어떻게 되나요?

펀드 투자 흐름을 살펴보면 유망 산업의 동향을 이해할 수 있습니다. 재작년부터 바이오 쪽 쏠림 현상이 심해졌는데 당분간 이 흐름이 유지될 것 같습니다. 특히나 코로나 사태로 인해 바이오와 헬스케어에 대한 중요성이 더욱 부각됐기 때문입니다.

코로나 사태로 인해 공유경제에 대한 질문들이 계속 제기될 것이고, 조정이 이미 일어나고 있습니다. 그간 소외됐던 에듀테크, 농업테크의 재발견도 유효해 보입니다만, 무엇보다 해당 국가별로 그 우선순위가 좀 달라질 것 같습니다. 호주에서는 강세를 지속하는 핀테크와 더불어 모빌리티와 농업테크에 관해 관심이 높습니다.

코로나19 바이러스가 고객들의 생활방식, 소비패턴 등에 변화를 몰고 오는 만큼 현재의 서비스나 상품에서도 사용자경험(UX)에 대한 변화에 신경 쓸 필요가 있습니다.

Q 투자할 때 중요하게 보는 부분은 무엇인가요?

대부분 벤처캐피털이 보는 시각은 거의 비슷하지만 추구하는 가치와 회사의 방향성, 펀드의 속성에 따른 세부 사항에서 차이가 있습니다. 그리고 창업한 경험이 있는지에 따라서도 투자의 기준이나 가치관이 좀 다릅니다.

과거 투자 유치를 받기 위해 돌아다닐 때의 저와 투자를 하고 있는 지금의 저는 많이 다른 시각과 기준을 가지고 있습니다. 힐레오스 파트너스는 힐레오스와 합이 맞는 회사인가, 파트너들이 함께 뛰며 성장시킬 수 있는 회사인가를 중요하게 봅니다. 실제로 투자를 한 기업의 성공을 돕기 위해 저희는 벤처캐피털로서 최선을 다해 지원합니다. 이를테면 투자한 펫 커머스(pet-commerce) 회사의 상품 구성 확대를 위해 호주에서 새로운 회사를 직접 발굴해 신규 브랜드 론칭을 도왔습니다.

Q 한국 스타트업이 현지에 진출할 때 흔히 저지르는 실수나 간과하는 부분이 있나요?

우선 '왜'에 대한 답을 스스로에게 물어보면 좋겠습니다. 해외로 진출하는 건 분명한 장단점이 있습니다. 우리는 왜 해외로 나가야 하는가에 대한 답을 찾은 후 도전하기를 바랍니다.

호주 진출을 생각하는 스타트업이 적지 않은 것으로 알고 있습니다. 이유는 제각각일 텐데 더 좋은 성과를 내기 위해서, 한국에서 사업 추진이 어려워 다른 돌파구를 찾기 위해서 등 크게 2가지로 나뉩니다. 다 좋지만 한국에서 왜 잘하고 있는지, 한국에서 왜 어려운지, 그럼 해외에서는 왜 잘될 거라고 보는지 등에 대해 깊이 생각해보고 여러 시나리오와 세세한 부분에 대한 점검이 필요합니다.

현지 투자자 인터뷰
VC Interview

Q 현지 투자자와 만날 때 무엇을 가장 신경 써야 하나요?

저도 투자 유치 피칭을 할 때 대개는 제가 하고 싶은 말만 하고 돌아온 적이 많았습니다. 제가 하는 비즈니스에 확신이 컸던 탓이라고 봅니다. 대부분 벤처캐피털은 창업자들의 피칭에 대해 불편한 이야기를 잘 하지 않습니다. 물론 콘테스트 형식으로 선발되어야 하는 경우에는 다르지만요.

투자자가 되어 많은 IR을 보다 보니 솔직히 시간이 아까울 때도 적지 않았습니다. 결국 시간이 부족하고 살펴봐야 할 기업이 많은 벤처캐피털의 관점에서 무엇을 궁금해할지, 어떤 관심사가 있는지에 대한 이해가 필요합니다. 투자했던 과거의 포트폴리오도 확인하고 해당 벤처캐피털의 펀드 속성도 이해해두면 도움이 됩니다.

투자도 결국은 사람이 하는 일이므로 언제 어떤 인연으로 다시 만나게 될지 모릅니다. 투자를 받으면 받는 대로, 실패하면 실패하는 대로 좋은 분들과의 인연은 잘 유지하는 것이 좋습니다.

저도 투자 유치에 많은 시간과 노력을 기울였는데 쉽지 않더군요. 심지어는 계약에 도장 찍기로 다 합의하고 2일 전에 계약이 취소되기도 했었습니다. 투자 라운드를 돌면서 만난 관련 심사관 중 한 명이 힐레오스의 정용수 대표였고, 그때의 인연으로 지금은 함께 일하고 있습니다.

Q 현지 진출을 희망하는 한국 스타트업에 조언을 한다면요?

무엇보다 해외 진출에 꼭 도전해보면 좋겠습니다. 단, 준비는 제대로 해야 합니다. 그리고 최선을 다해 성공하세요. 여러분의 성공이 대한민국의 미래를 변화시킬 수 있을 것이라 믿어 의심치 않습니다.

현지 투자자 인터뷰
VC Interview

BMYG 벤처캐피털

주로 개인 자산가와 중국 기업, 펀드로부터 투자를 받아 호주 벤처기업에 투자한다. 호주 내 기업 자본 유치 플랫폼, 의료기기 제조업체, 헬스케어 관리기기 등에 투자했다. 투자 심사를 할 때 호주에서 성공할 가능성은 물론 중국 시장에서의 성공 가능성도 중점적으로 평가한다.

Q 왜 중국 시장 적합도를 중점 심사하나요?

우리의 주요 고객이 중국계 자산가와 기업, 펀드입니다. 중국 시장의 규모와 가능성을 잘 이해하기 때문에 중국에서 성공 가능성이 큰 기업에 주로 투자하고 있습니다. 최근 공기정화기술, 의료기기 기술에 투자한 것도 같은 맥락에서 추진했습니다.

Q 한국 스타트업이 현지에 진출할 때 흔히 저지르는 실수나 간과하는 부분이 있나요?

현지의 네트워크와 문화, 사람을 잘 이해해야 합니다. 더불어 시장 특색을 이해하는 데 시간을 들여야 합니다. 한국에서는 가능한 비즈니스모델이 현지의 높은 비용이나 문화적 문제로 수용되지 못하는 경우가 종종 있습니다.

Q 현지 투자자와 만날 때 무엇을 가장 신경 써야 하나요?

사전에 시장 조사를 충분히 진행해 호주에서도 통할 수 있는 분명한 비즈니스모델이 있다는 점을 알려야 합니다. 한국에서 이미 사업이 진행되고 있다고 해서 호주에서도 가능하다고 하는 논리는 설득력이 떨어집니다.

Q 현지 진출을 희망하는 한국 스타트업에 조언을 한다면요?

호주, 특히 멜버른은 새로운 사업과 새로운 제품, 서비스 등을 실험하기에 좋은 테스트 마켓입니다. 서구 경제권이면서 새로운 것들, 외국 문화 등에 대한 수용력이 크고 주요 의사 결정자에 대한 접근이 비교적 수월하기 때문입니다. 멜버른은 호주 최고의 스타트업으로 우뚝 서기 위해 2017~2021년 실행계획을 수립했는데 지원받을 수 있는 것이 있는지 자세히 알아보면 좋을 것 같습니다.

현지 진출에 성공한 국내 스타트업

포스처360
Posture360

호주 법인명 : Posture360 Australia Limited

품목(업종)
자세 교정 의자, 웨어러블테크

설립연도
2010년(호주 법인은 2018년)

대표자
윌리엄 최(William Choi)

소재지
서울

홈페이지
www.posture360.com

종업원 수
15명

Q. 포스처360는 어떤 기업인가요?

한국에서 백조이 자세 교정 의자로 유명합니다. 이후 자세 교정을 돕는 웨어러블테크 분야에서 신제품을 개발해 사업을 확장하고 있습니다.

Q. 법인 설립 과정을 들려주세요. 고객과 투자는 어떻게 유치했나요?

백조이 제품은 한국 코스트코와 주요 백화점에 들어갑니다. 미국 크록스 등 기업 창업자가 투자자로 참여하고, 의사 등 개인 전문 투자자들이 자본에 참여했습니다. 신제품은 아직 개발 단계인데 이미 유명 스토어 등에서 납품 문의 등을 받고 있습니다.

Q. 현지에서 파트너는 어떻게 발굴했나요?

주로 현지에서 알게 된 인맥을 통해 파트너를 발굴했습니다. 기업이 기업을 소개하고, 투자 유치 컨설턴트를 소개해주는 등 주변에서 도와주는 분을 많이 만났습니다. 호주 스타트업 이벤트나 캐피털 레이징 이벤트에도 참여했고요, 전반적으로 도와주는 분들이 많고 스타트업에 호의적인 분위기여서 매우 놀라웠습니다.

Q. 현지 시장 진입 과정이 궁금해요

우리는 아직 제품을 더 개발해야 하는 단계이기에 시장에 진입한 상황은 아닙니다. 다만 파트너를 통해 호주에서 투자를 유치할 수 있었는데요, 호주 크라우드펀딩 채널과 펀드레이징 파트너의 도움이 컸습니다.

Q. 비자 등 현지 체류 자격은 어떻게 얻었나요?

호주에 주거하는 것은 아니고 자주 왕래하는 편입니다. 별도의 비자 없이 3개월 무비자로 어려움 없이 왕래하고 있습니다.

Q. 노무나 세무 등 관리 업무는 어떻게 해결하나요?

세무는 호주에 법인을 세워 현지 세무사에게 의뢰해 관리하고 있습니다. 아직 직원을 채용하지는 않아서 노무 관련 업무는 없습니다.

Q. 현지에 진출하면서 KOTRA 사업 참가 또는 지원을 받은 경험이 있나요?

투자 유치를 위해 현지 네트워킹을 추진할 때 멜버른 무역관의 도움을 많이 받았습니다. 현지 주요 벤처캐피털과 엔젤투자자를 소개받았으며 KOTRA 자체 네트워킹 행사에도 초대받아 주요 투자자를 대상으로 한 피칭과 상담, 네트워킹할 기회가 있었습니다. 행사에 참여했던 업체 중 한 곳이 현재 투자를 검토 중입니다.

SMART POSTURE
TECHNOLOGY

We are building the world's first integrated posture
products and platform technology company that
provides digital analytics for end users and
industry.

Q. 현지에 진출할 때 가장 중점을 둔 부분이 있나요? 혹시 팁이나 조언을 한다면요?

호주는 웨어러블테크의 가능성을 시험하기에 좋은 테스트 마켓입니다. 유럽이나 미국과 소비자 성향이 비슷할 뿐만 아니라 테크 분야의 얼리 어답터(Early Adaptor)입니다.

시장이 작아서 반응을 빨리 알 수 있고 기업이나 기관 등 주요 의사 결정자를 만나는 것도 미국 등지에 비해 어렵지 않습니다. 전반적인 분위기가 비즈니스, 신사업, 스타트업에 매우 우호적입니다. 미국 등 서구 시장에 진출하고자 한다면 호주를 테스트베드(시험장)로 활용할 것을 추천합니다.

2021 글로벌 스타트업 생태계 (하)

초판 1쇄 인쇄 2020년 11월 17일
초판 1쇄 발행 2020년 11월 30일

지은이 | KOTRA
발행인 | 권평오
책임편집 | 김소정
펴낸이 | 이종문(李從聞)
펴낸곳 | 국일미디어

출판등록 | 제 406-2005-000025호

주 소 | 경기도 파주시 광인사길 121 파주출판문화정보산업단지(문발동)
전 화 | 영업부 본사 (031)955-6050 · 서울 (02)2237-4523
팩 스 | 영업부 본사 (031)955-6051 · 서울 (02)2237-4524
평생전화번호 | 0502-237-9101~3

홈페이지 | www.ekugil.com
블 로 그 | blog.naver.com/kugilmedia
페이스북 | www.facebook.com/kugilmedia
E-mail | kugil@ekugil.com

ISBN 978-89-7425-985-3(14320)
     978-89-7425-983-9(세트)